全国中等职业技术学校商贸类通用教材

市场营销

（第二版）

肖剑锋　主编

中国劳动社会保障出版社

简介

本书为全国中等职业技术学校商贸类通用教材，根据中等职业技术院校商贸类专业教学实际编写。

本书从市场营销基础知识入手，介绍了市场营销的基础理论和实务操作知识，主要内容包括市场营销导论、市场营销环境分析、消费者购买行为分析、目标市场营销战略、产品策略、价格策略、渠道策略、促销策略以及市场营销发展新趋势。本书在介绍基础理论知识的基础上，引用了大量的案例，来帮助学生理解和运用这些知识，以提高学生的实践能力和职业素养。

本书由肖剑锋任主编，葛景瑶任副主编，吉美慧、朱咏诗参加编写。

图书在版编目（CIP）数据

市场营销 / 肖剑锋主编. -- 2 版. -- 北京 : 中国劳动社会保障出版社，2023
全国中等职业技术学校商贸类通用教材
ISBN 978-7-5167-6055-0

Ⅰ.①市⋯ Ⅱ.①肖⋯ Ⅲ.①市场营销学 - 中等专业学校 - 教材 Ⅳ.①F713.50

中国国家版本馆 CIP 数据核字（2023）第 174727 号

中国劳动社会保障出版社出版发行
（北京市惠新东街 1 号 邮政编码：100029）

*

北京鑫海金澳胶印有限公司印刷装订 新华书店经销

787 毫米 ×1092 毫米 16 开本 15 印张 296 千字
2023 年 11 月第 2 版 2024 年 9 月第 3 次印刷
定价：29.00 元

营销中心电话：400-606-6496
出版社网址：http://www.class.com.cn
http://jg.class.com.cn

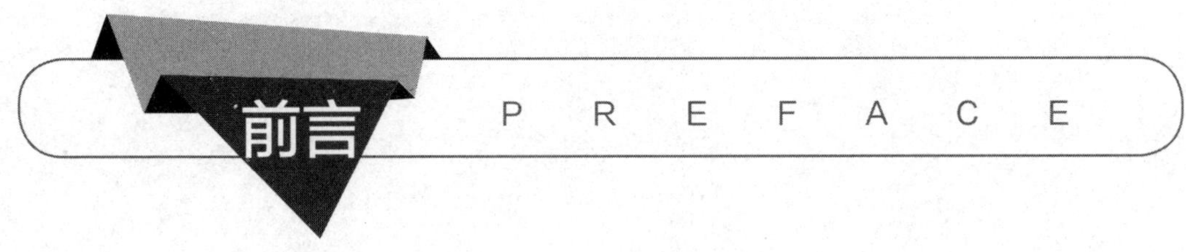

前言 PREFACE

商贸类专业主要包括市场营销、会计、电子商务、物流管理等专业，这些专业对学生在经济、法律、管理、营销、礼仪等方面基础知识和基本能力的要求具有一定的共通性，适合开展通识教育。为此，我们曾组织编写了全国中等职业技术学校商贸类通用教材。

近年来，随着我国经济、社会和科技发展，市场营销、会计、电子商务、物流管理等领域的政策法规发生了一定的调整，部分专业的理论知识不断创新，行业发展模式发生较大变化，对相关从业人员的知识水平和职业能力水平提出了更高的要求。为适应这些变化，培养更加符合市场需求的商贸领域人才，我们组织了一批教学经验丰富、实践能力强的一线教师和行业、企业专家，在充分调研的基础上，对这套教材进行了修订。

本套教材主要有以下几个特点：

第一，通俗易懂，内容实用。教材本着学以致用的原则，充分考虑学校的培养目标、教学实际，学生的学习特点和企业的用人需求，将理论知识与操作技能有机融合，突出对学生实际操作能力的培养，修订了偏难、偏专、偏理论化的内容，切实做到管用、够用。

第二，贴近时代。教材加强对学生价值观的引导，力求体现近年来各专业相关理论和实践方面的发展趋势，与最新的法律法规、行业标准保持同步，具有鲜明的时代感。

第三，配套资源完善。教材同步开发了配套的电子课件及习题册，电子课件及习题册答案可登录技工教育网（jg.class.com.cn）搜索下载。部分教材针对教学重点和难点制作了演示视频等多媒体素材，学生扫描二维码即可在线观看或收听相应内容。

本套教材的编写得到了有关省市人力资源社会保障部门及一批技工院校的大力支持，教材的编审人员做了大量的工作，在此，我们表示衷心的感谢！同时，恳切希望广大读者对教材提出宝贵的意见和建议。

编者

目录 CONTENTS

第一章　市场营销导论　/ 1

第一节　市场和市场营销　/ 3
第二节　市场营销观念　/ 8
第三节　市场营销管理　/ 14

第二章　市场营销环境分析　/ 23

第一节　市场营销环境构成　/ 24
第二节　分析市场营销环境的方法——SWOT 分析法　/ 33
第三节　市场调研　/ 38

第三章　消费者购买行为分析　/ 47

第一节　消费者购买行为　/ 48
第二节　消费者购买决策过程　/ 53

第四章　目标市场营销战略　/ 61

第一节　市场细分　/ 62
第二节　目标市场选择　/ 69
第三节　市场定位　/ 75

第五章　产品策略　/ 87

第一节　产品　/ 88
第二节　产品生命周期　/ 100
第三节　产品组合　/ 106

第六章　价格策略　/ 114

第一节　价格制定　/ 115
第二节　价格调整　/ 127

第七章　渠道策略　/ 137

第一节　分销渠道设计　/ 139
第二节　分销渠道管理　/ 149

第八章　促销策略　/ 167

第一节　促销组合　/ 168
第二节　人员推销　/ 175
第三节　广告　/ 185

第四节　公共关系　/ 194
第五节　营业推广　/ 200

第九章　市场营销发展新趋势　/ 218

第一节　新媒体营销　/ 219
第二节　数字营销　/ 225

第一章 市场营销导论

学习目标

知识目标：

◎ 了解市场和市场营销的含义。

◎ 了解市场的分类和市场营销的代表性理论。

◎ 了解传统市场营销观念和现代市场营销观念。

◎ 了解市场营销管理过程。

◎ 了解市场营销管理的任务。

能力目标：

◎ 能认识到市场营销的重要性。

◎ 能对市场进行细分，并针对目标市场拟定市场营销组合策略。

◎ 熟悉市场营销活动管理的全流程。

案例导入

某知名企业为了选拔营销主管，对所有应聘者进行一项测试：在规定时间内将各种奇妙的梳子推销给僧人。销售业绩决定录取结果。

7人参加测试，过程如下：

A认为这根本不可能，遂写下一封有关科学营销决策的建议书。

B历尽艰辛勤跑寺院，费尽口舌游说僧人，其间虽受尽白眼和斥责，但仍然不屈不挠，终于感动了一名僧人，卖出1把梳子。

C去了一座名山古寺，找到住持，说："山高风大，善男信女蓬头垢面是对佛不敬，应在每座香案前放把木梳，供善男信女梳头。"住持听后认为有理，于是买下10把梳子。

D托关系找到某寺庙方丈行销，说："僧人念经是脑力劳动，人脑有一百多个穴位，自己的'脑保健操'梳子乃专门设计，具有舒筋活络、提神健脑之功效。许多寺庙将该梳子作为员工福利发放。"结果D也卖出了50把梳子。

E前往某深山宝刹，对方丈说："凡进香者多有虔诚之心，对于积德行善、烧高香之人宝刹应有回赠，您德高望重、书法超群，可在梳子上刻上您亲自书写的'积善梳'三字，将之赠予进香者，以鼓励进香者多行善事。"方丈高兴之余买下300把梳子。

F专挑不太景气的寺庙，向方丈建议："服务好香客才能使寺庙香火旺盛，对于一些尊贵香客，应设VIP盥洗室，内置我们定制的一次性梳子……"最终F与一家寺庙签订了先使用后结算付款的合同。

G则先调研了一家极负盛名的寺院的香客数量和构成情况，然后找到方丈说："我厂可与您长期合作，助您弘扬佛教文化、提升形象、扩大知名度并增加收入。咱们可先搜寻寺院的历史故事和神话传说，再与政府旅游、宗教部门联系，在媒体上造势，举办一个盛大的'弘扬佛教文化'旅游节，邀请佛教大师、记者、各界名流参加，再现场给梳子开光，千金只卖有缘人。"方丈一听，觉得有道理。G接着告诉方丈："到这儿来的人有香客也有游客，有亿万富翁也有平民百姓，您可以主打'开光＋旅游纪念＋礼品'牌，按照不同香客的心理需求，将梳子分别命名为智慧梳、平安梳、富贵梳、长寿梳、健康梳、功名梳、报恩梳、亲子梳、情侣梳等，并依据梳子不同材质定价，卖给有不同需求的人。"结果，G不仅成功和寺院达成战略合作协议，还成了寺院的营销顾问。

录取结果：深悟营销之道的G被录用。

案例点评

- 没有不好卖的产品，只有找不到市场的人。
- 善于发现和挖掘客户未被满足的需求，就能赢得商机。
- 懂得和客户建立长期合作关系的人才是营销高手。

第一节 市场和市场营销

案例导入

一家鞋业公司分别派出两名业务员去开拓市场，一名叫张三，另一名叫李四。在同一天，他们两个人来到了太平洋的一个岛国，到达当日，他们就发现当地人全都赤足，不穿鞋！从国王到贫民，从僧侣到贵妇，竟然无人穿鞋子。当晚，张三就向国内公司总部拍了电报，“上帝啊，这里的人从不穿鞋子，有谁还会买鞋子呢？我明天就回去。”李四也向国内公司总部拍了电报，“太好了，这里的人都不穿鞋子。我决定把家搬来，在此长期驻扎下去！”两年后，这里的人都穿上了鞋子。

案例点评

- 善于发现消费者没有被满足的需求，才能找到市场。

知识聚焦

一、市场的含义

1. 在经济学中的含义

狭义的市场是指买卖双方聚集在一起进行有形商品交换的地点或场所，如菜市场、超级市场、商场等。

广义的市场是指商品流通领域交换关系的总和。按照这种定义，市场是商品经营者、中间商、消费者交换关系的总和。

人们在日常生活中所说的市场，通常是指经济学中狭义的市场。

2. 在市场营销学中的含义

在市场营销学中，市场是指愿意并能够通过交换来满足某种需求和欲望的全部消费者的总和。这一定义可用公式表示：市场 = 人口 + 购买力 + 购买欲望。人口、购买力和购买欲望称为市场的三要素。

市场三要素相辅相成，缺一不可。人口是构成市场最基本的条件，人口越多，现实和潜在的消费需求就越大；购买力是指人们支付货币购买商品的能力，购买力越强，越容易实现交易，也就越有可能达成更大的交易量；购买欲望是指消费者产生购买行为的愿望和要求，它是消费者将潜在的购买力变为现实购买行为的重要条件，消费者购买欲望越强烈，购买行为就越容易产生。

在本书中，有关市场的概念都取自市场营销学。

随堂思考：本章案例导入中，A 为什么认为将梳子卖给僧人是不可能的（没有市场）?

案例链接

张丽看到自家周围的菜市场人流量很大，就在菜市场入口处开了家零食店，以卖休闲零食、奶茶等为主，商品价格比超市便宜，也经常搞促销活动。

但开张三个月以来，尽管每天经过小店的行人很多，但进店人数、营业额却都少得可怜，每个月月底结算时，利润比房租还低。张丽请教了有经验的人士才明白原因：菜市场人流量虽大，但消费者以 30 ~ 60 岁的家庭主妇为主，她们不缺购买能力，却对休闲零食、奶茶等不太感兴趣（缺乏购买欲望）。

知识窗

经济学中常按竞争是否充分将市场分为完全竞争市场、垄断竞争市场、寡头垄断市场和完全垄断市场。大多数市场经济国家为保护竞争机制，都出台了相关法律法规来防止某一企业完全垄断市场（我国有《中华人民共和国反垄断法》)。市场营销的理论建立在市场经济的基础上，因此它一般适用于前三种市场。

二、市场的分类

在市场营销学中，主要根据购买者身份和购买者成熟程度对市场进行分类，见表 1-1-1。

表 1-1-1 市场的分类

依据	类别	定义	特点
购买者身份	消费者市场	指由为满足自身需要而购买商品的一切个人和家庭所构成的市场	市场广阔，购买者数量多而且分散，需求千差万别；购买次数频繁，单次购买数量较少，购买时间不固定；非专业人员购买，购买决策较简单，随意性较大；建立品牌忠诚度较难

续表

依据	类别	定义	特点
购买者身份	生产者市场	指由购买货物和劳务的目的是获取利润而进行再生产的个人或组织所构成市场	购买者数量较少，单次购买规模较大，购买者地理位置较集中；需求是由消费者市场需求派生和引申出来的，市场波动性较大；购买人员较专业，参与决策的人员较多，购买决策较复杂，讲究长期合作
	中间商市场	指由购买商品和服务并将之转售或出租给他人以获取利润的个人或组织所构成的市场	需求是由消费者市场需求派生和引申出来的，对市场变化反应更加灵敏；购买属批量购买，购买人员较专业，重视价格和配套服务，和供应商联系紧密，常需要生产厂家协助做产品推广
	政府市场	指由为行使政府的主要职能而采购或租用商品的各级政府单位所构成的市场	购买者数量较少但规模大；购买人员专业，购买流程规范，往往要求供应商竞价投标和提供大量的书面材料，审核手续烦琐，政策指导性强但市场意识不足，决策周期较长
购买者成熟程度	现实市场	指由对企业经营的商品有需要、有支付能力和有购买动机的消费者构成的市场	它是企业获取利润的主要市场，竞争对手之间争夺激烈；它是企业认真研究和重点投入的对象，是企业营销资源最优先投放的地方
	潜在市场	指客观存在的，由于诸多因素的影响而未显露或未成熟的市场	需要引导、培育和投入
	未来市场	指尚未形成或只处于萌芽状态，但在一定条件下必将发展成为现实市场的市场	需要企业有超前的战略眼光，需要企业提前布局，加大研发创新和持续投入

案例链接

汽车的购买者主要是成年人，但某国外品牌汽车进入中国后，电视广告画面的主角竟然是一对十分可爱的小孩。该品牌还将旗下汽车做成鼠标、玩具模型放在4S店当作赠品发放。这些看上去有悖常理的做法，深藏的却是该品牌决策层的长远目标：汽车消费习惯要从娃娃开始培养，要让这些未来的消费者现在就和自己的品牌建立情感联系。

随堂思考：本章案例导入中，将梳子市场理解为消费者市场、生产者市场以及中间商市场的人分别是谁？

三、市场营销的含义

市场营销简称“营销”，它是指在变化的市场环境中，个人或集体通过有效的沟通方式，交易其创造的产品或价值，满足消费者需求并获得所需之物，实现双赢或多赢结果的过程。这个过程通常包括市场调研与分析，选择目标市场，产品开发、定价、分销、促销等一系列经营活动。

销售就是介绍产品能提供的利益，以满足消费者特定需求的过程。可见，从工作流程上来说，营销与销售是整体和部分的关系，营销包括生产前的经营谋划到售后管理的全过程，销售只是其中的一个工作阶段。

随堂思考：本章案例导入中，哪些人属于销售员？哪些人属于营销员？

四、市场营销理论

随着时代的变化，市场营销理论也在不断丰富，比较有代表性的市场营销理论有以下几种。

1. 4P 理论

4P 理论产生于 20 世纪 60 年代的美国，其四个组合要素为：第一，产品（product）。要注重产品开发的作用，产品要有独特的卖点，要把消费者对产品的功能诉求放在第一位。第二，价格（price）。要根据不同的市场定位，制定不同的价格策略。第三，渠道（place）。企业并不直接面对消费者，要注重经销商的培育和销售网络的建立，企业与消费者的联系是通过经销商实现的。第四，促销（promotion）。企业要注重通过销售行为的改变来刺激消费者，以各种手段来促进销售。

2. 4C 理论

4P 理论以企业为中心，思考企业经营者要生产什么产品、期望获得怎样的利润、以怎样的卖点传播和促销产品、以怎样的途径来销售产品。这其中忽略了消费者是整个营销服务的真正对象。随着消费者个性化需求日益突出，1990 年，美国学者劳特朋提出了以消费者为导向的 4C 理论，即：如何实现消费者需求（consumer's needs）、综合权衡消费者愿意付出的成本（cost）、实现与消费者的双向交流与沟通（communication）、实现消费者购买的便利性（convenience）。

3. 4R 理论

随着市场竞争日趋激烈，2001 年，美国营销学者艾登伯格提出了 4R 理论，4R 理论的营销四要素为：第一，关联（relevance），即认为企业与消费者是一个命运共同体，建立并发展与消费者之间的长期关系是企业经营的核心理念和最重要的内容。第二，反应（reaction），面对不断变化的消费者需求，企业应学会倾听消费者的意见，及时寻找、发现和挖掘消费者的渴望与不满。第三，关系（relationship），企业应与消费者在动态变化的市场中建立长久互动关系，防止消费者流失，应提高消费者的忠诚度，以赢得长期而稳定的市场。第四，报酬（reward），任何交易与合作关系的巩固和发展，都是经济利益问题，因此，一定的合理回报既是营销活动的出发点，又是营销活动的落脚点。

4R 理论以关系营销为核心，既从企业利益出发，又兼顾消费者需求，注重企业和消费者之间的长期互动，注重建立消费者忠诚度。

随堂思考：本章案例导入中，谁的营销行为体现出 4R 理论的特征？

4. 4I 理论

随着社交网络媒体的出现，以及以新型信息分享和即时通信平台为代表的新媒体技术的发展，人际沟通和社会交往模式被彻底改变，这加速了企业市场营销策略组合蜕变和演化的进程。于是，网络整合营销 4I 理论应运而生，其四要素为：第一，趣味（interesting），轻松、娱乐化、有创意、多向沟通、参与体验式的内容才能引起消费者的兴趣。第二，利益（interests），网络营销活动必须为消费者提供利益才能留住消费者。第三，互动（interaction），不再让消费者仅仅接收信息，数字媒体技术的进步和网络的交互性，使得企业可以极低的成本与消费者便捷地交流。第四，个性（individuality），营造个性化和专属空间，可以使营销活动更精准和诱人，让消费者产生“焦点关注”的满足感，更容易引发互动与消费者购买行动。

企业实践

背景资料

目前，我国人口老龄化格局已经形成。

人口老龄化带来的各种问题已经成为我国社会发展的重要挑战，这些问题必定要通过配置市场资源来解决。在某些有市场眼光的企业家看来，这当中蕴藏着一系列发展的机遇，A 企业老板就敏锐地注意到了这一点。

任务：4 ~ 5 名同学为一小组，根据以上资料或收集资料，分析在我国提供老年服务（如开办养老院等）的市场前景，并提交一份分析报告。

实践指导

◆ 从市场三要素入手分析市场前景：

人口要素可从最新公布的人口普查数据入手分析。

购买力要素可从我国经济增长速度等入手分析。

购买欲望要素可从我国家庭人员构成情况、老年人需求特征等入手分析。

提示：一些重要数据可登录国家统计局网站查询或通过查看各政府部门发布的统计年鉴获得。

第二节 市场营销观念

案例导入

上海A酒店自新总经理上任后，年年坚持开展“为‘的哥’送清凉”的公益活动：在炎热的夏日里，A酒店的员工在虹桥和浦东国际机场，为辛苦奔劳的出租车司机送去车窗遮阳板、便携式水杯和防暑凉茶，为他们送去一份夏日里的清凉。

这个酒店的做法，给出租车司机留下了非常深刻的印象。

一些“老的哥”更多了几分感慨：想当年，A酒店工作人员看到“的哥”都是一脸的不屑，后来虽然态度有所好转，但真要有个“三急”什么的，也是不能奢望借用酒店卫生间解决的，再后来，在酒店大堂咱们也能像普通顾客一样享受到微笑服务，而近些年，酒店对待咱们“的哥”简直就是招待亲人了。

出租车服务是一座城市的名片，“的哥”对于酒店来说，是非常特殊的存在，他们可以给酒店带来很多客源。A酒店“为‘的哥’送清凉”的公益活动，一方面是关注出租车司机的身体健康，间接提升出租车服务水平；另一方面是通过这样的公益活动，使企业在树立良好社会形象的同时，获得更多的客源。

案例点评

- 市场环境的变化，带来营销者地位和行为的改变。
- 在买方经济时代，消费者的地位越来越高。
- 企业经营只有符合社会与经济发展的需要，才能走上健康发展的轨道。

知识聚焦

一、市场营销观念概述

企业的市场营销活动是在特定的市场营销观念（或称营销管理哲学）指导下进行的。

市场营销观念是指企业在开展市场营销活动的过程中，在处理自身、消费者和社会三者利益方面所持的态度、思想和意识，即企业进行经营决策、组织管理市场营销活动时的基本指导思想和行为准则，也就是企业的经营哲学。它是一种态度，也是企业的一种思维方式。

企业的市场营销观念一旦形成，企业就会将它当作一定时期内经营活动的行为准则，并以此为中心来开展市场营销活动。企业营销观念是否符合市场形势，直接影响企业的经营业绩。

市场营销观念随着商品经济的发展而演变，归根结底这是由社会生产力所决定的。社会生产力越发达，其对商品的生产供给能力越强，消费者收入越高，市场趋势越表现为供过于求的买方市场，市场竞争就越激烈，企业就必须更多地关注消费者的需求偏好和利益，以求得生存和发展。

纵观市场营销观念发展演变的历史，其大致经历了生产观念、产品观念、推销观念、市场营销观念和社会市场营销观念五个阶段。其中，前三种观念统称传统市场营销观念，后两种观念称为现代市场营销观念。

随堂思考：联系我国改革开放以来的经济发展历程，谈谈在本节案例导入中，A酒店为什么会出现营销观念的转变？

二、传统市场营销观念

传统市场营销观念的出发点是产品，以卖方（企业）的要求为中心，其目的是将产品销售出去以获取利润，这是一种“以生产者为导向”的营销观念，企业考虑的是“我擅长生产什么”。传统营销观念建立在以企业为中心的“从我出发、以产定销”的基础上，而不是建立在满足消费者真正需要的基础上。

1. 生产观念

生产观念认为，消费者喜欢那些可以随处买到和价格低廉的产品，企业应当组织和利用所有资源，集中一切力量提高生产效率和扩大分销范围，增加产量，降低成本。生产观念盛行于19世纪末20世纪初，是一种“重生产、轻营销”的指导思想，其典型表现就是“我们生产什么，就卖什么”。以生产观念指导营销活动的企业，称为生产导向型企业。

2. 产品观念

产品观念认为，消费者喜欢高质量、多功能和具有某些特色的产品。因此，企业经营的中心是致力于生产优质产品，并不断精益求精，日臻完善。在这种观念的指导下，企业设计产品时只依赖工程技术人员而极少让消费者介入，经理人重生产轻营销，重视自己的产品和技术，忽视市场需求的多样性和动态性，对消费者的偏好把握不准，以至于推出的产品经常跟不上潮流和时尚，也看不准市场的发展方向。

3. 推销观念

推销观念认为，消费者通常有一种购买惰性或抗衡心理，若顺其自然，消费者就不会大量自觉购买本企业的产品，因此企业管理的中心任务是积极推销和大力促销，通过大量的产品推广和广告活动以及推销员的说服工作，诱导消费者购买产品。在推销观念的指导下，企业相信产品是"卖出去的"，而不是"被买去的"，其具体表现是："我卖什么，就设法让人们买什么"。

案例链接

20 世纪 80 年代中期，在湖南湘潭的一个镇上，许多人都有手工做皮鞋的技艺。由于那时在农村和小城镇刚兴起穿皮鞋，加上当时国内皮鞋厂不多，小镇上的皮鞋厂（小型作坊）遍地开花。由于需求太旺盛，这些小老板根本不愁产品销路，每天都在赶工生产。让他们绞尽脑汁的事情就是如何多招到工人加班加点生产"老三样"款式的皮鞋。他们知道，即使产品有瑕疵，也会被客户拿走。

好日子没过几年，随着皮鞋厂的数量越来越多，以及个别皮鞋厂开始使用机器生产，一些产品质量过硬的厂家依然不愁产品销路，而一些产品做工和用料不过关的厂家开始有产品积压，老板们的工作重心开始转到加强质量监控上。

90 年代初期，随着加工能力的提高，许多厂家开始有产品积压，于是，一些稍有实力的厂家开始大量招聘见多识广的人士担任业务员，"走南闯北"推销产品，另外一些厂家则开始转行或停产，全民皆做皮鞋的景象只持续了十年左右。

三、现代市场营销观念

现代市场营销观念的出发点是消费者需求，以消费者的需求为中心，目的是从消费者的满足之中获取利润。它是一种"以消费者（用户）为导向"或"市场导向"的经营观念，企业要优先考虑"消费者（用户）需要什么"。

1. 市场营销观念

市场营销观念认为，实现企业目标的关键在于正确确定目标市场的需求和欲望，一切以消费者为中心，并且要能比竞争对手更有效、更迅速地传送目标市场所期望的东西。

市场营销观念的产生，是市场营销哲学的质的飞跃和变革，它是以消费者需求和欲望为导向的经营哲学，是消费者主权论的体现。该观念不仅改变了传统市场营销观念的逻辑思维方式，而且在经营策略和方法上也有很大突破：它要求企业营销管理贯彻“消费者至上”的原则，将管理重心放在善于发现和了解目标消费者的需求上，并千方百计地去满足，从而实现企业目标。

市场营销观念相信，决定生产什么产品的主权不在生产者手中，也不在政府手中，而在消费者手中。企业在决定其生产经营目标时，必须进行市场调研，根据市场需求及企业自身条件选择目标市场，组织生产经营，最大限度地提高消费者的满意度。

案例链接

美国贝尔公司的高级情报部策划的一个广告，称得上是对以满足消费者需求为中心的市场营销观念的最好诠释：“现在，今天，我们的中心目标必须针对顾客。我们将倾听他们的声音，了解他们所关心的事。我们重视他们的需要，他们的需要永远先于我们自己的需要，我们将赢得他们的尊重。我们与他们的长期合作关系，将建立在互相尊重、互相信赖和我们努力行动的基础上。顾客是我们的命根子，是我们存在的全部理由。我们必须永远铭记，谁是我们的服务对象，随时了解顾客需要什么、何时需要、何地需要、如何需要，这将是我们每一个人的责任。现在，让我们继续这样干下去吧，我们将遵守自己的诺言！”

2. 社会市场营销观念

社会市场营销观念以社会长远利益为中心，是对市场营销观念的补充和修正，其基本核心是：将消费者满意以及消费者和社会公众的长期福利作为企业经营的根本目的与责任。理想的营销决策应同时考虑消费者需求与愿望的满足、消费者和社会的长远利益、企业的效益。

随堂思考：本节案例导入中，A酒店在用哪种营销观念指导经营活动？理由是什么？

案例链接

含磷洗衣粉虽然是一种去污能力强的化学合成洗涤剂，但使用这种洗涤剂产生的污水排放到河流湖泊中，会使水混浊发臭、水体缺氧，会导致河流湖泊中鱼、虾、贝类等水生物死亡，会使河流湖泊变成死水，严重影响周围的生态环境。河流湖泊中的各种有害物质通过地表渗透到饮用水源中，也会影响人体健康。

无磷洗衣粉则对环境没有污染，但其生产成本比含磷洗衣粉高。在含磷洗衣粉被口诛笔伐了一段时间后，我国开始开展环境保护产品认证，无磷洗衣粉拥有了明显的绿色标志。聪明的商家也立即调整方向，雕牌、奥妙、汰渍、洁霸等商家，纷纷推出无磷洗衣粉产品。

新 营 销

随着社会经济快速发展，近年来，市场上出现了绿色营销、文化营销、知识营销、体验营销、网络营销、定制营销等多种新的营销方法，有人把它们称为"新营销"。"新营销"本质上也属于社会市场营销的范畴。

- 绿色营销是指企业在生产经营过程中，将企业自身利益、消费者利益和环境保护三者统一起来，以此为中心，向消费者提供科学的、无污染的、有利于节约资源和符合良好社会道德准则的产品和服务的一种营销方法。
- 文化营销是指把产品作为文化的载体，通过市场交换进入消费者的视野中的一种营销方法。它在一定程度上反映了消费者对物质和精神的追求。
- 知识营销是指通过有效的知识传播方法和途径，将企业所拥有的对消费者有价值的知识（包括产品知识、专业研究成果、经营理念、管理思想以及优秀的企业文化等）传递给潜在消费者，并逐渐增加其对企业品牌和产品的认知，最终将潜在消费者转化为消费者的一种营销方法。
- 体验营销是指通过使用看、听、用、参与等手段，充分刺激和调动消费者的一种营销方法。它是重新定义、设计一种思考方式的营销方法。
- 网络营销是指以互联网为基础，利用数字化信息和网络媒体的交互性来辅助营销目标实现的一种新型营销方法。

◆ 定制营销是指企业在营销活动中，把每一个消费者都视为一个潜在的细分市场，针对每个消费者的个性化需求，为其“单独设计、量身定做”产品，从而最大限度地满足消费者需求的一种营销方法。

企业实践

背景资料

近年来，地沟油进入餐厅的行为屡禁不止，这种行为严重威胁人们的健康安全，已成为食品安全的一大隐患。

在“地沟油”事件频频被媒体曝光后，许多长期在外就餐的工薪族感受到了健康威胁，纷纷减少去快餐店和大排档就餐的次数，甚至掀起了“拒食”快餐和大排档的浪潮。一些以辣味为主的川菜、湘菜餐厅，因为媒体报道辣椒可以掩盖地沟油的味道，在“拒食”浪潮中营业额急剧下滑。

X 酒楼就是一家以湘菜为主的大排档，虽然一直坚持“顾客至上、诚信经营”的经营理念，但在“拒食”浪潮中也很难独善其身。面对生意日渐萧条的状况，酒楼王老板每天心事重重、愁眉不展。

任务：4 ~ 5 名同学为一小组，提交一份应对危机的方案。

实践指导

◆ 树立社会市场营销观念，将“以消费者为中心”落到实处：

以消费者的长期利益为核心，严格把控食品原料关。

加强对食品加工过程的质量监督，保护环境卫生。

提供卫生、新鲜、健康的食品，提供卫生的餐具和就餐环境，做好服务工作。

食品残渣、污水污物严格按照规定处理，杜绝做任何违法的事情。

◆ 运用现代市场营销观念，想消费者所想，做好沟通工作，让消费者放心：

注重宣传：宣传酒楼经营宗旨，做好环境和餐具卫生工作，提升工作人员形象等。

体验营销：尽可能让消费者看到加工原料、加工现场和加工过程等。

摆出证据：在醒目位置摆出权威部门颁发的证书、媒体评价、原料来源证明等。

做出承诺：在醒目位置展示原料选用标准及质量承诺书等。

引入监督：每天随机邀请消费者对原料来源及质量进行监督等。

第三节 市场营销管理

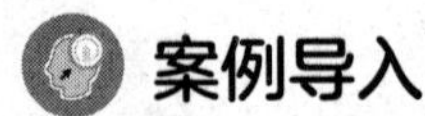

案例导入

海尔集团的营销管理

海尔集团的成功离不开其在营销管理上的独到之处。

1.“用户永远是对的”——将市场定位于消费者需求

一位四川的农民投诉海尔洗衣机排水管总是被堵，服务人员上门维修时发现，这位农民用洗衣机洗红薯（又称地瓜），泥土多，排水管当然容易堵塞。服务人员帮农民加粗了排水管，农民感激之余，唠叨说“如果能有洗红薯的洗衣机，就不用麻烦海尔的维修人员了”。无意中的一句话却被海尔人记在了心上。海尔营销人员经过调查，发现成都平原地区的农民有冬天用洗衣机洗红薯、夏天用洗衣机洗衣服的需求，于是立即研制生产了一种能洗红薯的洗衣机，首批生产的 1 万台洗衣机投放到四川市场后，立刻被一抢而空。

2.“只有淡季的思想，没有淡季的市场”——积极揣摩用户需求，寻找市场

海尔集团始终坚持“用户第一”的思想，认为市场是所有企业一切工作的起点和归宿，因而技术创新的课题要从市场中来，又要服务于市场。海尔营销人员在确定课题时，紧紧把握住从市场出发，从消费者的不满意点、遗憾点、希望点出发的原则，使“课题来自难题”。一般来讲，每年的6月至8月是洗衣机销售的淡季，每到这段时间，很多厂家就会把促销员从商场里撤回。海尔营销人员经过调查发现，5 kg 的洗衣机在夏季不实用，既浪费水，又浪费电。于是，海尔科研人员设计出一种容量只有 1.5 kg 的洗衣机——小小神童，并投放到上海市场。结果，这种当时世界上最小的洗衣机在上海热销，并很快风靡全国。

3. 不断开拓创新，顺“市”而变——既要适应市场需求，又要走在它的前面

1999 年，海尔集团决定投资 3 000 万美元，在美国建立海尔美国工业园生产家电。当时国内很多人认为海尔集团是在盲目扩张，为其担忧，甚至不少人对此持批评态度。可是，海尔集团决策层的理念是“先有市场，再建工厂”，当时，海尔冰箱出口美国的数量已经达到 50 万台，而实际上，冰箱销量达到 29 万台就已经达到建工业园的盈亏平衡点。如今在美国，年轻一代都知道，海尔是一个很好的家电品牌。

案例点评

- 发现消费者没被满足的需求，就能给企业带来新的机会。
- 消费者对产品的抱怨、遗憾和希望，就是消费者未被满足的需求。
- 满足消费者的需求，是营销管理者的中心工作。

知识聚焦

一、市场营销管理过程

市场营销管理过程是指企业为实现其任务和目标而发现、分析、选择和利用市场机会的管理过程。

市场营销管理过程包括如下内容：

1. 发掘和评价市场机会

市场机会是指市场上存在的未被满足的消费需求。如今，没有一家企业可以依赖目前的市场和产品而长盛不衰，所以，任何企业都必须不断地寻找、发掘和评估新的市场机会，为企业的生存和发展寻找出路。

（1）发掘市场机会。企业可以通过系统化或非正式的方法随时获取市场情报，寻找新的市场机会，以产生更多市场开发的新构想。

发掘市场机会的途径如下：一是发掘现有市场潜力，将现有的产品进一步渗透到目标市场上去，扩大产品销量。二是在现有的产品无潜力可发掘的情况下，以现有的产品开发新的市场。三是在市场无潜力可发掘时，考虑进行新产品开发。四是在当前产品发掘潜力不大时，根据自身资源条件考虑多角化经营，在多角化经营中寻求新的市场机会。

随堂思考：本节案例导入中，海尔集团是如何发掘市场机会的？

（2）评估市场机会。在发掘市场机会后进行市场机会评估，是营销成功的重要前提。要使市场机会变成企业的机会，必须使其与企业目标一致。同时企业还必须具有利用该市场机会的能力。如果市场机会与企业目标不一致，或企业暂时无足够能力，则该市场机会是不适宜的市场机会。

2. 细分市场和选择目标市场

发掘和评估市场机会时，往往会产生许多新的市场开发构想。企业应从若干好的构想中遴选出最符合企业目标与开发能力的一项作为开发任务。

（1）衡量与预测市场需求。每个企业都希望进入前景良好的市场，因此，要对市场开发的现状与前景做周密的衡量与预测。由于影响未来市场的因素有很多，所以这种预测相当困难。这对企业来说是很大的挑战。

（2）细分市场。企业还必须进行市场细分工作，可通过“地理变数”“人口变数”“心理变数”“行为变数”等来细分市场。

（3）选择目标市场。细分后的市场各自有不同的需求，企业要选择其中的一个或几个作为目标市场。

（4）进行市场定位。企业一旦选定目标市场，就要研究如何在目标市场上进行市场定位，即树立产品形象，为自己的产品确定合适的市场位置。

3. 拟定市场营销组合策略

企业制订出产品开发计划后，便可拟定市场营销组合策略。

市场营销组合是指企业针对确定的目标市场，综合运用各种可能的营销手段，将其组合成一个系统化的整体策略，以便实现经营目标。市场营销组合策略一般包括以下4项内容，即产品策略、价格策略、促销策略和分销策略。

（1）产品策略包括产品发展、产品计划、产品设计、交货期等决策的内容。

（2）价格策略包括确定定价目标、制定产品价格原则与技巧等内容。

（3）促销策略是指主要研究如何促使消费者购买产品以扩大销售的策略。

（4）分销策略是指主要研究使产品顺利到达消费者手中的途径和方式等的策略。

4. 组织、执行和控制市场营销

为了贯彻落实营销工作，必须建立一个营销组织，由营销经理负责组织实施，营销经理的任务如下：一是协调所有营销人员的工作；二是与财务、生产、研发、采购和人力资源等部门密切配合，做好各项工作；三是督导、激励、考核、培训下属，检查任务执行情况。

在市场营销计划执行过程中，难免会出现一些小偏差，随着时间的推移，小偏差如果没有及时得到纠正，就可能变成严重的问题。企业需要通过市场营销控制来保证市场营销目标的实现。

市场营销控制包括以下内容：

（1）年度计划控制。它的任务是确保企业能完成年度计划销售额、利润目标和其他目标。因此，进行年度计划控制时应做好以下几点：第一，必须在年度计划中设定月度、季度的明确目标；第二，必须采用能衡量市场实际成效和工作进度的方法；第三，必须找出执行计划中产生严重偏差的原因；第四，必须及时解决问题，消除目标与实际成效之间的差距，在这个过程中，可能需要改进计划执行方式，甚至改变原定的目标。

（2）利润控制。企业必须定期分析在不同产品、不同消费者群、不同批零渠道上的实际获利情况。

（3）财务控制。对各项营销活动的开支及成效，要进行认真核算和审计。

（4）策略控制。由于市场营销的内外环境是不断变化的，企业应通过营销情报系统定期检查市场营销环境、策略、系统运行、组织功能等的情况，及时做出调整和应变决策，以加强控制。

案例链接

某饲料公司的市场营销管理工作主要有以下几个特点：

1. 公司正处于产品生命周期中的引入期，开拓市场、实现销售额最大化是公司的首要目标。

2. 公司的主要产品是猪饲料，属于有形产品，销售业绩的可量化程度较高。

3. 销售区域分布广，销售过程透明度不高，各片区销售人员行为的可控性较低，因此销售人员有可能“粉饰”销售业绩，牺牲公司长期发展利益以获取个人短期利益。

4. 饲料产品直接面对的是农村市场，销售人员主要是与农民打交道，大多数销售人员是公司在当地直接招募的，因此综合素质不高。

因此，公司在市场部下设置了督导部，设计了一种“双回路”的营销控制模式。该营销控制模式主要强调工作计划与督办落实“两条腿走路”，一方面，要求销售人员拟订详细的工作计划，包括具体的销售业绩目标；另一方面，公司派出督办人员不定期地到市场一线去检查工作计划的完成情况，并及时反馈检查结果。督办人员的工作目的不是“挑刺”，找出销售人员工作中的不规范行为，而是帮助他们解决工作中的困难，及时“纠偏”，从而达到顺利完成销售目标的目的。实践证明，这种营销控制模式对公司早期快速成长以及规范销售人员的行为有重要的作用。

二、市场营销管理的任务

市场营销管理的任务是为促进企业目标的实现而调节需求水平、时间和性质，其实质是管理需求。

由于需求水平、时间和性质不同，市场营销管理的任务也有所不同。

1. 负需求——扭转

当绝大多数人对某个产品感到厌恶，甚至愿意出钱回避它的时候，市场营销管理的任务是把负需求变为正需求，即分析人们为什么不喜欢该产品，并针对目标消费者的需求重新设计产品、制定价格，开展更积极的促销活动，改变人们对该产品的不良印象。

案例链接

欧美人不喜欢吃动物内脏，为了寻找把这个负需求变为正需求的方法，专家做了一个实验。他们找来了40位家庭主妇，并把她们分成2个小组。专家先告诉第一小组的20位家庭主妇，怎样运用传统的方式把动物的内脏做成菜，怎样做才好吃。然后专家和第二小组的20位家庭主妇围坐在一块儿聊天，在聊天中告诉她们动物内脏富含哪些矿物质，对人体有哪些好处，并赠送了相应的菜谱。一个月后，第一小组有3%的家庭主妇开始食用动物内脏，第二小组有30%的家庭主妇开始食用动物内脏。

2. 无需求——刺激

如果目标市场消费者对产品毫无兴趣或漠不关心，认为其是无价值的废旧物；或认为其虽有价值，但在特定环境下是无用的东西；或认为其是不熟悉不了解的产品等，市场营销管理的任务就是刺激目标市场消费者，通过有效的促销手段，把产品同消费者的自然需求及兴趣结合起来，即创造需求。

案例链接

人们一般认为废旧包装、容器没有价值，但有些收藏家可能对其感兴趣，古董商可刺激收藏家购买它；在没有江河湖泊的地区建造人工湖，可使小船在该地区变成有价值的东西，从而改变市场营销环境；在产品知名度不高或刚开发出来之际，可大力宣传产品的功能及特色，从而激发消费者的购买兴趣。

3. 潜在需求——开发

潜在需求是指相当一部分消费者对某些产品有强烈的需求，而现有产品又无法使之得到满足的一种需求状况。在此种情况下，市场营销管理的任务是准确衡量潜在市场需求，开发有效的产品和服务，即开发市场。

随堂思考： 本节案例导入中，海尔营销人员发现了四川消费者什么样的潜在需求？

4. 波动需求——平衡

波动需求是指某些产品的市场需求在一年内不同季节，或在一周内不同日子，甚至在一天内不同时间上下波动的一种需求状况。在波动需求情况下，市场营销管理的任务是对该市场需求进行平衡与协调，通过灵活的定价、促销及其他激励因素来平衡市场需求。

案例链接

旅游行业是最“看日子吃饭”的，每年的节假日、周末、旅游旺季，景区内的交通、住宿资源往往紧张和短缺，景区内人头攒动，游客满意度不高，工作人员疲于奔命。但其他时间，景区往往又门可罗雀，大部分资源都被闲置。正因如此，为了调节需求，相同接待规格的同一旅游服务产品，在不同的日期，价格往往相差很大。

5. 下降需求——重振

当市场对一个或几个产品的需求呈下降趋势时，市场营销管理的任务就是了解消费者需求下降的原因，可通过改变产品的特色、采用更有效的沟通方法再刺激需求，即创造性地再营销，或可通过寻求新的目标市场，扭转需求下降的局面。

随堂思考：本节案例导入中，海尔集团是如何应对需求下降（淡季）的？

6. 充分需求——维持

假如某种产品目前的需求水平和需求时间等于预期的需求水平和需求时间（这是最理想的一种需求状况），市场营销管理的任务就是改进产品质量及不断评估消费者的满足程度，维持现时需求。例如，广州等大城市的人们对某些较成熟地铁线路运输能力的需求即为充分需求。

7. 过量需求——限制

当某种产品的市场需求水平超过了企业所能供给或所愿供给的水平时，市场营销管理的任务是选择那些利润较少的产品、购买量不多的目标消费者作为对象限制营销，可以通过提高价格、减少促销和服务等方式使市场需求减少。例如，一些新推出的热销车，4S 店要求消费者加价购买并延迟提车。

8. 有害需求——消灭

有害需求是指市场对某些有害产品的需求。对此，市场营销管理的任务是通过提价、传播警示信息等减少产品被购买的机会或限制营销，即反市场营销。例如，在香烟盒上印上“吸烟有害健康”的标语。

企业实践

背景资料

橄榄油以其独特的口味、丰富的营养、较好的美容功效和防治心脑血管疾病的保健功能而被誉为“液体黄金”。但是，我国消费者并不因此而买账。橄榄油进入我国市场之前，传统食用油如花生油、豆油等油类完全占据了我国食用油市场，并形成传统食用油相互“厮杀”的局面。同时中国人尤其是北方人比较喜欢吃油腻的食品，因此并不是每个消费者都能接受橄榄油淡淡的香味。消费者对橄榄油的认识往往停留在美容、护肤的层面上，没有养成食用的习惯，橄榄油若想“走进千家万户的厨房里”，仍有相当长的一段路要走。

C品牌橄榄油来自加拿大，计划进入中国大城市的橄榄油市场。该品牌一方面必须面对传统食用油市场的巨大竞争压力，从传统食用油市场中分一杯羹；另一方面，还须与其他橄榄油商进行攻城略地式的竞争，因为早有其他众多国外橄榄油品牌“瓜分”了中国橄榄油市场。

任务：4～5名同学为一小组，提交一份开拓中国橄榄油市场的营销方案。

实践指导

◆ 调研消费者的需求特征及需求满足状态。

◆ 进行市场细分和确定目标市场，突出C品牌橄榄油的特色和定位。

◆ 拟定产品、价格、渠道、促销策略，重点应围绕：在消费者对C品牌橄榄油“无需求”的情况下，如何打造产品的品牌文化及差异化优势，制定有吸引力的价格，建立高效的渠道和终端，策划直达目标消费者的系列促销策略（宣传、公关、推销、营业推广），以开拓市场。

◆ 组建营销队伍，制订营销计划，建立营销管理制度。

思考练习

一、简答题

1. 消费者市场和生产者市场各有哪些特点？
2. 比较有代表性的市场营销理论有哪些？
3. 市场营销观念的定义和作用是什么？
4. 比较有代表性的市场营销观念有哪些？它们的主要观点分别是什么？
5. 市场营销管理过程包括哪些内容？

6. 需求管理有哪些情况？其中心任务分别是什么？

二、案例分析题

案例一：如今，消毒餐具市场一片混乱，酒店客人用餐时，心里多少都有些忐忑不安，而又有很多餐饮商家为了节约成本使用劣质的环保餐具。

某省城一家中型酒店紧扣环保主题，为顾客提供一种以食用淀粉为原材料的真正意义上的一次性环保餐具。整套餐具包括一个杯子、一个餐盘、一个碗，还有一个汤勺，闻起来有股淡淡的清香。酒店负责人表示："这种餐具的成本虽然高一些，但不会对环境造成污染，现在各地都在提倡低碳环保，我们会尽力向顾客推荐这种一次性环保餐具。虽然这种餐具推出的时间不长，但在工作人员的推荐下，选用这种餐具的顾客不少。"

该负责人表示，他们曾经做过调查，目前餐饮行业重复使用的餐具，因清洗消毒条件不合格，给人们的健康带来了隐患，而不少酒店使用的可回收餐具普遍存在清洁不干净、消毒不彻底的问题。在其他餐饮企业没有行动时，率先使用环保餐具能树立该酒店负责任的社会形象。

问题：

1. 该酒店以何种市场营销观念为自己的经营指导思想？
2. 你认为酒店采用这种成本较高的餐具是否划算？为什么？

案例二：一家辐射范围不大、以做周边街坊生意为主的餐厅，如果长期保持菜式、口味和风格不变，久而久之，顾客就会逐渐减少，因为多数顾客都喜欢变换口味。例如，人们连续吃了三次一样的年夜饭，如果第四年的年夜饭还与往年一样，那么谁还愿意去吃呢？所以餐厅要想保持市场份额，就必须使产品和服务常变常新。广州E酒店的菜式、口味多年不变，且每年都推出完全一样的节日套餐（如圣诞晚宴等），顾客的兴趣慢慢淡了，顾客一年比一年少。后来酒店的一位主管提议打造新的销售热点，在每年的2月14日推出情人节套餐、情人节礼品以及情人节表白晚会等创新产品，并在报纸上大肆宣传。结果情人节当日，餐厅营业额远远超过了圣诞节和除夕夜。

问题：

1. 在推出情人节产品前，E酒店的产品处于何种需求状态？
2. 你还有哪些办法帮助E酒店改善经营状况？

三、技能训练

技能训练一：介绍企业的市场营销观念。

【训练目标】

- 提升逻辑思维能力。
- 提高语言表达能力。

- 增强勇气和自信心。
- 加深对市场营销观念的理解。

【训练内容】

任选一个企业，说说该企业的市场营销观念，以具体的营销事件举例。

【考核要点】

1. 考核学生的语言表达能力和表述内容的准确性。
2. 考核学生对市场营销观念相关内容的掌握程度。

技能训练二：扮演 4P 理论中的营销角色。

【训练目标】

- 提升逻辑思维能力。
- 提高语言表达能力。
- 增强勇气和自信心。
- 加深对 4P 理论的理解。

【训练内容】

1. 每 4 名同学为一小组，任选一个企业的一款产品。
2. 每组分别介绍产品、价格、渠道和促销方式。

【考核要点】

1. 考核学生的语言表达能力和表述内容的准确性。
2. 考核学生对 4P 理论相关内容的掌握程度。

技能训练三：模拟企业营销活动管理。

【训练目标】

- 提升逻辑思维能力。
- 提高语言表达能力。
- 加深对市场营销管理的理解。

【训练内容】

每 4 名同学为一小组，模拟成立公司，开展一次“采购—生产—销售”活动。

【考核要点】

1. 考核业务开展的规范性和营销计划的适用性。
2. 考核学生对市场营销管理相关内容的掌握程度。

第二章 市场营销环境分析

学习目标

知识目标：

◎ 了解市场营销环境的含义和构成。

◎ 了解市场营销宏观环境和微观环境的主要内容。

◎ 理解市场营销环境对企业的重要性。

◎ 掌握 SWOT 分析法。

◎ 了解市场调研的含义与作用。

◎ 掌握市场调研的主要方法和问卷设计的技巧。

能力目标：

◎ 能够分析环境的变化对企业经营的影响。

◎ 可以运用 SWOT 分析法进行简单分析。

◎ 能够运用市场调查问卷设计的方法和技巧，设计简单的调查问卷。

案例导入

旅游业发展新趋势

近年来，随着人们的生活水平不断提高，游客的精神需求从科技、城市、智能回归到自然、绿色、生态，人们开始意识到健康与生态的重要性，更加愿意回归自然，生态旅游逐渐发展起来。

云南普洱小熊猫庄园酒店是我国第一家动物主题庄园酒店，坐落于普洱的太阳河国家森林公园，占地面积达三十多万亩。普洱不是传统意义上的旅游城市，交通算不上发达，较难吸引游客，酒店便基于此打造森林俱乐部的概念，并提出“森林就是最好的乐园”的口号。云南是动植物王国，自然优势得天独厚，可减少硬件设施的投入，依托自然生态打造旅游产品，可使游客深入体验人和自然和谐共处的场景。这大大吸引了游客目光。

生态旅游行业正蓬勃发展，将动物主题赋能于产业，打造人与自然和谐相处的场景体验式产品是云南普洱小熊猫庄园酒店的核心竞争力所在。

案例点评

• 市场营销环境是动态的、不断变化的，环境的变化有可能为企业带来机会，也有可能为企业带来威胁，企业只有分析环境变化所带来的影响，及时采取相对应的措施，才有可能在激烈的竞争中拥有一席之地。

第一节 市场营销环境构成

案例导入

广州某知名五星级G酒店凭借品牌、管理以及毗邻广交会场地等优势，客房平均入住率多年来一直保持在90%以上。

但是，市场风云变幻，2003年“五一”黄金周期间，由于广州地区“非典型肺炎”病毒肆虐，G酒店入住客人数量只有罕见的个位数，为该酒店开业以来的最低入住人数，酒店遭受空前损失。

“非典型肺炎”疫情过后，我国经济迎来了高速发展期，虽然五星级酒店越开越多，但是，G酒店凭借自己的品牌优势和客户资源很快就恢复了往日的辉煌。

2008年，全球性的金融危机对住宿餐饮业的影响非常大，G酒店最困难时的客房平均入住率和平均房价下降幅度分别接近50%和5%。

2009年6月，国内经济状况逐渐好转，广州要举办亚运会，G酒店董事会决定创建规范化的公务接待基地，此举终于使酒店走出困境，酒店客房入住率和盈利率得到了大幅度的提升。

案例点评

- 市场环境总是在变，企业必须时刻监测市场环境的变化，并努力去适应。
- 风险——顺风有险，危机——危中见机。
- 顺“天意”、察“民情”，知“己”知“彼”，方能百战不殆。

知识聚焦

一、市场营销环境概述

市场营销环境泛指一切影响和制约企业市场营销活动实施的内部环境和外部环境。在分析市场营销环境时，通常将其分为微观环境和宏观环境两大类。

微观环境是指与企业联系密切，直接影响企业营销能力和效率的各种参与者，包括企业本身、市场营销渠道企业（供应商、营销中介）、消费者、竞争者以及社会公众。宏观环境是指企业无法直接控制的影响企业营销能力和效率的一系列社会力量，主要包括人口环境、经济环境、自然环境、科技环境、政治与法律环境、社会与文化环境等。微观环境直接影响和制约企业的市场营销活动，多半与企业有或多或少的经济联系，因此它也称直接营销环境，又称作业环境。宏观环境一般以微观环境为媒介去影响和制约企业的市场营销活动，在特定场合也可直接影响企业的市场营销活动，因此，它也称间接营销环境。

微观环境和宏观环境之间不是并列关系，而是主从关系。微观环境受制于宏观环境，微观环境中的所有因素均受宏观环境中的各种力量和因素的影响。

所有市场营销活动都会受到市场环境（微观环境和宏观环境）的制约和影响，尤其是宏观环境，企业难以按自身的要求和意愿改变它。不同的国家或地区之间，宏观环境存在较大差异；不同的企业之间，微观环境也千差万别。同时，市场环境总是处于不断变化之中，因此，企业必须密切关注环境的实际情况与发展趋势，制定相应的有针对性的市场营销策略并根据环境变化不断调整，敏锐地发现和利用市场机会，防范可能出现的风险，扬长避短，以确保在竞争中立于不败之地。

随堂思考：本节案例导入中，G酒店经营业绩波动的原因是什么？

二、宏观环境分析

1. 人口环境

人口是构成宏观环境的第一要素。在分析人口环境时，通常从人口数量、人口结构、人口地理分布、婚姻状况、出生率、死亡率、人口密度、人口流动性及其受教育程度等因素入手。

（1）人口数量。人口数量是决定市场规模和潜力的一个基本要素，因此，可按人口数量大致推算出市场规模。

（2）人口结构。人口结构主要包括人口的年龄结构、性别结构、家庭结构和社会结构。

1）年龄结构。不同年龄的消费者对商品的需求不一样，如老年人、中年人、青年人对手机功能的需求是大不相同的，老年人看重通话功能，而青年人则更多关注娱乐功能。

2）性别结构。男性消费者与女性消费者在消费心理与行为、购买商品类别、购买决策等方面有很大的不同，如女性消费者通常购买日常用品、衣服，男性消费者通常购买大件物品等。

3）家庭结构。家庭是购买、消费的基本单位。家庭数量直接影响到以家庭为基本消费单位的商品的销量，如住房、家用电器、汽车等。

4）社会结构。当前我国处于城镇化快速发展时期，人口不断从农村涌向城镇，这一社会结构的变化决定了住房等商品的需求量较大。

2. 经济环境

经济环境是指影响企业市场营销活动的购买力因素，包括消费者收入水平、消费者支出模式及社会经济发展等内容。下面简单介绍消费者收入水平和消费者支出模式。

（1）消费者收入水平。消费者收入水平对企业市场营销活动影响极大。有不同收入水平的消费者，其消费的项目、品质及对价格的承受能力不同，如豪华车的购买者多为高收入消费者。

企业市场营销人员在调研消费者收入时，要区分工资收入和实际收入。只有实际收入才能影响实际购买力。真正富有的人士，其工资收入也许并不高，其实际收入可能大多来源于财产性收入或投资收入等。

（2）消费者支出模式。消费者支出模式是指消费者各种消费支出的比例关系，也就是常说的支出结构。在收入一定的情况下，消费者会根据消费需求的轻重缓急对自己的消费项目进行排序，一般先满足排序在前的，即主要的消费需求。如温饱和医疗肯定是第一位的消费需求，其次是住、行和教育，最后是舒适型、提高型的消费需求，如保健、娱乐等。

食物支出占总消费支出的比例称为恩格尔系数，恩格尔系数越高，生活水平越低；反之，食物支出所占比重越小，恩格尔系数越低，生活水平越高。恩格尔系数已成为衡量一个国家、地区人民生活水平和商品购买力的重要参数。

在分析消费者支出模式时，还必须考虑储蓄率和储蓄增长率，消费者喜欢存钱，用于消费的钱就少，其购买力就会打折扣。

3. 自然环境

自然环境主要是指自然界提供给人类的各种形式的物质财富，如矿产资源、森林资源、土地资源、空气资源、海洋资源、粮食资源、能源资源、水利资源等。例如，自然资源日益短缺，能源成本趋于提高，环境污染日益严重，政府和公众对自然资源的管理和干预不断加强。

自然环境的变化对企业市场营销活动的影响主要表现在以下几个方面：企业经营成本增加、新兴产业市场机会增加等。以上各方面都会直接或间接地给企业带来威胁或机会。因此，企业必须积极开展研究开发工作，尽量寻求新的资源或替代品。同时，企业在经营中要有高度的环保责任感，善于抓住机会，推出“绿色产品”，实行“绿色营销”，以适应世界环保潮流。

案例链接

某地蔬菜大王胡生明利用当地毗邻鄱阳湖的生态环境优势，大力发展有机蔬果种植，打造有机产品产业基地，做大做强有机品牌，走出了一条差异化、特色化的发展道路。

近年来，食品安全问题成为我国人民最关注的民生话题之一，购买更健康安全的有机食品逐渐成为不少人的新选择，有机稻米、蔬菜、茶叶、杂粮等农副产品和山茶油、核桃油、蜂蜜等加工产品在市场上供不应求，价格更是常规产品的两三倍。正因如此，胡生明燃起了当回农民的梦想。

回乡务农前，胡生明用了将近一年的时间考察了国内70多家果蔬基地，他发明的“简易高效无土栽培有机蔬果技术”“有机蔬苗大棚”等7项技术还获得了国家专利。为实现长效发展目标，他还注册了“水岚洲”商标，并对进入商场超市的产品进行严格的检测，个头、颜色、质量不达标的农产品决不送往商场超市。

“一分耕耘，一分收获”。胡生明的勤劳与智慧终于获得了丰厚的回报，目前，他种植的600多亩果蔬已实现年产值1 000多万元。

4. 科技环境

科技环境不仅直接影响企业内部的生产和经营，还同时与其他环境因素互相依赖、相互作用，特别是与经济环境、文化环境关系紧密。新技术革命，既给企业市场营销活动创造了机会，又带来了威胁。

当代企业科技环境的发展趋势：科技工艺的发展速度越来越快，创新机会越来越多，研究预算增加，有关科技工艺革新的法规增多。

一种新技术的应用，可以为企业带来一个明星产品，产生巨大的经济效益，也可以迫使企业的某一传统优势产品退出市场，如柯达数码相机使得柯达胶卷基本上退出市场。

新技术还表现在促进经营模式变革上，如超级市场的出现得益于信息技术的迅猛发展，电子商务的飞速发展则完全依赖于信息网络技术的普及。

新技术有可能改变消费者的消费习惯，如自动售货机的出现可以让消费者购物不受时间的限制；网上购物可以让消费者购物突破时空限制，这些都大大方便了消费者，也改变了消费者的消费习惯和生活方式。

如今，技术变革正对企业的经营活动产生着巨大影响。新技术的应用会引起企业市场营销策略、经营管理方式以及消费者购买行为的变化。企业要密切关注与本企业产品有关的科学技术的现有水平、发展趋势及发展速度。对于新的硬技术，如新材料、新工艺、新设备，企业必须随时跟踪掌握；对于新的软技术，如现代管理思想、管理方法、管理技术等，企业也要特别重视。

5. 政治与法律环境

政治与法律环境是影响企业市场营销活动的重要宏观环境因素。政治环境像一只有形之手，调节着企业市场营销活动的方向，法律环境则为企业设定市场营销活动行为准则。

（1）政治环境。政治环境是指企业市场营销活动的外部政治形势、国家方针政策及其变化。企业及其目标市场所在国家的政局稳定与否，对企业市场营销活动影响重大。如果政局稳定，人民安居乐业，就会给企业市场营销活动营造良好的环境；相反，政局不稳，社会矛盾尖锐，秩序混乱，就会影响经济发展和市场稳定。

政治环境分析主要包括国内政治环境分析和国际政治环境分析。

国内政治环境分析的要素主要包括：政治制度；政党和政党制度；政治性团体及其影响力；政党和国家的方针政策，主要有人口政策、贸易政策、能源政策、物价政策、财政政策、货币政策、税收政策等；政治气氛等。

国际政治环境分析的要素主要包括：国际政治局势、国际关系、目标市场国的政治环境。

国家通过降低利率、降低人们储蓄意愿来刺激消费的增长；通过征收个人所得税调节消费者收入的差距，从而影响人们的购买力；通过增加产品税，如对香烟、酒、房地产等商品增加税收来抑制人们的消费需求。

在国际贸易中，大多数国家会制定一些相应的政策来干预外国企业在本国的市场营销活动，如进口限制、关税政策、价格管制、外汇管制、国有化政策等。

（2）法律环境分析。法律环境是指国家或地方政府所颁布的各项法规、法令和条例等，它是企业市场营销活动的准则，企业只有依法进行各种市场营销活动，才能受到法律的有效保护。

◆ 我国保护企业利益不受侵害的主要法律有《中华人民共和国反不正当竞争法》《中华人民共和国反垄断法》《中华人民共和国专利法》《中华人民共和国商标法》等。

◆ 我国保护消费者利益免受不正当商业行为侵害的主要法律有《中华人民共和国消费者权益保护法》《中华人民共和国产品质量法》《中华人民共和国价格法》《中华人民共和国广告法》等。

◆ 我国保护社会整体利益不受失去约束的商业行为侵害的主要法律有《中华人民共和国环境保护法》、税法、《中华人民共和国票据法》、《中华人民共和国公司法》等。

6. 社会与文化环境

社会与文化环境是指在一种社会形态下形成的价值观念、宗教信仰、道德规范以及世代相传的风俗习惯等被社会所公认的各种行为规范，具体包括一个国家或地区的教育水平、宗教信仰、价值观念、消费习惯、审美观念、伦理道德、文学艺术等。

社会与文化环境对企业市场营销活动的影响是多层次、全方位、渗透性的。企业市场营销人员应分析、研究和了解社会与文化环境，针对不同的社会与文化环境制定不同的市场营销策略。

（1）教育水平。受教育程度不同会带来消费者对商品功能、款式、包装和服务需求的差异性。通常教育水平高的国家或地区的消费者要求商品的包装典雅华贵，对其附加功能也有一定的要求。

（2）宗教信仰。宗教信仰是构成社会文化的重要因素，宗教信仰对人们消费需求和购买行为的影响很大。不同的宗教有不同的节日礼仪、商品使用要求和禁忌。

（3）价值观念。价值观念是指人们对社会生活中各种事物的态度和看法。不同文化背景下，人们的价值观念往往有很大差异，对商品的色彩、标识、式样以及促销方式都会有不同的意见和态度。企业必须根据消费者不同的价值观念设计产品、提供服务。

（4）消费习惯。消费习惯是指人们在长期的经济活动与社会活动中养成的一种消费方式与习惯。不同的消费习惯，对商品有不同的要求。研究消费习惯，不但有利于企业组织好产品的生产与销售，而且有利于正确、主动地引导健康消费。了解目标市场消费者的禁忌、习惯、避讳等是企业开展市场营销活动的重要前提。

（5）审美观念。人们在市场上挑选、购买商品的过程，实际上也就是一次审美活动。一般来说，消费者会追求商品所表达的内涵美、商品形式美、购物环境美，企业市场营销人员应注重消费者对商品的评价，将商品的内部品质、艺术功能与经营场所的美化效果融合，以更好地满足消费者的审美要求。

案例链接

美国的化妆品生产行业曾经有一句名言：日本的化妆品市场是美国化妆品生产企业难以攀登的富士山。原来，美国化妆品生产企业生产的化妆品的色彩不符合日本人购买化妆品的习惯。

在美国，人们对于肤色有一种十分普遍的观念，即认为皮肤的颜色略深或稍黑一些是富裕阶层的象征，因为只有生活富裕的人才有足够的时间和金钱到海滩去晒太阳。在化妆的时候，美国人习惯使用深色的化妆品，把自己的皮肤化妆成略深的颜色，以显示自己的地位。而日本人崇尚皮肤白，化妆时不喜欢使用深色的化妆品，所以日本人对美国化妆品生产企业生产的那种深色的化妆品的需求很少。

在研究社会与文化环境时，还要重视亚文化群对消费需求的影响。每一种社会文化的内部都包含若干亚文化群。因此，企业市场营销人员在进行社会与文化环境分析时，可以把每一个亚文化群视为一个细分市场，生产经营适销对路的产品，以满足消费者需求。

三、微观环境分析

企业的微观环境是指对企业服务其目标市场的营销能力产生直接影响的各种因素的

集合，包括企业内部环境、消费者、供应商、营销中介、竞争者和社会公众等与企业具体市场营销活动密切相关的各种组织与个人。

1. 企业内部环境

企业内除有营销部门外，还有行政、财务、采购、制造、研发、后勤等一系列部门。企业市场营销部门与这些部门在高层管理者的领导下为了共同利益而工作，相互之间既有多方面的合作，也会因本位主义和争取资源而出现矛盾。因此这些部门的业务状况，它们与营销部门的合作状况，以及部门之间是否协调发展，对营销决策的制定与实施影响极大。营销部门在制订和实施营销目标与计划时，要充分考虑企业内部环境因素，争取高层管理者和其他部门的理解和支持。

例如，营销部门和生产部门的矛盾通常出现在产品品质方面，因为营销部门会从消费者需求出发，对产品品质提出更高的要求和更快的响应速度；而生产部门从成本的角度和工作轻松度出发，可能会降低对产品品质的要求和延长产品交付的期限。

又如，营销部门和财务部门的矛盾通常出现在推广费用方面，因为营销部门希望获得更多的营销推广费用预算和有更简化的报销审核流程，并且希望财务部门对售后回款承担更多的责任；而财务部门则往往相反。

2. 消费者

消费者是企业服务的对象，同时也是产品销售的市场和企业利润的来源，企业市场营销活动本质上是围绕消费者需求而展开的。企业要投入很多的精力去研究消费者的真实需求，在产品营销的方方面面都要充分考虑消费者的需求，并尽可能去满足消费者需求。

3. 供应商

供应商是指向企业提供生产经营所需资源的企业或个人。供应商所供应的原材料数量和质量将直接影响企业产品的数量和质量，所供应原材料的价格会直接影响产品的成本、利润和价格。

企业与供应商的关系，既是一种合作关系，也是一种竞争关系。合作关系体现在密切配合、一荣俱荣上，竞争关系主要体现在交易条件方面的竞争上，如供应商得利多了，企业得利就少了。在这种竞争关系中，谁处于优势，谁处于劣势，不同的企业、不同的供应商是不同的，这主要取决于双方在合作中的地位和实力。

4. 营销中介

营销中介是指协助企业促销和分销其产品给最终消费者的个人或组织，包括中间商（批发商、代理商、零售商），物流配送公司（运输公司、仓储公司），市场营销服务机构（广告公司、咨询公司、调研公司）以及财务中介机构（银行、信托公司、保险公司等）。营销中介是市场营销活动不可缺少的一部分。

商品经济越发达，社会分工越细，营销中介的作用越大，如随着生产规模的扩大，降低产品配送成本显得越来越重要，于是适应这种需求的生产性服务业就得到了发展。企业在开展市场营销活动过程中必须处理好与这些营销中介的合作关系。

5. 竞争者

企业的竞争者分为四种：

（1）产品品牌竞争者。它是指品牌不同，但所生产的产品功能、形式相同的竞争者。这类竞争者之间产品的内在功能和外在形式基本相同，但因为是不同厂家生产的所以品牌不同，如空调的品牌“海尔”“美的”“格力”等。

（2）产品形式竞争者。它是指所生产的产品基本功能相同，但形式、规格和性能或档次不同的竞争者，如普通轻便自行车生产商与性能更优良的山地车生产商。

（3）平行竞争者。它是指所生产的产品种类不同，但所满足的需求相同的竞争者，如汽车、摩托车或自行车都能满足消费者对交通工具的需求，消费者只需要选择其中一种。

（4）需求愿望竞争者。这是潜伏程度最深的竞争者，不同竞争者分属不同的产业，相互之间为争夺潜在需求而展开竞争。如钻石公司与汽车制造商为争夺消费者而展开的竞争，消费者现有的钱如用于购买汽车则不能购买钻石，汽车制造商与钻石公司实际上是针对消费者当前所要满足的各种愿望进行争夺。

上述四种竞争者，产品品牌竞争者是最常见、最外在的，其他的竞争者比较隐蔽。正因如此，许多企业的注意力总是集中在品牌竞争上，而有远见的企业不会仅仅满足于品牌之间的竞争，它们会更加关注市场发展趋势，并设法维护和强化基本需求优势。

6. 社会公众

社会公众是指对企业实现营销目标的能力具有实际或潜在利害关系和影响力的团体或个人。由于企业市场营销活动必然会影响社会公众的利益，所以政府机构、融资机构、中介机构、群众团体、地方居民等公众，乃至国际上的各种公众，必然会关注、监督、影响、制约企业市场营销活动。这种制约力量的存在，决定了企业必须处理好与社会公众的关系，即维护好公共关系，遵纪守法，善于预见并采取有效措施满足社会公众的合理要求（如及时归还贷款、防治污染等），开展一些力所能及的公益活动，努力塑造并保持企业良好的信誉和公众形象。

第二节 分析市场营销环境的方法——SWOT 分析法

案例导入

小米科技有限责任公司（以下简称小米公司），于2010年3月3日在北京市由雷军等人创办，它是一家专注于开发智能硬件和研发电子产品的移动互联网企业，也是一家致力于设计、研发、销售高端智能手机、网络电视和研究智能家居生态系统建设的创新型科技企业。

利用 SWOT 分析法对小米公司本身的优劣势，以及公司在现有的条件下面临的机会与威胁进行评估，可分析出小米公司发展高端手机市场的优势和劣势，见表 2-2-1。

表 2-2-1 小米公司的优劣势分析

内部资源和外部环境	优势（strengths）	劣势（weaknesses）
	1. 团队阵容强大 2. 员工的能力强、素质高 3. 依靠较好的口碑积累了许多客户 4. 管理层政策开明，能适应环境变化 5. 产品的更新速度快	1. 研发能力不够强，过于依赖供应商的硬件和技术 2. 生产能力较弱，过于依赖第三方代工厂 3. 受线下店面数量的限制，线下销售能力较差 4. 产品售后服务能力较差
机会（opportunities）	SO 策略（增长型策略）	WO 策略（扭转型策略）
1. 5G 通信技术的发展增加了市场上 5G 高端手机的需求 2. 居民人均可支配收入增加 3. 行业发展规范和相关政策更加完善	1. 加大广告推广和促销的力度，吸引更多的消费者购买高端手机 2. 进行差异化营销，突出自家品牌手机的特色和优势 3. 完善品牌营销策略，做好品牌角色转变，提高品牌影响力	1. 注重线下销售渠道的发展，加快三、四线城市“小米之家”的建设速度 2. 将小米手机的性价比优势合理利用到高端手机市场，争取市场份额 3. 完善员工绩效激励，提高线下员工的销售能力
威胁（threats）	ST 策略（多元型策略）	WT 策略（防御型策略）
1. 更多智能手机品牌开始进入高端手机市场，竞争加剧 2. 行业整体的竞争强度大，实现持续健康发展较为困难 3. 居民消费能力有所提高，但消费需求短期内不会大量爆发	1. 学习其他品牌手机厂商的市场营销策略，取长补短 2. 注重小米线下店面员工的培训工作，提高服务质量 3. 及时发现小米社区中用户反映的问题，并及时反馈给相关部门 4. 完善促销方式，例如买手机送赠品、送服务和捆绑销售等	1. 注重员工绩效考核，提高员工的工作积极性 2. 增加原材料供应商合作渠道，增加销售合作渠道 3. 增强与其他品牌合作黏度，提高客户共享率 4. 从人才市场或其他渠道引进人才

从表 2-2-1 分析得出：第一，小米公司应继续完善品牌建设，塑造良好的品牌形象，扩大品牌影响力；第二，小米公司应利用自身的优势冲击高端手机市场；第三，小米公司应更加注重消费者特别是小米手机粉丝的意见，满足广大粉丝对小米手机的需求和期望；第四，小米公司可以进行适当的市场营销创新，不拘泥于饥饿营销，更加关注口碑营销。

案例点评

- SWOT 分析可以帮助企业认识到自身的优劣势，也可以帮其了解外部环境中的机会和威胁，为企业制定营销决策提供参考。

知识聚焦

在对企业宏观环境和微观环境研究与分析的基础上，还应对企业市场营销环境进行综合分析，以便为营销决策的制定提供可靠的依据。

一、市场营销环境综合分析的步骤

市场营销环境的综合分析也称为机会和威胁分析，通常分为两个步骤。

1. 环境审视

环境审视就是从市场环境中辨别出对企业经营有影响的、反映环境因素变化的某些事件。市场环境是动态变化的，但并不是所有的变化都会对企业经营产生影响，产生的影响也会有程度上的不同，因此，需要通过环境审视对其进行甄别。

环境审视工作流程：通常由营销管理者召集和聘请企业内外部熟悉市场环境的管理人员和专家组建分析小组，分析小组通过科学系统的调查研究、预测分析，将所有可能影响企业经营的因环境因素变化引发的事件一一罗列，然后逐一讨论和评价，从中筛选出分析小组一致认定的对企业经营有不同程度影响的因素或事件。

2. 环境评价

通过环境审视甄别出环境中对企业经营产生影响的各种市场因素或事件后，需要对这些因素或事件的影响程度与影响方式进行评价。常用的评价方法是 SWOT 分析法，即通过对企业内部资源的优势（strengths）、劣势（weaknesses）及外部环境的机会（opportunities）、威胁（threats）等进行综合评估与分析得出结论，了解企业所面临的机会和挑战，从而在战略与战术两个层面对市场营销方法和资源加以调整。

二、SWOT 分析的步骤

1. 企业内部资源的优势和劣势分析

企业内部资源的优势和劣势分析实质上是对企业内部经营条件的分析，或是对企业实力的分析。

企业内部资源的优势是指企业相对于竞争者而言所具有的优势，如人力资源、技术、产品以及其他特殊实力。充足的资金来源、高超的经营技巧、良好的企业形象、完善的服务体系、先进的工艺设备、与买方和供应商长期稳定的合作关系、融洽的雇佣关系、成本优势等，都可以成为企业的优势。

企业内部资源的劣势是指影响企业经营效率和效果的不利因素和特征，它们使企业在竞争中处于劣势地位。一个企业潜在的劣势主要表现在以下几个方面：缺乏明确的战略导向、设备陈旧、盈利较少甚至亏损、缺乏管理技能和知识、缺少某些关键的技能、内部管理混乱、研究和开发工作落后、企业形象较差、销售渠道不畅、营销工作不得力、产品质量不高、成本过高等。

2. 企业外部环境的机会和威胁分析

机会与威胁均存在于市场环境中，因此，机会与威胁分析实质上是对企业外部环境因素变化的分析。

市场环境的变化或给企业带来机会，或给企业造成威胁。机会能否被企业利用，以及环境变化产生的威胁能否被有效化解，取决于企业应对市场变化的灵敏程度和企业实力。机会为企业带来的收益的大小、威胁给企业造成的负面影响的程度，一方面取决于这一环境因素本身的性质，另一方面取决于优势与劣势的结合状况。最理想的机会是与企业优势高度匹配的机会，而恰好与企业劣势结合的威胁将不可避免地消耗企业大量资源。

3. 企业内外情况对照分析

企业内部资源的优势、劣势和外部环境的机会、威胁的综合分析，也可称为企业内外情况对照分析，常用矩阵分析法来进行。

现以某房地产经营企业的实例说明这种方法，见表 2–2–2。

4. 提出对策

SO 策略：依靠内部优势，利用外部机会。

WO 策略：利用外部机会，弥补内部劣势。

ST 策略：利用内部优势，规避外部威胁。

WT 策略：减少内部劣势，规避外部威胁。

表 2-2-2　某房地产经营企业内外情况对照分析表

	机会	威胁
外部环境	1. 商务写字楼市场需求潜力大 2. 企业拟开发项目的地段处于本市规划的中央商务区，具备良好的升值潜力 3. 当地政府对开发商务用房较为支持，有优惠政策	1. 国家对房地产调控力度加大 2. 宏观经济形势不太好 3. 商品住宅市场趋于饱和 4. 房地产项目融资困难 5. 市场竞争激烈，企业知名度不高
	优势	劣势
内部资源	1. 企业的管理能力、市场应变能力强，发展势头平稳 2. 领导班子能力强、团结，中层干部稳定、肯干 3. 设计人员素质高，有成功案例 4. 质量过硬、口碑好	1. 企业整体规模不大，品牌知名度不高 2. 首次涉足商务用房市场，开发经验欠缺 3. 项目资金来源渠道狭窄 4. 营销策划、市场推广能力不足

5. 编写市场营销环境分析报告

在进行机会与威胁分析之后，需要整理、归纳对企业市场营销环境调查、分析和预测的结果，编写市场营销环境分析报告。该报告将作为企业营销管理者构思营销战略方案和制定营销战略决策的基本依据。

编写市场营销环境分析报告的过程是对未来市场营销环境变化进一步调查分析、明确问题、深化认识的过程，因而它是市场营销环境分析的一个重要步骤，必须予以充分的重视。

市场营销环境分析报告的主要内容如下：

（1）企业未来将面临什么样的内外部环境？

（2）各种环境因素会如何变化？对企业将造成怎样的影响？

（3）未来环境会使企业面临哪些机会和威胁？它们出现的概率有多大？

（4）企业适应未来环境的初步设想和对策要点是什么？

市场营销环境分析报告的语言表达应力求简明扼要，论证要以事实和数据为依据，尽量采用直观醒目的图表。

企业实践

背景资料

团购作为一种新兴的电子商务模式，通过消费者自行组团、专业网站团购、商家组织团购等形式，提升了消费者与商家的议价能力，消费者极大程度地获得了商品让利。团购引起了消费者及业内厂商，甚至是资本市场的关注。

团购网站是电子商务的一个重要组成部分，前景不错，在一些有市场眼光的企业家看来，这当中蕴藏着一系列发展的机遇。李子强先在国内某大型购物网站做了几年中层管理者，后又在某团购网站做了一年的高层管理者，最后，终于下定决心创办一家自己的团购网站。

任务：4～5名同学为一小组，搜集资料，运用SWOT分析方法，向李子强提交一份团购网站市场营销环境综合分析报告，以助其规划发展方向。

实践指导

- 从外部环境和内部资源两方面进行分析。
- 提出对策建议。
- 参考示例：见表2-2-3。

表2-2-3 某团购网站市场营销环境的SWOT分析

内部资源和外部环境	优势	劣势
	1. 朋友多，融资渠道多，资金相对充裕 2. 总经理有从事团购网站工作的经验，行业内尚无强大竞争对手 3. 员工年轻有冲劲儿，善于团结合作 4. 管理层理念先进，产品定位于高质量服务	1. 融资资金比主要竞争者的少 2. 缺乏掌握行业核心开发技术的人才团队，行业进入壁垒低 3. 员工缺乏培训和磨合，执行力存在问题 4. 无社交载体（SNS），用户反馈渠道单一
机会	SO策略	WO策略
1. 用户认同团购价值优势且参与意愿高 2. 各类商家对团购方式有较高的认同度 3. 物流和在线支付问题基本得到解决 4. 中国网民数量超过5亿且增速很快，网络购物日渐普及 5. 政府对互联网发展的大力支持，使网购的软硬件环境日渐改善 6. 网络购物正处于成长期，国内还有很多未开拓的市场	1. 加快推广，做一套差异化的推广方案 2. 培养商家战略伙伴，加大对商家的培训力度 3. 搭建团购信息公开和讨论平台 4. 加大对未开发市场的开发力度	1. 对竞争对手加强了解，和团购导航网站建立合作关系 2. 做好团购市场细分工作，从技术上提升团购价值 3. 加大对员工的培训力度，建立创意智囊团 4. 建立一个完善的用户讨论模式，让团购得到认可
威胁	ST策略	WT策略
1. 团购入门门槛低、数量众多、良莠不齐 2. 未来实体店铺与团购的价格差可能缩小 3. 团购的相关法律尚不完善 4. 团购模式的被认可度未来可能降低 5. 团购市场频频发生的质量、价格等问题，对整个市场造成不良影响 6. 承诺参与团购的商家品牌知名度不高和不诚信	1. 与商家合作定制专门化产品，完善售前、售中和售后服务 2. 完善团购制度，和社交媒介建立合作 3. 通过管理者的先进理念调动员工的积极性，提高团队凝聚力	1. 努力学习前沿的团购模式 2. 通过捆绑合作，控制团购商业资源 3. 完善团购技术和相关商业准则 4. 制定相应的商业用户评级标准，建立健全保证赔付制度

第三节 市场调研

案例导入

可口可乐在推出酷儿果汁饮料之前，对中国的果汁饮料市场进行了调查：汇源、统一、康师傅、娃哈哈、农夫山泉等都相继推出了瓶装果汁，果汁饮料市场商品品牌非常多，竞争激烈。但无论是统一的“多喝多漂亮”，还是康师傅“鲜的每日C”，主要的目标消费者都是城市年轻女性，而汇源的“喝汇源果汁，走健康之路”，更是想把男女老少“一网打尽”。这些商品没有一个是针对12岁以下儿童的，而市场调查发现，6～12岁的儿童恰恰是果汁饮料的重要消费群体。在洞察这一市场机会后，可口可乐就将自己的目标瞄准了儿童果汁饮料市场。

准确定位之后，可口可乐对这一目标市场进行了深入的调查与分析：根据一项“儿童生活快乐指数”调查，有将近一半的小学儿童体会不到快乐；同时，要打入儿童果汁饮料市场，就要先通过儿童父母的严格把关。由此，可口可乐确定将新品主要聚焦于“快乐”“健康”两大诉求点。儿童消费心理的特点决定了不可能向他们灌输天然、健康等理性、说教性的概念，于是可口可乐针对儿童的特点成功打造了“酷儿”这一独具特色的产品形象，“酷儿”快乐、乐于助人、爱模仿大人，有点儿笨手笨脚但又不易气馁，这正符合儿童的性格特点，儿童看到“酷儿”，就像看到了自己。为了突破儿童父母对饮料的心理防备，可口可乐更是从一开始就宣传酷儿果汁饮料中添加了维生素C及钙，可以喝得快乐又健康。

“酷儿”在电视广告中显得可爱、快乐，不少观众因为“酷儿”而产生购买行为。广告效果调查显示，在看过酷儿果汁饮料广告的观众中，有一半以上的人喜欢这个广告，高达65%的人认为“酷儿”很可爱，其中更有47%的人因为喜欢这个广告而有购买酷儿果汁饮料的意愿。与麦当劳推出史努比、Kitty猫玩具，肯德基推出叮当猫玩具一样，可口可乐在中国推出酷儿果汁饮料之余，也设计了各种诱人的纪念品来配合产品销售，这深受儿童喜爱。角色的成功塑造使“酷儿”成为儿童心目中超人气的小明星。2002年，酷儿果汁饮料在中国市场上创造了仅用3个月便完成全年销售目标的成绩。

案例点评

- 市场调研是了解消费者痛点和需求的重要手段。
- 市场调研是制定营销策略的基石。

知识聚焦

一、市场调研的含义与作用

市场调研是市场调查与市场研究的统称，它是指运用科学的方法，有目的、有计划地收集、整理、分析有关供求、资源的各种情报、信息和资料，为企业制定市场营销策略和决策提供正确依据的信息管理活动。

市场调研主要有以下作用：

1. 有助于企业充分了解市场信息。通过市场调研，企业可以避免在制定市场营销策略时发生错误，营销决策者可以了解当前市场营销策略以及营销活动的得失，及时做出适当改进。

2. 能提供正确的市场信息。通过市场调研，企业可以了解市场可能的变化趋势以及消费者潜在的购买动机和需求，营销决策者能及时识别最有利的市场机会，为企业发展提供新契机。

3. 有助于企业了解当前相关行业的发展状况和技术经验，为改进企业的经营活动提供信息。

4. 为企业进行市场定位和产品宣传等提供信息和支持。

5. 市场调研所获得的资料，有助于企业对市场变化趋势进行预测，从而提前做出应对市场变化的计划和安排，充分利用市场的变化，从中谋取利益。

随堂思考：在本节案例导入中，市场调研的作用主要体现在哪些方面？

二、市场调研的方法和步骤

1. 市场调研的方法

市场调研的方法主要分为两大类：文案调研和实地调研。

文案调研主要是对二手资料的收集、整理和分析，收集资料的主要渠道为互联网和图书馆。

实地调研主要有询问法、观察法和实验法三种。

（1）询问法。询问法是调研人员通过各种方式向被调研者发问或征求意见来搜集市场信息的一种方法。询问法的实施方法有深度访谈、小组（焦点）座谈会、问卷调查等，其中问卷调查又有电话访问、邮寄调查、留置问卷调查、入户访问、街头拦访、在线访问等形式。

采用询问法的注意事项：所提问题确属必要，被调研者有能力回答调研人员提出的问题；询问时间不宜过长；询问的语气、措辞、态度必须合适。

案例链接

强生公司曾想利用其在婴儿用品市场的知名度来开发婴儿用阿司匹林，但不知市场的接受程度如何，于是决定采用费用较低的邮寄方法对一些关系较好的消费者群体进行市场调研。调研结果如下：强生公司的产品被消费者一致认为是温和的，但温和并不是消费者对婴儿用阿司匹林的期望。相反，许多人认为温和的阿司匹林可能不具有很好的疗效。因此，强生公司最终决定放弃婴儿用阿司匹林的开发。

（2）观察法。观察法是调研人员在调研现场，直接或通过仪器观察、记录被调研者的行为和表情，以获取信息的一种调研方法。

使用观察法可以观察到被调研者的真实行为特征，但是它只能观察到被调研者的外部行为，无法观察到被调研者的动机、意向及态度等。

案例链接

美国一家玩具企业为了在十种玩具娃娃设计样品中选择出一种可能畅销的玩具娃娃，将全部样品摆在一间屋子里，然后每次放入一名儿童，让他在无拘束和不受干扰的环境下自由玩耍，调研人员通过录像观察他喜欢哪种娃娃。如此，经过对三百名儿童的观察统计，企业最终决定生产最受儿童欢迎的玩具娃娃。

（3）实验法。实验法是通过开展实际的、小规模的营销活动来调研某一产品或某项营销措施实施效果等的调研方法，如新产品的试销和展销。实验的主要内容有产品的质量、品种、商标、外观、价格、促销方式及销售渠道等。

通过实验获得的数据比较客观，具有一定的可信度，并可以依据数据有控制地分析、观察某些市场现象之间是否存在因果关系，以及它们之间的相互影响程度等。但运用此法有一定的局限性且费用较高，所需时间也较长。一般来讲，改变产品品质、变换产品包装、调整产品价格、推出新产品、变动广告形式及内容、变动产品陈列方式等，可以采用实验法进行调研。

案例链接

为了适应市场需要，某饮料公司在原有品牌饮料产品的基础上，开发了一种采用新配方的全新健康饮料。为了尽快决定是否将该饮料投放市场，该公司决定邀请 100 名消费者进行口味品尝测试。公司将 100 名消费者分为 10 个小组，在每位消费者面前分别摆放一杯旧产品，一杯新产品和一杯清水，让消费者先喝旧产品，喝完后在桌上的调研表格上记录口感，用清水漱口后再喝新产品，喝完后再次记录口感。最后，工作人员让消费者对两种产品的口感进行对比，明确表达更愿意购买哪种产品。工作人员观察、记录测试过程中消费者的表情、动作、语言等，并进行统计分析。

随堂思考：该案例中饮料公司采用的是哪种调研方法？

2. 市场调研的步骤

（1）确定问题与调研目标。任何一个问题都有许多可被调研的内容，如果不对该问题做出清晰的定义，那收集信息的成本可能就会超出调研结果的价值，因此，市场调研的第一步就是认真商定和确定调研目标，限定调研范围，并为未来的调研结果提供检验的依据。

例如，某公司发现其产品在目标市场投放后反响不如预期，管理者想了解真正的原因：是品牌定位不准、设计问题、价格太高、广告推广不到位，还是代理商推销不力？对此，市场调研人员应先分析有关资料，然后确定问题并进一步提出假设、提出调研目标。假如调研人员认为上述问题出现的原因是广告推广不到位的话，就应进行进一步分析，提出若干假设，如广告投放费用太低、广告投放媒体不当、主诉卖点不被目标消费者接受等。

随堂思考：本节案例导入中可口可乐的几次调研分别为了解决什么问题？

（2）确定所需资料。确定问题和调研目标之后，就应根据调研目标来收集资料，如目标消费者接触本公司产品广告的频度与密度、目标消费者对各广告媒体的偏好、目标消费者如何评价本公司产品的广告内容、目标消费者对本公司品牌与竞争品牌的态度等。

（3）制定收集资料的实施方案。要制定一个收集所需资料的有效实施方案，包括数据来源、调查方法、调查工具、抽样计划及接触方法等。如果采用询问法，要注意设计好调查问卷。例如，所需资料是关于广告效果的调查结果，那么市场调研人员可采用询问法收集资料。

（4）抽样设计。在调研设计阶段应决定抽样对象，抽样设计时应做好以下两点：第一，选择抽样方式。抽样方式分为随机抽样和非随机抽样，选择哪种方式要视调研要求的准确程度而定；第二，确定样本数量。这需考虑统计与经济效率问题。

（5）数据收集。数据收集必须通过调研人员来完成，调研人员的素质会影响调研结果的准确性。调研人员以大学或职业院校中市场学、心理学或社会学专业的学生最为理想。

（6）数据分析。数据收集后，应对其进行检查，不符合要求的应考虑剔除。数据分析结果应以统计表或统计图展示，以方便读者了解分析结果，并看出其与问题和目标之间的关系。

（7）撰写调研报告。市场调研的最后一步是撰写调研报告。一般而言，调研报告要包括清楚调研背景、调研目标、调研方法、调研数据分析和调研结论几部分内容。

案例链接

旅游消费调查表

尊敬的女士 / 先生：

为不断提高我省的旅游接待水平，使您得到质价相符的服务，请您协助我们填写这张调查表。您只需在□中打“√”即可。谢谢您的协助！

1. 您在近两年内参加过哪种旅游？

□省内游　□国内游（出省）　□港澳游　□出国游　□无

2. 您参加旅游最主要的目的是：

□休闲 / 度假　□观光 / 游览　□探亲访友　□其他

□宗教 / 朝拜　□文化 / 体育 / 科技 / 交流　□商务会议

3. 您主要的出游方式是：

□旅行社组织　□单位组织　□个人旅行　□其他方式

□家庭或与亲友结伴

4. 您选择旅行社的主要依据是：

□信誉　□资质　□规模　□线路

□便捷性

5. 您认为目前旅行社有哪些方面做得不够透明？

□服务项目　□服务标准　□收费标准　□其他

□旅游目的地情况

6. 您在报名时是否与旅行社签订合同？

□是　□否

7. 您最关注的服务要素是：

□住宿　□餐饮　□交通工具　□购物　□景点

□导游服务　□按时出团和返回

8. 某国家的接待社不收或少收接团费用！利润靠增加自费项目、收取购物回扣和小费获取。面对接待社这种经营手法，您愿意选择：

□提高团费，保证接待质量不受影响

□先享受到团费实惠，宁愿临时支付额外费用

9. 您是否有过不愉快的旅游经历？

□是　□否

10. 是什么原因造成您的不愉快？

□服务标准降低　□行程缩水

□导游不尽责　□出团日期延误

□其他原因

11. 您是否了解旅游消费者的权利和旅游相关的法律法规？

□很了解　□一般了解　□了解一点　□一无所知

12. 如果您的权益受到侵害，您首选的解决方式是：

□不采取行动　□向旅游企业投诉

□向旅游质量监督部门投诉　□向消费者协会投诉

□在新闻媒体上曝光　□到法院提起诉讼

13. 请对我省旅游服务质量打分（5分制，5分表示最好，1分表示最差）：________。

综合评价 ×× 地区的旅行社，您认为最好的三家是________________。

对您的支持和合作，再次表示衷心的感谢！

企业实践

背景资料

近年来，我国人口构成的一个显著变化就是中年人和老年人占比逐渐增大。某房地产公司为了摸准老年人对居住方面的需求，委托了某市场调研公司进行调研。

任务：4 ~ 5 名同学为一小组，提交一份采用询问法调研的调研方案。

实践指导

◆ 调研方案要涵盖市场调研主要步骤的具体内容，方案应力求科学可行。

◆ 入户访问：在访问的时候要尊重被调研者的意愿，了解他们对调查问题的接受程度。

- 邮寄调查：字要大一些，要醒目点儿，流程要简洁。
- 电话访问：语气要柔和，表达要简单明了，介绍要全面。
- 留置问卷调查：要设计好问卷，避免被调研者理解错误。
- 个别深度访谈：为提高效率，可多采用半控制性访谈。
- 小组座谈会：主持人要精心安排，运用更多的引导方式。

思考练习

一、简答题

1. 宏观环境分析通常包括哪些内容？

2. 什么是 SWOT 分析法？SWOT 分析包括哪些步骤？

3. 市场调研的作用有哪些？

4. 简述市场调研的步骤。

二、案例分析题

案例一：中东地区的国家一般比较富裕，人们重视居室的舒适性，所以愿意购买家用空调的人较多。最先进入中东地区销售空调的厂商来自美国和英国等国家，这些国家的产品质量还不错，所以前期的销售效果很好，但一段时间之后，中东地区的消费者就对这些厂商生产的空调失去了兴趣，原因是这些空调总是出问题，甚至会出现停转的现象。日本厂商在仔细研究了这些情况之后得出结论：中东地区多沙，美国和英国等国家空调生产厂商没有设计空调防沙功能的意识，不了解当地消费者对各种物品防沙功能的需求，所以生产的产品不适应这一地区的消费者需求。得出这一结论后，日本厂商立即着手提升空调产品的防沙能力，对出口的空调进行了防沙性能的处理，并且在广告中大力宣传日本厂商生产的空调在中东地区的适应性，结果，日本厂商生产的空调一下子把美国和英国等国家厂商生产的空调挤出了中东地区的市场，并从此成为中东地区最畅销的空调产品。

问题：通过市场营销环境分析，谈谈日本厂商生产的空调为什么能在中东地区“战胜”欧美厂商生产的空调？

案例二：东芝在推广家电新产品给日本国内消费者时，就曾进行市场调研。东芝在调研中发现，越来越多的日本家庭主妇进入就业市场，洗衣服不得不在早上或晚上进行，这样噪声就成为一个突出的问题。为此东芝设计出一款低噪声的洗衣机并将其投放市场。在开发这款低噪声洗衣机时，东芝还通过调查发现，人们的衣服已经不像以前那么脏了，并且许多日本人洗衣服的观念也改变了。以前是衣服脏了才洗，而现在是衣服穿过了就要洗，以获得新鲜的感觉。由于频繁清洗，衣服有时难以晾干。通过市场调研，在认识到日本家庭生活习惯的这种转变之后，东芝便推出了烘干机，后来又发现大多数日本家庭的生活空间有限，继而推出了洗衣烘干二合一洗衣机。

问题：

1. 东芝采用的是哪种市场调研方法？

2. 如果东芝为了对洗衣烘干二合一洗衣机进行合理定价而进行调研，你认为应采用哪种市场调研方法？

三、技能训练

技能训练一：分析性别对市场营销的影响。

【训练目标】

- 提升逻辑思维能力。
- 提高语言表达能力。
- 增强勇气和自信心。
- 加深对市场营销环境相关内容的理解。

【训练内容】

1. 学生按照男生、女生分为两组。
2. 以小组为单位讨论自己在学校学习期间的重点消费品。
3. 每组选择一类消费品，讨论这类消费品商家经常使用的营销手段。

【考核要点】

1. 考核学生的语言表达能力和表述内容的完整性、连贯性。
2. 考核学生对市场营销环境相关内容的掌握程度。

技能训练二：思考人口老龄化对企业的影响。

【训练目标】

- 提升逻辑思维能力。
- 提高语言表达能力。
- 加深对市场营销环境分析相关内容的理解。

【训练内容】

有关数据显示，我国预计在2035年左右进入重度老龄化阶段，其中60岁及以上老年人口将突破4亿，请思考人口老龄化对企业的影响并发言。

【考核要点】

1. 考核学生的语言表达能力和表述内容的准确性。
2. 考核学生对市场营销环境分析相关内容的掌握程度。

技能训练三：设计市场调研问卷。

【训练目标】

- 提升逻辑思维能力。
- 提高团队合作能力。
- 加深对市场调研相关内容的理解。

【训练内容】

假设学校要开设一个面积为 200 平方米的超市，请设计一套市场调研问卷，详细了解学生们的消费情况。

4 ~ 5 名同学为一小组设计问卷，集思广益、充分讨论，问卷内容应包括性别、行为特征、消费时间、消费地点等。

【考核要点】

考核学生对市场调研方法的掌握程度。

第三章 消费者购买行为分析

学习目标

知识目标：

◎ 了解消费者购买行为的概念。

◎ 了解消费者购买行为的影响因素。

◎ 掌握消费者购买心理分析及行为分析框架。

能力目标：

◎ 能够根据消费者市场的特点设计相应的市场营销策略。

◎ 能够分析消费者购买行为类型。

案例导入

李玉，27岁，广州市的一位普通上班族，月入万元。周边的朋友与同事纷纷买了车，看他们在私家车里享受音乐还不必忍受公交车的拥挤与嘈杂，李玉也有些动心。加上工作地点离家较远和交通堵塞，李玉每日上下班通勤耗费近三个小时，她的购车欲望越来越强烈。但李玉除了喜欢欧美品牌汽车和漂亮的红色、流畅的车身、大而亮的车灯外，对车一无所知。

在上司的鼓动下，李玉开始学习驾驶汽车。在驾校学习时，未来将购买什么样的车不知不觉成为几位学员的共同话题。

“我拿到驾照就去买一辆1.3 L的飞度轿车。”一位学员对飞度情有独钟。李玉虽然也喜欢这款车的外形，但却有乘坐飞度轿车的不良体验。一次，包括李玉在内的4个女孩驾乘飞度轿车驶出地下车库时遇到困难，关闭了空调才爬上了高坡，一想到这些李玉就没了热情。

“速腾轿车是不错的车。”问周边人的用车体会，得到这样的信息：在同等价位条件下，德国车不错，速腾轿车好。李玉的上司恰恰是速腾轿车车主，李玉虽还没体验驾驶速腾轿车的乐趣，但对其后排空间拥挤印象深刻。想到自己的先生人高马大，李玉觉得速腾轿车的后排空间的确是个大问题。

不久，一位与李玉差不多年龄的女邻居买的一辆长城SUV深深打动了李玉。李玉回家征求先生的意见，先生说：“每天在城市跑，为什么要买SUV？而且，长城SUV在广州的维修和服务网点也并不多。”李玉动摇了。

朋友C购买了别克凯越轿车，问其行车感受，他说：“是款好车，值得购买。”

同学D购买了蒙迪欧轿车，该款车稳重、安全、大气，但价格有点超出预算，并且油耗有点高。

究竟要买一款什么车？李玉经过几个月的调查了解，又和先生反复走了几趟汽车城实地考察，最终将一辆福克斯轿车开回了家。

案例点评

- 消费者一般不可能收集到全部的产品信息，他们只能在其知晓的范围内进行选择；而其对所知晓信息的产品进行比较筛选后，会选出一部分产品认真研究；最终又会在选出的两三个产品中进行最后的选择，直到做出购买决策。

第一节 消费者购买行为

案例导入

在电商直播背景下，网红主播作为直播的核心，利用其在社交平台上积攒的人气，依靠庞大的粉丝群进行精准营销，成功将人气快速变现。网红主播通过直播的形式，开展直观的商品展示、导购促销等活动，带给消费者视觉冲击，以细致的现场讲解为消费者解答疑问，激发消费者的购买欲望，促使他们购买行为的产生。同时，直播带货也为电商吸引更多消费者提供了新的渠道，电商与直播平台结合的趋势也越来越明显。

传统模式下的销售活动，存在局限于固定区域、固定时段，销售效率低，产品品类少，销售成本高等问题。直播带货不仅成本低，信息传播路径更短，效率更高，而且因其突破了时空限制，产品品类丰富，在更好地满足消费者需求的同时，也提升了消费者购物的娱乐性、便捷性。

在电商直播购物中，消费者对产品产生购买行为一般有以下两种情况：一种是有目的性的购买。即消费者在已经明确有购买某产品的计划的前提下，有选择性地观看直播，在直播购物过程中受到刺激而出现了愉悦的情绪反应或降低了对产品的感知风险，进而产生购买行为，实现有目的性的购买。另一种是冲动性购买。即消费者事先并没有购买计划，在观看直播时，在主播对产品介绍后，有了强烈的情绪反应，从而冲动地产生了购买行为。例如在美妆产品直播中，主播会通过专业讲解、产品试用、产品效果展示等，让消费者全方位了解产品信息，同时会为消费者提供延伸服务，比如对消费者的发型和服饰搭配提出建议等。直播带货是在轻松愉悦的氛围下，通过主播与消费者不断进行双向互动，为消费者带来更为美好的购物体验，进而引发消费者产生购买行为的。

案例点评

- 直播购物的兴起开始显著影响消费者的购买行为。了解消费者的心理与行为，对企业开展市场营销活动至关重要。

知识聚焦

一、消费者购买行为的概念

消费者是指购买、使用各种商品或服务的个人或单位。

消费者购买行为是指消费者为获取、使用、处置商品或服务所采取的各种行动，包括先于且决定这些行动的决策过程。

消费者购买行为研究就是研究不同消费者的消费心理和消费行为，以及分析影响消费心理和消费行为的各种因素，揭示消费行为的变化规律。

消费者购买行为是一个整体，是一个过程，获取或者购买商品只是这一过程的一个阶段。因此，研究消费者购买行为，既应调查、了解消费者在获取商品或服务之前的评价与选择活动，也应重视其在获取商品或服务后对它们的使用、处置等活动。只有这样，对消费者购买行为的理解才会趋于完整。

二、消费者购买行为影响因素

消费者购买行为主要受文化因素、社会因素、个人因素和心理因素影响。

1. 文化因素

文化是知识、信仰、艺术、道德、法律、美学、习俗、语言文字以及人作为社会成员所获得的其他能力和习惯的总称，是人类欲望和行为最基本的决定因素，对消费者的购买行为有广泛和深远的影响。

（1）价值观念。价值观念是指人们对社会生活中各种事物的态度和看法。不同的文化背景下，人们的价值观念相差很大。市场的流行趋势会受到价值观念的影响，企业在制定市场营销策略时应该将产品与目标市场的文化传统尤其是价值观念联系起来。

例如，美国人通常希望得到个人最大限度的自由，追求超前享受，他们在购买住房、汽车等时，既可分期付款，又可向银行贷款。而在我国，中老年人崇尚量入为出，习惯攒钱买东西，购买商品的价值往往局限于其货币支付能力范围内。

（2）物质文化。物质文化受技术水平和经济水平影响，它又影响需求水平，商品的质量、种类、款式也影响商品的生产与销售方式。一个国家的物质文化对市场营销具有多重意义。例如，家用吸尘器、家用食品加工机等小电器在发达国家已经完全被接受，而在某些贫困国家则不被普通民众所接受。

（3）审美标准。审美标准在人们理解某一特定文化中艺术的不同表现方式、色彩和美好事物等的象征意义中起了很大的作用，所以企业应正确把握社会的审美标准，以使产品设计、广告创意、款式包装符合潜在消费者的偏好。

（4）亚文化群。每种文化之间都有巨大的差异，在同一种文化的内部，也会因民族、宗教、种族、地理、职业、性别、年龄、语言、文化与教育水平等诸多因素的影响而有不同的亚文化群。

市场营销人员应具有发现不同文化的特点和不同文化之间细微差别的能力，并能对消费者购买行为进行跨文化分析，从而真正把握不同文化背景下消费者的需求及购买行为发展趋势。

2. 社会因素

消费者购买行为受到诸如家庭、参照群体、社会阶层等一系列社会因素的影响。

（1）家庭。消费者购买行为深受父母、夫妻的购买角色及家庭生命周期的影响，市场营销人员必须研究消费者的家庭背景及状况，并有针对性地提出不同的市场营销策略。

（2）参照群体。一个人的消费行为会受到许多参照群体的影响。直接影响的群体包括家庭成员、朋友、邻居、同事等主要群体，以及宗教组织、专业组织和同业工会等次级群体。崇拜群体（包括名人、偶像等）是另一种参照群体。有些商品和品牌深受参照群体的影响，有些商品和品牌则鲜少受到参照群体的影响。对那些深受参照群体影响的商品和品牌，市场营销人员必须设法接触相关参照群体的意见领袖，设法把相关的产品信息传递给他们。

（3）社会阶层。社会阶层是指按照一定的社会标准，如收入、受教育程度、职业、社会地位及名望等，将社会成员划分成若干社会等级。同一社会阶层的人往往有着共同的价值观、生活方式、思维方式和生活目标，这些会影响他们的购买行为。因此，企业和市场营销人员可以根据社会阶层进行市场细分，进而选择自己的目标市场。

3. 个人因素

消费者的购买行为也受到若干个人因素的影响。这些个人因素包括年龄、职业、收入和生活形态等。

生活形态是指人们所遵循的一种生活方式，包括利用时间和花费金钱的方式。一个人的生活形态通常通过他的活动、兴趣和意见来表达，市场营销人员应设法了解消费者的生活形态，并使产品或品牌形象能与消费者的生活形态相吻合。

4. 心理因素

在市场营销活动中，尽管消费者需求千变万化，购买行为千差万别，但需求的出现和购买行为的发生都是建立在心理活动的基础上的。影响消费者心理活动的主要因素有需要、认知、态度、学习等。

（1）需要。心理学研究表明，人的需要是由于人们自身缺乏某种生理或心理因素而产生的与周围环境的某种不平衡。需要是推动人们活动的内在驱动力。

根据马斯洛的“需要层次论”，需要可分成五个层次，即生理需要、安全需要、社会需要、尊重需要和自我实现需要。他认为，每个人的行为动机一般是受到不同需要支配的，已被满足的需要不再具有激励作用，只有未被满足的需要才具有激励作用。这对市场营销人员具有很大的启示。首先，市场营销人员要不断发现消费者未被满足的需要，然后想方设法、最大限度地去满足他们；其次，市场营销人员在分析完消费者特性后，应将促销方式、广告宣传集中于多层次消费者需要上，以获得最好的营销效果；最后，市场营销人员可以针对某个层次的消费者需要来确定目标市场，并进一步制定市场营销策略。

（2）认知。消费者对商品的感觉与知觉、记忆，消费者的思维构成了消费者对商品的认知。感觉与知觉是指人们通过感觉器官对商品个别属性或整体的认知。这是认知过程的形成阶段。

消费者通过视觉判断商标上的文字、图案，通过视觉、听觉、味觉、嗅觉和触觉对商品进行区分，通过广告宣传的刺激对商品产生印象。

知觉是感觉的延伸，它受到各种主客观因素的影响。其中，消费者自身的兴趣爱好、个性、对品牌的偏爱以及自我形象是知觉的先决条件；产品形象、企业形象及其吸引力是知觉的基本条件；广告宣传、市场营销人员的行为，则是促成消费者对商品知觉的关键因素。

为了进一步加深对商品的认识，消费者会利用记忆，通过思维等来完成认知过程。记忆是指人们将经历过的事物在大脑中进行记录储存，并在一定的条件下使其重现出来，它对消费者的认知发展具有十分重要的作用。商品的名称、商标、包装、广告均为消费者记忆的主要内容，其中商标是消费者最易记住的商品标志。思维是人们对事物的一般属性及其内在联系的概括和间接的反应过程。消费者对通过感觉、知觉、记忆形成的商品“印象”进行分析、比较、判断、推理等，达到认知发展的高级阶段，最终做出购买决策。

市场营销人员应该随时洞察消费者的心理活动，利用广告宣传、人员推销等手段，引起他们对产品的关心和注意，诱发其欲望和需要，以促成消费者的购买行为。

（3）态度。态度是指消费者在购买或使用商品的过程中对商品或服务及其有关事物形成的反应倾向，即对商品的好恶、肯定与否定的情感倾向。肯定态度，会推动消费者完成购买行为；否定态度则会阻碍甚至中断消费者的购买行为。

影响消费者态度转变的主要因素有价值观念、经验、个性，以及信息、广告宣传、消费者之间的相互影响、群体压力等。

市场营销人员必须做到：利用各种方法如广告宣传、产品展销、操作表演等向消费者传递产品信息；提高产品质量，改进产品性能，树立产品信誉和企业形象；加强产品的售前、售中和售后服务，促进消费者态度的转变。

（4）学习。除了饥、渴、性等本能驱动力支配的行为外，人类其他行为都是通过学习产生的。消费者通过获取信息观摩效仿、外界刺激产生反应和对前人经验总结的学习过程，不断获得知识、经验和技能，完善自己的购买行为。

市场营销人员应该创造有利于消费者的学习环境，争取消费者的好评，提高消费者的重复购买率。

随堂思考：本章案例导入中，李玉是通过哪些途径的学习来完善其购买行为的？

第二节 消费者购买决策过程

案例导入

女儿向妈妈提出购买一张新床的要求，理由是原来的床太短了。妈妈觉得可以，就和爸爸商量，爸爸也同意购买并提出了两条建议：一是孩子身体长得快，要一步到位买张大床；二是孩子身体健康最重要，要尽量买知名品牌的实木床。之后母女去逛商场，妈妈对床的品牌、原料、质地、配套等进行把关，女儿对床的造型、色调等方面提出意见，最终由妈妈拍板购买。

在这次购买过程中，女儿先后充当的角色是发起者、影响者、使用者，爸爸充当的角色主要是影响者，妈妈充当的角色主要是决定者和购买者。作为市场营销人员，只有了解在整个购买决策过程中各参与者的作用及其特点，才能制定出有效的市场营销策略。

案例点评

- 消费者购买决策过程是复杂的。
- 只有充分认识和了解消费者的购买决策过程，才能制定出有效的市场营销策略。

知识聚焦

企业管理者和市场营销人员除需要了解影响消费者购买行为的各种因素、消费者的购买模式之外，还必须弄清楚消费者购买决策过程，以便采取相应的措施，实现企业的营销目标。

一、购买决策过程的参与者

参与购买决策过程的通常是家庭或单位的某个成员或某几个成员，他们组成购买决策层，但其各自扮演的角色也是不同的。人们在购买决策过程中可能充当以下角色。

1. 发起者。首先想到或提议购买某种商品或服务的人。
2. 影响者。所提的看法或意见对最终决策具有直接或间接影响的人。
3. 决定者。能够对买不买、买什么、买多少、何时买、何处买等问题做出全部或部分决定的人。

4. 购买者。实际采购的人。

5. 使用者。直接消费或使用所购商品或服务的人。

了解各个成员在购买决策过程中扮演的角色，并针对其角色的地位与特点，采取有针对性的市场营销策略，才能较好地实现营销目标。

二、消费者购买行为的类型

根据在购买过程中参与者的介入程度和品牌间的差异，可将消费者的购买行为分为四种类型。

1. 复杂购买行为

当消费者初次选购价格昂贵、购买次数较少、风险较高和高度自我表现的商品时，由于对这些商品的性能缺乏了解，为慎重起见，他们往往需要广泛地收集有关信息，并经过认真地学习，反复地探询比较，在对产品和品牌充分信任的情况下才会做出购买决策。

对这种类型的购买行为，企业应设法帮助消费者了解与该商品有关的知识，并设法让他们知道和确信该商品在比较重要的性能方面的特征及优势，尤其注意要针对决定者采取多种形式介绍该商品的特性，以取得他们对该商品的信任。

2. 化解不协调感购买行为

对不同品牌间差异不大，但价格昂贵或是偶尔购买的商品和风险商品，虽然消费者对购买行为持谨慎的态度，到处选购商品，但因为商品并没有标明品牌间的差异，他们的注意力会更多地集中在商品价格是否合适、购买时间和地点是否便利等方面，并会因此做出购买决策。

消费者买到某商品后，有时会产生一种不协调感，因为他们突然注意到商品的某项缺陷，或是听到有关其他品牌商品的一些优点。于是，他们便开始学习更多有关商品的知识，试图借此证明自己的购买决策是正确的，以化解购买后的不协调感，追求心理平衡。

对化解不协调感购买行为，企业除了要明白适度定价、良好店址、有效推销会对消费者选择商品产生重要影响外，还应向消费者提供有利的信息，加强营销沟通，帮助消费者消除不平衡心理，坚定其对所购商品的信心，使其对自己选择购买的商品产生满意的感觉。

3. 广泛选择购买行为

对品牌差异大、功效近似的商品，消费者不愿多花时间进行选择，也不专注于某一商品，而是经常变换品牌随意购买，这种行为又叫寻求多样化购买行为。

面对这种广泛选择购买行为，当企业处于市场优势地位时，应注意以充足的货源占据货架的有利位置，并通过提醒性的广告促进消费者有习惯性购买行为；而当企业处于非市场优势地位时，则应以降低产品价格、免费试用、介绍新产品的独特优势等促销推广方式，鼓励消费者进行多种品种的选择和新产品的试用。

4. 习惯性购买行为

对价格低廉、经常购买、品牌差异小的商品，消费者如果认为各品牌商品之间没有显著差异，并不愿意花费精力深入收集信息和评估品牌商品，只是习惯于就近购买自己熟悉的品牌商品，在购买后可能评价商品也可能不评价，如购买食盐、鸡精、牙膏之类的便利品。

针对这种购买行为，企业要特别注意给消费者留下深刻的印象，企业广告要强调本产品的主要特点，要以鲜明的视觉标志、巧妙的形象构思赢得消费者对该产品的青睐。为此，企业的广告要加强重复性、反复性，以加深消费者对产品的熟悉程度。

随堂思考：本章案例导入中，李玉的购买行为属于何种类型？

三、购买决策过程

消费者的购买决策过程会因所购商品类型、购买者类型的不同而有所区别，典型的购买决策过程模型如图 3–2–1 所示。

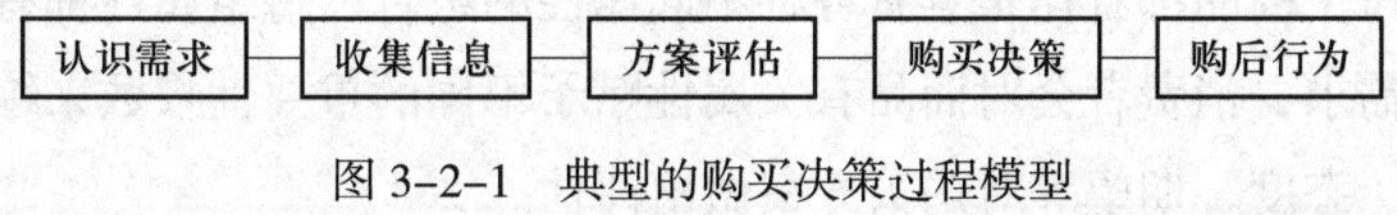

图 3–2–1　典型的购买决策过程模型

1. 认识需求

认识需求是消费者购买决策过程的起点。当消费者在现实生活中感觉到某种需求未得到满足时，就形成了购买动机，并开始进行购买决策：待满足的需求到底是什么？希望用什么样的方式来满足？想满足到什么程度？等等。消费者的这种需求，既可以是人体机能反应所引发的（如因口渴而购买饮料），也可以是外部因素所诱导的（如看到朋友的手机很漂亮自己也想去购买一台），还可能是内外部因素同时作用产生的（如肚子饿时恰好看到面包店里诱人的面包）。

市场营销人员应注意识别引起消费者某种需求和兴趣的环境，注意了解那些与本企业的产品有实际或潜在关联的驱使力和因素，并在此基础上，制定各种能引起消费者兴趣的市场营销策略，善于安排诱因，促使消费者对企业产品产生强烈的需求，并立即采取购买行动。

2. 收集信息

消费者有了购买动机之后，便会进行与购买动机相关联的活动，并注意收集与需求相关和联系密切的信息，以便做出决策。

收集信息的来源如下：

（1）个人来源：家庭、朋友、邻居、熟人。

（2）商业来源：广告、网站、推销员、经销商、包装、展览。

（3）公共来源：大众传播媒体、消费者评价机构。

（4）经验来源：在处理、检查和使用商品的过程中形成。

通过收集信息，消费者熟悉了市场上的一些竞争品牌商品及其特性。在全部品牌商品中，消费者只熟悉其中的一部分（知晓品牌组）。在这组品牌商品中，只有某些品牌商品符合最初的购买标准（可供考虑品牌组）。在消费者收集这类品牌商品的大量信息之后，只有少数品牌商品能成为选择重点（选择品牌组）。消费者根据自己经历的决策评价过程，以选择品牌组为基础做最后决策。

市场营销人员需要识别导致消费者做出不同决策的影响因素的层次，让自己品牌的商品战略性地进入潜在消费者的知晓品牌组、可供考虑品牌组、选择品牌组，以便公司产品可以成为消费者的最终选择。

3. 方案评估

消费者把每个商品都看作是具有各种不同属性的组合，每组属性都有不同的能力来满足消费者的需求，消费者会对商品有关属性赋予不同的重要性权数来综合评分，再结合自己的信念、态度、期望等对购买方案做出评估。

企业在这个阶段可以采取两种应对策略：适应策略和改变策略。

适应策略是指通过适应消费者的需求来强化消费者的积极态度和购买信念，这种策略具体有四种做法：一是不断提高产品质量，改进款式，完善售后服务，不间断地做广告，以不断强化现有消费者的积极态度；二是为现有消费者提供新产品、新品牌，以满足他们的需求，增加现有消费者对企业的好感；三是强调现有产品的特点，吸引新消费者；四是及时了解市场新动向，为新消费者提供新产品。

改变策略的做法主要有：强调企业产品的优点；尽量减弱产品较弱属性的影响，如可以告诉消费者产品的某些不足并不像他想象得那么严重；采取一些必要的补偿措施，如降低价格、实行“三包”政策等，使消费者心理平衡。

4. 购买决策

在评估后，消费者将做出购买决策，决策内容如下：

（1）品牌决策：购买哪种品牌。

（2）地点决策：到哪里去购买。

（3）数量决策：要购买多少。

（4）时间决策：什么时候去购买。

市场营销人员在这个阶段，应从关心消费者的需求和利益出发，了解消费者的评价标准，做好顾问工作，处理好消费者异议，排除成交中的意外风险，并抓住时机促使消费者迅速做出购买决定。

5. 购后行为

消费者购买商品之后的感觉有两种：满意或不满意。这一方面取决于其所购买的商品是否同其预期（理想商品）一致，若符合或接近其预期，消费者就会感到比较满意；否则就会感到不满意。另一方面取决于他人对其购买商品的评价，若周围的人对其购买的商品多持肯定意见，消费者就会感到比较满意；若多持否定意见，即使他原来比较满意，也可能转为不满意。感到满意的消费者的行为有两种：一种是向他人宣传和推荐该商品，另一种是不宣传和推荐该商品。

感到不满意的消费者可能的行为有采取行动和不采取行动两种。一般而言，若不满意的程度较低或商品的价值不大，消费者有可能不采取任何行动。如果不满意的程度较高或商品的价值较大，消费者一般会采取相应的行动：一种是个人行为（如要求商家对商品进行退换，将不满意的情况告诉亲戚朋友，以后再也不购买此品牌的商品等），另一种就是将其不满意的情况诉诸公众（如向消费者协会投诉、向新闻媒体披露）。

现代市场营销观念认为，稳定的市场份额比高额的利润更为重要，所以认真对待消费者购买后的态度和行为是企业营销活动的重要环节。市场营销人员要承担起营销沟通的任务，提供给消费者能够强化之前选择的信念与评价，帮助消费者保留对所购商品的正面感受。市场营销人员必须跟踪消费者满意度和其购买商品的使用情况，加强沟通，甚至要为消费者投诉提供良好的渠道。

企业实践

背景资料

某烟草公司欲对旗下专卖店的销售员集中进行一次销售技能培训。以下是培训资料的部分内容。

一、消费行为分类及特征

卷烟商品购买者的行为可以按其心理特征划分成习惯型购买行为、理智型购买行为、冲动型购买行为、选价型购买行为四类。

习惯型购买行为是指消费者往往会固定购买一种或几种品牌的商品。

理智型购买行为是指消费者会根据自己的经验和认识来决定购买哪种品牌的商品。

冲动型购买行为是指消费者易受商品的包装或品牌名称的刺激而产生购买行为。

选价型购买行为是指消费者做出选择时比较重视价格。这类购买行为背后主要有两种情况：

一是为应酬宾客或人际交往而购买，消费者通常选择高价品牌商品；二是农村中老年吸烟者由于经济条件有限，加之长期养成的节俭习惯，倾向于购买低价品牌商品。

二、消费者行为分析的简单技巧

在“看”消费者的时候，要揣摩他的心理。消费者究竟希望得到什么样的服务？消费者为什么希望得到这样的服务？这是观察消费者时要不断提醒自己的两个问题。消费者会因为各种各样的原因不愿意将自己的期望说出来，而是通过隐含的语言和身体动作等将期望表达出来，这时，就需要及时揣摩消费者的心理。

任务：结合所学知识及以上资料，分析以下案例中各位消费者的购买行为类型。

案例 1：老王平时就抽牡丹这个品牌的烟，十几年来始终如一，现在他一走到商店门前就直接从口袋里拿出 3.5 元人民币，说：“拿包牡丹。”

案例 2：小林平时喜欢抽七匹狼，但有时也买豪迈狼，有时又买软红狼。他走进店里一会儿看豪迈狼，一会儿看软红狼，店员看他好像下不了决心买哪种烟，刚好又想推销一下红塔山（经典 100），所以就对他说：“最近红塔山（经典 100）卖得不错，买的人也很多，买一包还送你一个打火机。”小林一听店员要向他推销红塔山（经典 100）就忙摇摇手说：“没抽过，不知道好不好，等以后再说。”最后，他还是买了自己最熟悉的七匹狼，而且付完钱后在柜台边点一根烟抽一下，确认质量没问题后才走。

案例 3：小张偶尔抽烟，平时抽的烟很杂，档次也很高，一会儿抽七匹狼，一会儿抽中华或黄鹤楼。他一走进店里，就低下头在柜台前左看右看，对购买什么烟表现得有点儿犹豫，然后抬起头问：“老板，最近有啥新烟？”老板说：“昨天刚进了一个黄鹤楼（论道）。”小张要求拿出来让他看一下，他感觉包装挺新颖、有特点，就直接购买了。过几天他又来买烟，在柜台里看到了金桥（英伦奶香），感觉包装不错，又买了一包。

案例 4：小李走到店里对店员说：“一包精品云烟。”店员说道：“一包 10 元。”小李说：“10 元？不会吧，前面那家店才卖 9 块半。”店员紧接着说：“烟草公司就规定卖 10 元，大家都是一样的。”小李想了一下说：“那算了，来包 9 块半的其他品牌的烟。”

案例5：小周走到店里直接说："老板，10元的烟来一包。"

实践指导

- 老王，习惯型购买行为。
- 小林，理智型购买行为。
- 小张，冲动型购买行为。
- 小李和小周，选价型购买行为。

思考练习

一、简答题

1. 影响消费者购买行为的主要因素有哪些?
2. 消费者购买行为有哪些类型?
3. 消费者购买决策过程包括哪些步骤?

二、案例分析题

金龙鱼是调和油市场的强势品牌，其广告语由最初的"温暖　亲情　金龙鱼大家庭"到"健康生活金龙鱼"，打出了金龙鱼的知名度，但是并未让消费者感觉到它的好处。后来，金龙鱼推出了关键的"1∶1∶1最佳营养配方"的广告语，既形象地展示了金龙鱼是由三种食用油调和而成的特点，又暗示了只有"1∶1∶1"的金龙鱼才是最好的食用油，该广告带动了金龙鱼品牌形象的整体提升。

问题："金龙鱼"品牌是如何改变消费者对它的态度的?

三、技能训练

技能训练一：分析消费者的购买行为。

【训练目标】

- 提升逻辑思维能力。
- 提高语言表达能力。
- 加深对消费者购买行为相关内容的理解。

【训练内容】

管理学院的小丽准备买一台电脑，但是她对电脑的相关知识不太了解，电脑的价格又比较昂贵，小丽觉得需要慎重考虑。于是她问了很多买过电脑的同学，却还是觉得不放心，又专门请教了计算机专业的老师，老师给了她一些有用的建议。但是，她的室友们有的说品牌机好，有的说组装机划算，为此她很伤脑筋。

请结合购买决策过程理论知识分析小丽的购买行为。

【考核要点】

1. 考核学生语言表达的准确性。

2. 考核学生对消费者购买行为相关内容的掌握程度。

技能训练二：情境模拟训练。

【训练目标】

- 提升逻辑思维能力。
- 加深对需要相关内容的理解。

【训练内容】

谈谈自己最近购买的一款商品，在购买的时候自己会考虑哪些因素，比如质量、价格、品牌、某种性能等，并说明自己最终下定决心购买的原因。

【考核要点】

1. 考核学生的语言表达能力和表述内容的准确性。

2. 考核学生对需要相关内容的掌握程度。

技能训练三：对购买决策过程的参与者进行角色划分。

【训练目标】

- 提升逻辑思维能力。
- 提高语言表达能力。
- 加深对购买决策过程参与者的五种角色的理解。

【训练内容】

团团今年满 1 周岁了，妈妈带团团去社区医院进行体检，体检医生建议团团妈妈给团团适当补充钙剂。于是团团妈妈来到药店购买钙剂，药店店员推荐了三款钙剂，团团妈妈选择了其中一款。请对以上内容中出现的人物进行角色划分。

【考核要点】

1. 考核学生的语言表达能力和表述内容的准确性。

2. 考核学生对购买决策过程参与者相关内容的掌握程度。

第四章 目标市场营销战略

学习目标

知识目标：

◎ 理解市场细分的含义和意义。

◎ 掌握市场细分的依据和方法。

◎ 掌握目标市场选择的标准。

◎ 了解目标市场选择策略的类型。

◎ 理解市场定位的含义和意义。

◎ 掌握市场定位的主要方法和策略。

能力目标：

◎ 能够理解市场细分、目标市场选择对企业营销活动的意义，养成目标市场营销意识。

◎ 能够运用合适的标准和变量对产品市场进行细分，提高市场分析能力。

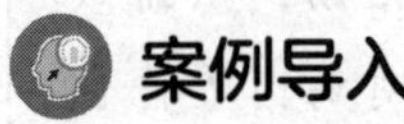

案例导入

九龙斋酸梅汤从默默无闻到备受追捧

酸梅汤产品作为老北京的一种传统饮料，早就出现在超市货架上，但一直没有进入饮料的主流消费市场，也一直没有一个强势品牌主导这个品类。作为京城百年老字号酸梅汤品牌，九龙斋一直以将酸梅汤这款优秀的民族产品打造成“新国饮”

为目标，近年来在品牌文化创意上苦下功夫，产品受到消费者热捧。

九龙斋依靠开胃润肠和解油腻的实效性在餐饮市场上挑战可口可乐、统一、康师傅等饮料企业的市场份额，九龙斋酸梅汤的定位是“解油腻”，让人们认识到油腻对身体的危害性，呼唤大众选择健康生活方式，远离油腻危害，紧扣产品解油腻的定位。

九龙斋酸梅汤以餐饮场景为重要切入点，围绕饭店、火锅、夜市、烧烤、大排档等渠道，联合全国各地的经销商一起行动，实现了产品销量的快速增长。

自2007年九龙斋启动“解油腻”品牌战略以来，多个酸梅汤品牌搭上了九龙斋酸梅汤的顺风车，产品销量在短时间内得到快速增长。

案例点评

- 消费者的需求是多样的，企业获得成功的关键在于发现需求，锁定目标市场，打造独特的产品市场定位。

第一节 市场细分

案例导入

回顾麦当劳公司的发展历程，可以发现，麦当劳会根据消费者的不同需求，按照地理要素、人口要素和人们生活方式进行市场细分，然后选择营销目标。

1. 按照地理要素细分市场

麦当劳每年都要花费大量的资金进行认真、严格的市场调研，研究各地消费者的人群组合、文化习俗等，再撰写详细的市场细分报告，以使麦当劳在每个国家甚至每个地区都有一套适合当地消费者生活方式的市场营销策略。

麦当劳按照地理要素对市场细分，在不同的细分市场进行经营活动，从而做到因地制宜。例如，美国东西部麦当劳咖啡的口味是不一样的；针对鸡肉更符合中国人口味这一情况，麦当劳改变了原来只卖牛肉产品的策略，推出了鸡肉产品。

2. 按照人口要素细分市场

麦当劳按年龄及生命周期阶段对市场进行细分，划定了少年市场、青年市场和老年市场。

市场细分以后，通过分析不同市场的特征确定市场定位。例如，针对少年市场，麦当劳以儿童为中心，把儿童作为主要消费者，培养他们的消费忠诚度。在餐厅用餐的儿童经常会意外获得印有麦当劳标志的气球、折纸等小礼物。在我国，麦当劳还成立了麦当劳叔叔俱乐部，俱乐部会定期开展活动并邀请 3 ~ 12 岁的儿童参加。

3. 按照人们生活方式细分市场

快餐业通常有两个潜在的细分市场：方便型市场和休闲型市场，这就是按照人们生活方式细分的市场。在这两个市场上，麦当劳都做得很好。

例如，针对方便型市场，麦当劳提出“59 秒快速服务”，即从消费者开始点餐到拿着食品离开柜台，标准用时为 59 秒，不得超过一分钟。

针对休闲型市场，麦当劳对餐厅布置非常讲究，尽量让消费者觉得舒适自由。麦当劳努力使消费者把麦当劳作为一个具有独特文化的休闲好去处，以吸引休闲型市场的消费者。

案例点评

- 不同消费者需求不同，企业不可能以一种产品让全部消费者满意。
- 企业可把资源分散到若干个细分市场。

知识聚焦

企业面对着成千上万的消费者，不同的消费者，其消费心理、消费习惯、收入水平及所处的地理环境和文化环境等不同。对于这样复杂多变的大市场，任何一家企业，不管它的规模多大、资金实力多雄厚，都不可能满足整个市场上全部消费者的所有需求。在这种情况下，企业只能根据自身的优势，开展某些方面的生产营销活动，选择力所能及的、适合自身经营的目标市场，明确自身在市场中的形象地位，进行目标市场营销，这主要包括 S（市场细分）、T（确定目标市场）和 P（市场定位）。

一、市场细分的含义

市场细分是指市场营销人员通过市场调研，依据消费者的需求和欲望、购买行为和购买习惯等方面的差异，把某一产品的市场整体划分为若干消费者群市场的分类过程。每一个消费者群就是一个细分市场，每一个细分市场都是由具有类似需求倾向的消费者构成的群体。市场由消费者组成，而他们的需求各不相同，理想的情况下，市场营销人员针对每个消费者都制订一个营销计划，以此来满足他们的需求。但是企业受能力和资源限制，在目前的市场竞争中，往往不能为整个市场的所有消费者提供有效的服务，而最有效的办法就是把整个市场按需求相似性划分成若干个部分，并筛选出能有效为之服务的细分市场，对于每个细分市场都采用同一种营销组合，这就是市场细分。

基于上述分析，有效的细分市场必须具备以下几个特征。

1. 可衡量性

可衡量性是指各个细分市场的购买力和规模能够被衡量和评估。细分市场之间要有明显的区别，每个细分市场要有合理的范围。一般来说，一些客观变数，如年龄、性别、收入、地理位置、民族等易于确定，以它们细分的市场也比较容易区别。

2. 可盈利性

可盈利性是指企业所选定的细分市场的规模要大到足够使企业获利，使企业值得为它设计营销方案，并且该市场有拓展的潜力。例如，汽车制造商不会生产一种仅适合少数人驾驶的汽车，因为这样做是得不偿失的。

3. 可进入性

可进入性是指所选定的细分市场必须与企业自身情况相匹配，企业有优势占领这一市场。例如，一位老板计划面向一些上晚班的消费者开一家夜宵店，除非这家夜宵店开设在离这些消费者聚居地较近的地方，否则，要进入这个细分市场是比较困难的。

4. 可行动性

可行动性是指企业可以针对该市场制订系统、有效的市场营销计划。例如，一家小型航空公司，虽然细分出七个市场，但由于该公司的组织规模有限，不足以为各细分市场制订有针对性的市场营销计划，所以其中的一些细分市场无效。

5. 动态性

动态性是指构成一个细分市场的潜在消费者能够得到的好处应该在相当长的时间内保持稳定，但当细分市场的很多可变因素发生变化时，企业营销组合也应随之迅速调整变化。

随堂思考：本节案例导入中，麦当劳的细分市场具备有效细分市场的特征吗？

二、市场细分的意义

1. 有利于企业发掘和开拓新的市场

通过市场细分，企业可以对每一个细分市场的市场容量、满足程度、竞争情况等进行分析对比，探索出有利于本企业的市场和机会，及时开拓新市场，以更好地适应企业发展的需要。

2. 有利于企业将资源集中投放到目标市场

企业的人力、物力、资金都是有限的。通过市场细分，选择适合自己的目标市场，企业就可以集中人力、物力、资金等资源，去争取在局部市场上的优势，然后占领自己的目标市场。

3. 有利于企业制定和调整市场营销策略

企业将注意力聚焦于细分市场，能够更容易地了解消费者的需求，制定特殊的、具有针对性的市场营销策略。同时，在细分市场中，信息更容易被收集和反馈，一旦消费者的需求发生变化，企业可迅速改变市场营销策略，制定相应的对策，以适应市场需求，提高企业的应变能力和竞争力。

4. 有利于企业提高经济效益

以上三个方面都能使企业提高经济效益。除此之外，企业可以通过市场细分，针对自己的目标市场生产适销对路的产品，既能满足市场需要，又可增加企业收入；产品适销对路可以加速产品流转，企业可加大生产批量，降低生产和销售成本，同时，这还能提高生产工人的劳动熟练程度，提高产品质量，全面提高企业的经济效益。

随堂思考：本节案例导入中，麦当劳进行市场细分的根本出发点是什么？

三、市场细分的依据

企业对市场进行细分的依据是消费者的不同需求。从实际操作来看，企业是根据影响或反映消费者需求的因素对市场进行细分的。那些反映需求内在差异，同时能作为市场细分依据的可变因素被称为市场细分变量。常见的市场细分变量见表 4–1–1。

表 4–1–1 常见的市场细分变量

标准	细分变量	细分市场
地理因素	行政地区	东部（地区）、西部（地区）
	城市规模	特大城市、大城市、中等城市、小城市
	人口密度	城市、郊区、乡镇等
	气候类别	热带、亚热带、温带、亚寒带、寒带、海洋性气候
人口因素	年龄	老年人、中年人、青年人、少年、儿童、婴幼儿
	性别	男性、女性
	家庭人口	1 ~ 2 人、3 ~ 4 人、5 人及以上
	收入	高收入者、中等收入者、低收入者

续表

标准	细分变量	细分市场
人口因素	职业	工人、农民、教师、公务员、军人、商人、自由职业者
	受教育程度	小学、初中、高中、大学、硕士研究生、博士研究生
	家庭生命周期	单身阶段、新婚阶段、满巢Ⅰ阶段、满巢Ⅱ阶段、满巢Ⅲ阶段、空巢阶段、孤独阶段
	宗教	无信仰、天主教、基督教、犹太教、伊斯兰教、佛教
	国籍	中国、法国、英国、德国等
心理因素	生活方式	简朴型、时髦型、嬉皮型等
	个性	内向型、外向型、混合型
行为因素	使用时机	普通时机、特殊时机
	追求的利益	质量、经济、服务、舒适、耐用
	使用者状况	从未使用过、曾使用过、首次使用、经常使用、有可能使用
	使用频率	常用、不常用、不使用
	品牌忠诚度	无、一般、非常、绝对
	购买准备阶段	有需要但缺乏了解、知道产品但存在疑虑、考虑购买
	对产品持有的态度	热情、积极、不关心、否定、敌视

案例链接

根据一项调查，近些年来，我国各大城市中时常有饮酒行为的女性人数正在快速增加。

由于有饮酒行为的女性人数增长很快，许多厂家瞄准了女士酒这一细分市场，燕京啤酒集团推出了无醇啤酒，吉林长白山酒业也推出了“艾妮靓女女士专用酒”，台湾地区烟酒公司成功研制了一种功能性饮料——五芝女性啤酒，哈尔滨泉雪啤酒有限公司推出了有保健功能的含“肽”女性营养啤酒，广东梅州一些酒厂推出了“客家娘酒”等。

随堂思考：本节案例导入中，麦当劳是依据何种变量进行市场细分的？

许多用来细分消费者市场的变量，同样可用来细分生产者市场，如行政地区、追求的利益和使用频率等变量。不过，由于生产者与消费者在购买动机和购买行为上存在差别，所以，除了运用上述消费者市场细分变量外，还可用一些新的变量来细分生产者市场。

1. 客户规模

在生产者市场中，有的客户购买量很大，而另外一些客户购买量很小。企业应当根据客户规模大小来细分市场，并根据客户规模的不同，采用不同的营销组合方案。例如，对于大客户，应直接联系，直接供货，在价格等方面给予更多优惠；而对于众多的小客户，则应使产品进入商业渠道，由批发商或零售商去供货。

2. 产品的最终用途

产品的最终用途也是工业品生产者市场细分的标准之一。工业品用户购买的产品，一般是供再加工之用，工业品用户对所购产品通常有特定的要求。例如，同样是钢材用户，有的需要普通钢材，有的需要硅钢、钨钢或其他特种钢。企业此时可根据客户要求，将要求大体相同的客户集合成群，并据此设计出不同的营销组合方案。

3. 生产者购买方式

可根据生产者购买方式来细分市场。生产者购买方式主要包括直接重购、修正重购及新任务购买。不同购买方式的采购体量、决策过程等不相同，因此可将整体市场细分为不同的小市场群。

四、市场细分的步骤

市场细分应该按照一定的步骤来进行，市场细分的步骤如图 4–1–1 所示。

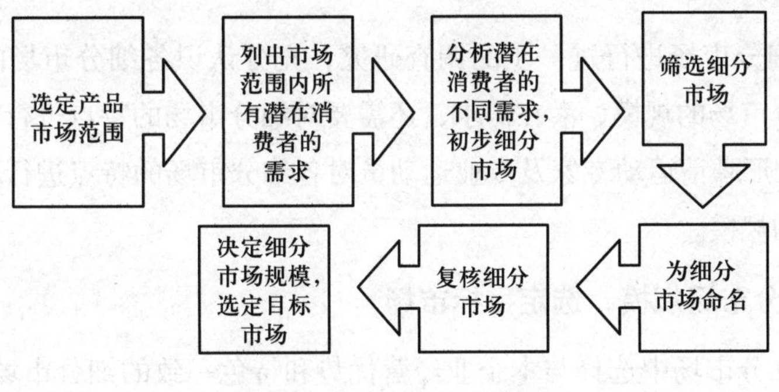

图 4–1–1　市场细分的步骤

1. 选定产品市场范围

企业可根据自身的经营条件和经营能力选定产品市场范围，如进入什么行业、生产什么产品、提供什么服务等。例如，A 鞋厂对青少年学生鞋市场很感兴趣，细分标准是消费者的年龄。

2. 列出市场范围内所有潜在消费者的需求

选定产品市场范围后，要比较全面地列出潜在消费者的基本需求，为以后进行深入研究提供基本资料和依据。例如，青少年学生对鞋通常有适合正式场合（如面试、上课等）、课余个性场合、运动场合以及表演场合的需求。

3. 分析潜在消费者的不同需求，初步细分市场

企业根据列出的各种需求，通过抽样调查进一步搜集有关市场信息和消费者背景资料，然后初步划分出一些差异较大的细分市场，至少从中选出三个细分市场。例如，青少年鞋市场可以细分为正装鞋市场、休闲鞋市场、运动鞋市场以及表演鞋市场（细分标准是使用时机）。

4. 筛选细分市场

根据有效细分市场的特征，对所有细分市场进行分析，剔除不符合要求、无效的细分市场。例如，A 鞋厂根据自己的能力及对青少年鞋各细分市场的评估，初步决定生产与运动装搭配的鞋。

5. 为细分市场命名

为便于操作，可结合各细分市场消费者的特点，用形象、直观的方法为细分市场命名。例如，A 鞋厂将青少年运动鞋市场分为休闲运动型鞋市场、大众运动型鞋市场、专业运动型鞋市场和竞技运动型鞋市场等。

6. 复核细分市场

对选择的细分市场进行进一步的调查研究，充分认识各细分市场的特点，评估企业所选择的细分市场的规模、潜在需求，还需要对细分市场的特点进行进一步分析研究等。例如，A 鞋厂聘请运动专家及专业运动员对各细分市场的特点进行深入研究，并评估各细分市场的规模。

7. 决定细分市场规模，选定目标市场

企业在各细分市场中选择与本企业经营优势和特色一致的细分市场作为目标市场。没有这一步，就没有达到市场细分的目的。例如，A 鞋厂经深入研究各细分市场，结合自己的经营优势和特色，进一步将自己的目标市场确定为大众运动型鞋市场。

经过以上七个步骤，企业便完成了市场细分的工作，就可以根据自身的实际情况，为下一步确定目标市场做好准备。

企业实践

背景资料

我国人口众多，服装消费市场是一个庞大的市场，有越来越多的人选择做服装生意。

B老板计划在淘宝天猫上开一家服装店，并自创一个服装品牌。为此，B老板花费半年时间对服装市场进行了充分的市场调研。他知道，想要“通吃”市场是不可能的，他必须进行市场细分，结合自己对服装业的独特理解，在中国的服装市场上，打造自己独特的品牌，瞄准某一细分市场来争取成功。

任务： 4～5名同学为一小组，搜集资料，对服装市场进行有效细分。

实践指导

◆ 以性别细分：男性服装市场、中性服装市场、女性服装市场。

◆ 以年龄细分：婴儿服装市场、儿童服装市场、少年服装市场、青年服装市场、中年服装市场、老年服装市场。

◆ 以风格细分：牛仔服装市场、西装市场、休闲服装市场、户外服装市场、运动服装市场、中山装市场、唐装市场、演出服装市场。

◆ 以材质细分：棉质服装市场、丝质服装市场、化纤服装市场、绸缎服装市场、特殊材质服装市场。

◆ 以做工细分：纯手工服装市场、机加工服装市场、DIY服装市场等。

◆ 以款式细分：上衣（棉袄、夹克、衬衣、T恤、背心、内衣等）市场、裤子（棉裤、毛裤、长裤、短裤、内裤等）市场、套装市场等。

◆ 以季节细分：春装市场、夏装市场、秋装市场、冬装市场。

◆ 以用途细分：职业装市场、工作服市场、校服市场、团队服市场、亲子装市场、家庭装市场等。

第二节 目标市场选择

案例导入

广州有一家小沙发厂，访问调查了许多潜在消费者后对市场做了以下细分。本地市场的60%是较大的中高级品牌市场，对各种沙发产品都有潜在需求，但是该厂无力参与竞争。另有四个细分市场，各占10%的份额。四个细分市场如下：文艺青年群体，该群体特点是富有审美能力和独特个性，要求沙发质量稳定、外形美观且富有创意，希望沙发厂提供时尚美观但价格不太高的个性化产品；装修设计师群体，该群体知道何种沙发能与室内空间、整体风格及色调相配，因而他们给消费者的建议通常会被接受，这些设计师通常会向自己熟悉的供应商购买沙发；DIY群体，该群体的特点是一向不购买成品沙发，只购买布料、皮料和半成品以DIY沙发；对价格敏感的青年夫妇群体，该群体收入低，且要还房贷，经济压力较大，因此，他们购买沙发不奢求沙发的品牌和质量，只要它具备能坐能睡的功能就行，但价格要便宜。

经研究，该厂决定将青年夫妇群体这一细分市场选为目标市场，以“低价”和“满意的质量”为卖点，经营简单、实用、实惠的，以普通木材、竹材、仿皮为主要材料的系列沙发产品，虽然经营的是低档产品，但该厂最终却取得了比同类竞争对手好得多的业绩。

案例点评

- “卖劳斯莱斯的开桑塔纳，卖桑塔纳的开劳斯莱斯”，企业一定不要贪大求全，选择适合自己的最重要。
- 企业只有一种取胜战略，那就是确定目标市场并提供较高的价值。
- 只有目标市场明确，企业才能将其研究透彻、把握准需求，才能聚精会神、集中资源，才能扬长避短、事半功倍。

知识聚焦

一、目标市场选择的含义和标准

企业进行市场细分的目的是可以进入既定市场中的一个或多个细分市场。目标市场选择是指企业评估每个细分市场的吸引力，并结合自身的能力和愿望，选择进入一个或多个细分市场的决策过程。

目标市场应满足如下要求：

1. 有一定的规模和发展潜力

企业进入某一细分市场是期望获利，如果市场规模较小或者趋于萎缩状态，企业进入后在竞争中难以获得发展，此时，应谨慎考虑，不宜轻易进入。

2. 具有吸引力

某一细分市场可能具备理想的规模和发展特征，然而从盈利的角度来看，它未必有吸引力。波特认为有五种力量决定整个市场或其中任何一个细分市场的长期内在吸引力。这五种力量是：同行业竞争者、潜在的新加入的竞争者、替代产品、购买者和供应商。这五种力量会带来以下五种威胁：细分市场内激烈竞争的威胁、新竞争者的威胁、替代产品的威胁、购买者讨价还价能力加强的威胁、供应商讨价还价能力加强的威胁。

3. 符合企业的目标和能力

一方面，某些细分市场虽然有较大的吸引力，但不能使企业实现发展目标，甚至会分散企业的精力，使之无法完成其主要目标，这样的市场应考虑放弃。另一方面，还应考虑企业的资源条件是否足够支撑企业在某一细分市场经营。只有选择那些企业有条件进入、能充分发挥其资源优势的细分市场作为目标市场，企业才能立于不败之地。

随堂思考：本节案例导入中，沙发厂为什么选择青年夫妇群体这一细分市场为目标市场？

二、目标市场选择策略的类型

目标市场选择策略一般有以下几种。

1. 产品—市场集中化策略

产品—市场集中化策略是指企业的目标市场无论是从市场（消费者）角度还是从产品角度，都集中于一个细分市场。这种策略意味着企业只生产一种标准化产品，只服务于某一消费者群。较小的企业通常采用这种策略，它可以帮助企业实现专业化生产和经营，使其在取得成功后再逐步向其他细分市场扩展。

案例链接

某企业最初是一家生产雨衣、游泳帽、皮鞋、凉鞋和布鞋等多种橡胶制品的中型工厂，由于订货量不足而面临破产。该企业总经理汪雨偶然从一份人口普查表中发现，中国14岁以下儿童人数高达3亿，而城市家庭儿童消费在家庭总支出中所占的比例超过33%，如果每位儿童每年穿2双皮鞋，那么每年全国儿童就需要6亿双皮鞋。于是，他决定专注于儿童皮鞋这一细分市场同时放弃其他市场。通过不断研制新材料、开发新品种，该企业很快就主导了儿童皮鞋市场，该企业生产的皮鞋还远销世界70多个国家和地区，汪雨也成为知名人士——“儿童皮鞋大王”。

2. 产品专业化策略

产品专业化策略是指企业面对所有的细分市场只生产经营一种产品。当然，面对不同的消费者群，产品在档次、质量或样式等方面会有所不同。例如某公司专门向不同的消费者群销售不同种类的凉鞋，而不生产其他类鞋。

3. 选择性专业化策略

选择性专业化策略是指企业有选择地进入多个细分市场，并向这些细分市场分别提供不同类型的产品。

案例链接

饮料市场按照饮料口味或功能不同可细分为：白酒饮料市场、葡萄酒饮料市场、果酒饮料市场、啤酒饮料市场、茶饮料市场、运动饮料市场、保健饮料市场、碳酸饮料市场、果汁饮料市场、乳酸饮料市场、生物饮料市场等。

娃哈哈有目的地逐步推出不同的产品，以满足不同的饮料细分市场的需求：1987 年推出儿童营养液；1991 年推出果奶；2001 年推出茶饮料；2005 年年初“营养快线”上市；2006 年 3 月“爽歪歪”面市；2009 年推出啤儿茶爽。娃哈哈通过运用选择性专业化策略，不断增强企业的实力。

4. 市场专业化策略

市场专业化策略是指企业向同一细分市场提供不同类型的产品，如某企业专为男性消费者群提供各种鞋类用品：冬季提供棉鞋，春秋季提供皮鞋，夏季提供凉鞋等。

5. 全面覆盖策略

全面覆盖策略是指企业全方位进入各细分市场，为所有细分市场提供它们所需的不同类型的产品。这是大企业为在市场上占据领导地位或垄断全部市场而采取的目标市场选择策略，这类企业有国际商业机器公司（计算机市场）、通用汽车公司（汽车市场）、可口可乐公司（饮料市场）等。

三、目标市场营销战略的类型

1. 无差异性目标市场营销战略

无差异性目标市场营销战略是把整个市场作为一个大目标市场来开展营销，该战略强调消费者的共同需求，忽视差异性。采用这一战略的企业一般实力强大，能进行大规模生产，有广泛而可靠的分销渠道，以统一的广告宣传方式和内容进行促销。

无差异性目标市场营销战略的理论基础是成本的经济性。生产单一产品，可以减少生产与储运成本；无差异的广告宣传和其他促销活动可以节省促销费用；不进行市场细分，可以减少企业在市场调研、产品开发、制定各种营销组合方案等方面的投入。这种战略适用于需求广泛，市场同质性高，且能大量生产、大量销售的产品的市场营销。

2. 差异性目标市场营销战略

差异性目标市场营销战略是把整体市场划分为若干细分市场，然后选择多个细分市场作为目标市场，针对不同目标市场的特点，分别制订不同的营销计划，按计划生产目标市场所需要的产品，满足不同消费者的需求。

差异性目标市场营销战略的优点是：小批量、多品种生产，生产机动灵活、针对性强，能使消费者需求更好地被满足，从而促进产品销售，并一定程度上降低经营风险。差异性目标市场营销战略的不足之处主要体现在两个方面：一是产品品种多，增加了企业的营销成本；二是可能会使企业的资源不能有效集中，顾此失彼，甚至在企业内部会出现争夺资源的现象，企业拳头产品难以形成优势。

3. 集中性目标市场营销战略

集中性目标市场营销战略是选择一个或几个专门的细分市场作为营销目标，集中企业的优势力量对某细分市场实施营销战略，以占据市场上的优势位置。一般来说，实力有限的中小企业多采用集中性目标市场战略。

集中性目标市场营销战略特别适合资源力量有限的中小企业，中小企业可通过集中资源优势在大企业尚未顾及或尚未建立绝对优势的某个或某几个细分市场中参与竞争，成功的可能性更大。集中性目标市场战略的局限性体现在两个方面：一是市场范围相对较小，企业发展受到限制；二是有较大的经营风险，一旦目标市场突然发生变化，如消费者偏好发生转移，有强大的竞争对手进入，或有新的、更有吸引力的替代品出现，企业可能因没有回旋余地而陷入困境。

随堂思考：本节案例导入中，沙发厂采用了何种目标市场营销战略？

四、影响目标市场营销战略选择的因素

目标市场营销战略各有利弊，企业到底应采取哪种战略，应综合考虑企业、产品和市场等多方面因素。

1. 企业资源或实力

当企业在生产、技术、营销、财务等方面实力很强时，可以考虑采用差异性或无差异性目标市场营销战略；资源有限、实力不强时，采用集中性目标市场营销战略可能效果更好。

2. 产品同质性

产品同质性是指不同企业生产的产品在消费者眼里的相似程度。大米、食盐、钢铁等同质性产品，竞争主要集中在价格上，这样的产品一般适合采用无差异性目标市场营

销战略；服装、化妆品、汽车等异质性产品，由于其在型号、式样、规格等方面存在较大差别，产品选择性强，因而更适合采用差异性或集中性目标市场营销战略。

3. 市场同质性

市场同质性是指各细分市场在消费者需求、购买行为等方面的相似程度。市场同质性高，意味着各细分市场相似程度高，不同消费者对同一营销方案的反应大致相同，此时，企业可考虑采取无差异性目标市场营销战略。反之，则适宜采用差异性或集中性目标市场营销战略。

4. 产品所处生命周期的不同阶段

产品处于投入期，同类竞争产品不多，竞争不激烈，企业可采用无差异性目标市场营销战略；当产品进入成长期或成熟期，同类产品增多，竞争日益激烈，为确立竞争优势，企业可考虑采用差异性目标市场营销战略；当产品步入衰退期，为保持市场地位，延长产品生命周期，全力应对竞争者，可考虑采用集中性目标市场营销战略。

5. 竞争者的市场营销战略

企业选择目标市场营销战略时，还要充分考虑竞争者尤其是主要竞争对手的目标市场营销战略。如果竞争对手采用差异性目标市场营销战略，企业应采用差异性或集中性目标市场营销战略与之抗衡；若竞争对手采用无差异性目标市场营销战略，则企业可采用无差异性或差异性目标市场营销战略与之对抗。

6. 竞争者的数目

当市场上同类产品的竞争者较少，竞争不激烈时，可采用无差异性目标市场营销战略；当竞争者增多，竞争激烈时，可采用差异性或集中性目标市场营销战略。

随堂思考：本节案例导入中，沙发厂之所以选择青年夫妇群体这个目标市场，主要是基于何种因素的考虑？

企业实践

背景资料

A公司在泡泡糖市场中处于垄断地位。B公司在水果糖、酥糖和奶糖等糖果市场取得成功后，凭借雄厚的品牌、资金、技术实力和现成的销售渠道优势，欲进入泡泡糖市场。因此，B公司成立市场开发部，研究A公司产品的不足，以寻找市场空间。经过周密分析，B公司终于发现了A公司产品的不足：

1. 以成人为对象的泡泡糖市场正在扩大，而A公司仍把重点放在儿童身上。

2. A公司只生产条状泡泡糖，产品品种和包装单一，缺乏新样式，而市场需求多样。

3. A公司产品只注重趣味性，市场需要多功能型（如防蛀牙、清新口气、戒烟等）产品。

任务：针对调查结果，请你帮助B公司选择目标市场，并制定目标市场选择策略。

实践指导

- 细分泡泡糖市场。
- 分析影响目标市场选择的各要素。
- 分析B公司的经营目标。
- 选择B公司的可能目标市场。
- 确定适合B公司的目标市场选择策略。

第三节 市场定位

案例导入

星巴克在20世纪90年代中后期进入中国市场后，由于成功的市场定位，其在中国市场“高歌猛进”。

1. 在中国，星巴克征服的不仅仅是消费者的胃

在网络社区、博客或是文学作品中，不少人记下了诸如“星巴克的下午”这样的生活片段。此时的星巴克不仅是咖啡，它还承载了一个年轻人奋斗的梦想。

这种故事的传播，使星巴克在消费者心中树立起一种形象：星巴克与你的奋斗和成功紧密相连。

2. 星巴克的“第三空间”

星巴克创始人霍华德·舒尔茨曾这样表达星巴克对应的空间：人们的滞留空间有家、办公室和除此以外的其他场所。星巴克位于家和办公室之间，是一种“非家、非办公室”的中间空间，是让大家感到放松、安全的地方，是让大家有归属感的地方。网络浪潮的兴起推动了星巴克“第三空间”的发展，星巴克在店内设置了无线上网区域，为旅游者、移动办公商务人士提供服务。

舒尔茨指出，星巴克不是提供服务的咖啡公司，而是提供咖啡的服务公司。因此，作为“第三空间”的有机组成部分，音乐在星巴克的位置仅次于咖啡，因为星巴克的音乐已经不单单是“咖啡伴侣”，它本身已经成为星巴克一个很重要的产品。星巴克播放的大多数音乐是自己开发的有自主知识产权的音乐。迷上星巴克咖啡的人很多也迷恋星巴克的音乐。这些音乐正好迎合了时尚、新潮、追求前卫的白领阶层的需要。他们每天面临着巨大的生存压力，十分需要精神慰藉，星巴克的音乐正好起到了这种作用。

3. 产品中国化

虽然因为一些限制，星巴克在中国的店铺并没有像在其他国家的星巴克连锁店那样销售星巴克音乐碟片，但星巴克利用自己独特的消费环境，为消费者提供精美的产品和礼品。产品种类从各种咖啡的冲泡器具到多种式样的咖啡杯。虽然这些副产品的销售额在星巴克整体营业额中所占比例还比较小，但是近年来一直呈上升趋势。在中秋节等中国传统节日，星巴克还会推出对应产品，如“星巴克月饼”等。

案例点评

- 企业占领市场的关键不是对一件产品做什么，而是其产品能在潜在消费者的心目中留下深刻印象。
- 企业如果能让自己和其他企业区分开来，并使消费者明显感觉和认识到这种差别，就能在消费者心目中占有特殊的位置。
- 企业只有拥有形象方面的软实力，才能在市场上表现过硬。

知识聚焦

一、市场定位的含义及作用

市场定位是指企业根据目标市场上同类产品的竞争状况，针对消费者对该类产品某些特征或属性（如性能、构造、成分、包装、形状、质量等）的重视程度，为本企业产品塑造强有力的、与众不同的鲜明个性，并将其形象生动地传递给消费者，使消费者明显感觉和认识到该产品的特殊性，从而在消费者心目中占据一个与众不同的、有分量的位置。市场定位的作用主要体现在以下两个方面：

第一，市场定位有利于打造企业及产品的市场特色，是参与现代市场竞争的有力武器。在现代社会中，许多市场中都存在严重的供大于求的现象，众多生产同类产品的企业争夺有限的消费者，市场竞争异常激烈。为了使自己生产经营的产品获得稳定销路，不被其他企业的产品所替代，企业必须从各个方面树立良好的市场形象，以期获得消费者一定程度的偏爱。

第二，市场定位决策是企业制定市场营销组合策略的基础。“定位”的核心思想是区别市场、焦点经营，企业的市场定位决定了企业必须设计与之相适应的市场营销组合，企业的市场营销组合受到企业市场定位的制约，并围绕企业市场定位而进行。

随堂思考：本节案例导入中，星巴克的市场定位是什么样的？

案例链接

假设某企业决定生产、销售优质低价的产品，那么这样的定位就决定了与之相适应的市场营销组合：产品的质量要高；价格要定得低；广告宣传的内容要突出强调企业产品质优价廉的特点，要让目标消费者相信货真价实，低价也能买到好产品；分销储运效率要高，保证低价出售仍能获利。

二、市场定位方法

各个企业经营的产品不同，面对的消费者也不同，所处的竞争环境也不同，因而市场定位所依据的原则和方法也就不同。总的来讲，市场定位的方法有以下几种。

1. 根据产品特征或消费者利益点定位

产品特征可以作为市场定位的依据，如产品所含成分、制作材料、质量、价格等。以多种产品特征来进行市场定位能提高产品对消费者的诱惑力，然而当企业产品拥有多种好的特征，但不能被清楚而简洁地宣传到位时，就难以达到一定的效果，包含多种产品特征的企业广告目标也就很难实现，这样市场定位结果常常是产品形象模糊、混乱。因此，企业应该以较突出的产品特征来进行市场定位。

案例链接

在麦当劳和肯德基这两大巨头进入中国快餐业市场之后，中国的中高档快餐、中式快餐备受挤压。真功夫却凭借“营养还是蒸的好”一举成名，在高档快餐业中异军突起，占领一席之地。真功夫的成功，靠的就是产品的“蒸”这一鲜明特征，以及突出的消费者利益点——营养。

2. 按照质量和价格定位

由于产品价格与质量非常重要且关联度高，所以没必要对它们进行区分。一般质量好的产品，往往在推出市场时要“系出名门”或有权威部门的证明，然后经过市场实践树立良好的口碑，从而在市场上成功地获得自己的高端地位。

案例链接

昆仑山天然雪山矿泉水，是加多宝集团旗下的高档瓶装矿泉水，其水源来自海拔 6 000 米的零污染之地——青海省昆仑山玉珠峰，是世界稀有的小分子团水。昆仑山矿泉水富含锶、钾、钙、钠、镁、锂、偏硅酸、重碳酸根、硫酸根、氯离子等多种有益人体健康的元素，pH 值呈弱碱性，有益人体健康。该产品在全国范围上市以来，引领高档水市场快速成长，成为中国高档水的领导者。

3. 按照产品用途定位

企业先调查消费者购买产品的主要用途，然后将这些用途进行有效细分，再将自己企业的产品与某类用途联系起来，以进行市场定位，并努力打造自身产品在该项用途上的主导地位。

案例链接

一家生产曲奇饼干的厂家最初将其产品定位为家庭休闲食品，然而产品销量不太理想。后来该企业在调研中发现，不少消费者购买这款产品是为了将其拿去馈赠亲友，于是重新将之定位为礼品，并为该产品配以美观大方的包装，结果获得成功。

4. 按照产品使用者定位

按照产品使用者定位就是将产品与使用者或某一类使用者联系起来，通常通过模特、影星、名人代言或者使用，使他们与产品联系起来，并通过他们的气质和形象来传播产品的形象。

案例链接

一款名为东风小康的微型客车与草根儿明星王宝强的结合，给消费者带来了购买的冲动：当“三个”王宝强憨厚地露出洁白的牙齿、肩并肩地在广告里最后喊出那句“驾东风，奔小康”时，很多农民兄弟立刻心动，恨不得立即购买该产品，奔上通往小康之路。

5. 按照产品类别定位

按照产品类别定位是企业力图在消费者心目中打造该产品等同于某类产品的印象，

以成为某类产品的代名词，消费者在有了某类特定需求时就会联想到该产品，如快餐使人想到麦当劳、足球使人想到巴西等。企业常利用按照产品类别定位的方法寻求市场中的空隙。按照产品类别定位其中的一个方法是设想自己的产品属于与竞争者产品对立的类别或是明显不同于竞争者产品的类别。

案例链接

"人体中的水每18天更换一次""水的质量决定生命的质量""我们不生产水，我们只是大自然的搬运工"，农夫山泉将广告语与一直在传播的"水源地建厂，水源地灌装"理念进行了完美的结合，并进行了新的阐释——农夫山泉是健康的天然水，不是生产加工出来的，不是人工添加矿物质生产出来的，农夫山泉只是把大自然的精华"搬"到消费者身边，这很明显地将农夫山泉和竞争产品进行了区分。

6. 以文化象征定位

将某种文化内涵注入产品之中以形成文化上的差异，称为以文化象征定位。以文化象征定位不仅可以大大提高产品的品位，使产品形象独具特色，还可以通过引起消费者联想，使产品深植于消费者脑海中，达到稳固和扩大市场的目的。

案例链接

产品和科技上的创新一直都是李宁公司坚持不懈的追求，而将"东方文化"融入产品中则是李宁产品的竞争优势，也是李宁品牌走向国际的重要战略。

以兵马俑武士"铠甲"为灵感创意设计出的"飞甲"篮球鞋，以赵州桥的拱形减震原理设计的"李宁弓"，以及以燕子风筝为灵感设计的"逐风"系列跑鞋，无不体现出李宁将东方文化与现代科技完美结合的创新理念。打造具有东方特色的产品文化已成为李宁品牌进行差异化竞争的有效手段。

7. 比附定位法

在大多数市场定位中，竞争产品的定位都被企业直接或间接参考。在某些时候，竞争产品定位可能是进行产品定位的主要依据。比附定位法是以竞争者品牌产品为参照物来依附竞争者定位。比附定位的目的是通过产品竞争提升自身产品的价值与知名度。

有时消费者并不在乎产品究竟如何，他们只关心该产品同某一特定竞争产品相比较的结果。因为产品的价值和质量，消费者很难定量感知。

案例链接

美国艾维斯汽车租赁公司的竞争对手赫尔茨是市场领导者，实力雄厚，占据了整个汽车租赁市场55%的份额，多年来已经在消费者心目中确立了汽车租赁市场龙头老大的形象，艾维斯无法与之正面交锋，只能在市场的第二、第三位置徘徊。后来，艾维斯聘请美国DDB广告公司策划创作了“老二宣言”，通过自认老二，运用比附定位法与市场领导者巧妙地建立了联系，强化了消费者对其市场挑战者身份的印象，结果市场份额大幅上升了28个百分点，并与排行第三的国民公司拉开了距离。

8. 情景定位法

情景定位法是将产品与在一定环境、场合下产品的使用情况联系起来，以唤起消费者在特定情景下对该产品的联想。如“八点以后”马克力薄饼声称该薄饼是“适合八点以后吃的甜点”，米开威则自称是“可在两餐之间吃的甜点”等。

案例链接

在由饮料工业协会统计的2011年中国饮料排行榜中，醋饮料“天地壹号”作为黑马，首次进入20强。“天地壹号”占据全国醋饮料市场的半壁河山，占据广东醋饮料市场90%的份额。

“天地壹号”基于消费者日渐增强的营养和健康意识，将自己定位于佐餐饮料，宣称自己是“第五道菜”，让消费者每当吃饭时就想到“第五道菜”，使消费者偶然的消费意识慢慢转为必然的自主性消费意识，并从本质上认识到醋饮料的养生价值。这是“天地壹号”占领消费者心理的利器。

9. 通过产品的附加值定位

这种方法是企业通过加强服务、提供增值回报等手段来确立企业或产品在市场中的地位，树立和强化产品和品牌形象，以给消费者带来情感冲击。

案例链接

截至2011年，由中国标准化研究院发起的“中国顾客满意度调查”已经开展了6届。这6年中，海尔空调、冰箱、洗衣机、热水器、吸油烟机等产品始终牢牢占据着各大品类满意度排行榜的榜首位置，更为引人注目的是，在服务质量这一项的评比中，海尔几乎每年都能得到全5星评价，连续6年海尔的消费者满意度最高。

正是因为海尔在服务上的优异表现，使得在产品同质化越来越严重的家电领域，许多消费者对海尔的贴心服务印象深刻，并因此最终选择了海尔的产品。

10. 以消费者的情感体验定位

美国市场营销专家菲利普·科特勒认为，人们消费行为的变化分为三个阶段：第一阶段是量的消费阶段，第二阶段是质的消费阶段，第三阶段是感情消费阶段。在第三个阶段中，消费者所看重的已不是产品的数量和质量，而是产品与自己的关系密切程度，或是为了满足情感上的某种渴求，或是追求一种商品与自我理想概念的吻合。显然，顺应消费者消费心理的变化，以运用产品直接或间接地给消费者带来情感体验进行定位，可引起消费者心灵上的共鸣，可以充实和加强产品的营销力量。

案例链接

“娃哈哈”可以说是中国市场上最成功的品牌命名。这一命名之所以成功，除了其通俗、准确地反映出该产品的目标消费者外，最关键的一点是将祝愿、希望寄托在品牌名称上。“娃哈哈”这一名称准确地展示了品牌的形象及核心理念，这种对儿童天性的解读和对儿童的祝愿又恰恰是该品牌形象定位的出发点。

事实上，不同的企业会采用不同的方法进行市场定位，当然有时同一个企业也会采用不同的方法进行市场定位，许多企业往往不只使用一种方法进行市场定位，而是同时使用多种方法，以保证定位的排他性。因为要体现企业及其产品的形象，所以市场定位往往是多维度的、多角度的。

随堂思考：本节案例导入中，星巴克是按照哪种方法进行市场定位的？

三、市场定位策略

市场定位是一种竞争性定位，它反映市场竞争各方的关系，它是为企业有效参与市场竞争服务的，其主要策略见表4-3-1。

进行市场定位是设计企业产品和形象的行为，可使企业明确自己在目标市场中相对于竞争对手的位置。这项工作应慎之又慎，要通过反复比较和调查研究找出最合理的突破口，应避免出现位置混乱、位置过度、位置过宽或位置过窄等情况。一旦确立了理想

表 4-3-1　市场定位策略

名称	定义	选用条件	优点	缺点	举例
创新定位策略	寻找新的尚未被占领但有潜在市场需求的位置，填补市场上的空缺，生产市场上没有的、具备某种特色的产品	1. 很难与竞争对手抗衡，也没有进行产品差异化竞争的能力 2. 具备在目标市场上推出新产品（服务）的创新能力 3. 经论证，新产品对消费者有价值，在技术上、经济上可行 4. 有足够的市场容量，新产品能带来合理而持续的利润	1. 能有效避开竞争对手 2. 能在新的细分市场占据领先地位	1. 投入大，推广成本高 2. 如果不是根本上的创新，则市场容量偏小	苹果公司创新推出 iPhone 后开创手机市场新局面
迎头定位策略	根据自身的实力，为占据较佳的市场位置，不惜与市场上实力强劲的竞争对手开展正面竞争，使自己的产品进入与竞争对手相同的市场	1. 本企业拥有更为先进的技术，在满足消费者的需求时能比竞争对手做得更好 2. 目标市场的容量足够大，能够容纳两个或更多的竞争产品 3. 企业的资源实力与竞争对手相当，或者略胜一筹	1. 竞争引人注目，易产生轰动效应 2. 企业及其产品可较快地被消费者了解，易于树立企业市场形象	竞争激烈，具有较大的风险	康师傅和统一、可口可乐和百事可乐针锋相对
避强定位策略	力图避免与实力强大的同行直接发生竞争，而将自己的产品定位于另一市场，使自己的产品在某些方面与竞争产品有比较显著的区别	1. 自己的产品与竞争产品存在差异，而这些差异又能更好地满足消费者的某种需求 2. 本企业有这个市场所需要的货源 3. 该市场有足够数量的潜在消费者 4. 企业具有进入该市场的特殊条件和技能 5. 企业经营必须盈利	1. 能在市场上较快地站稳脚跟，并能在消费者心中树立良好形象 2. 风险小	企业必须放弃某个最佳的市场位置，处于不利地位	七喜汽水"非可乐"，避开了与可口可乐和百事可乐竞争
重新定位策略	在市场定位后，在定位不准确或市场情况发生不利变化时，对自己进行重新定位	1. 竞争对手的销售额上升，挤占市场份额，本企业出现困境时 2. 扩大了产品销售范围，在新市场上有很好的发展前景时 3. 新的消费趋势和消费者群的形成使本企业的产品失去吸引力时 4. 经营战略和策略做出重大调整时	企业摆脱经营困境，寻求新的、有活力的市场的有效途径	1. 转型成本高，风险大 2. 消费者对企业的印象易混乱	万宝路香烟从生产销售女士香烟转为生产销售"男子汉"香烟

的市场定位，企业必须通过一致的表现与沟通来维持，并应对市场进行监测，以随时适应目标消费者和竞争者市场定位策略的改变。

随堂思考：本节案例导入中，星巴克在中国市场采用了何种市场定位策略？

四、市场定位步骤

市场定位的关键是企业要设法在自己的产品上找出比竞争产品更具有竞争优势的特性。市场定位的步骤如下。

1. 分析目标市场的现状，确认本企业潜在的竞争优势

这一步骤的中心任务是要回答以下三个问题：

（1）竞争产品定位是什么？

（2）目标市场上消费者需求满足程度如何？还有哪些需求未被满足？

（3）针对竞争产品的市场定位和潜在消费者的真正需求，企业应该及能够做什么？

要回答这三个问题，企业市场营销人员必须通过一切调研手段，系统地搜集、分析有关上述问题的资料并得出结果。

通过回答上述三个问题，企业就可以从中把握和确定自己拥有的潜在竞争优势。

2. 准确选择竞争优势，确定产品的特色

竞争优势是企业能够胜过竞争对手的能力。这种能力既可以是现有的，也可以是潜在的。选择竞争优势实际上就是一个企业与竞争对手各方面实力相比较的过程。比较的指标应是完整的、成体系的，只有这样，企业才能准确选择相对竞争优势。接下来，企业应结合自身的优势以及消费者关注的利益点，初步选择自己的市场定位，确定产品的特色。

3. 树立、传播和巩固市场形象

这一步的主要任务是企业要通过一系列的宣传促销活动，将其独特的竞争优势准确传递给潜在消费者，并在消费者心目中留下深刻印象，这主要包括以下几项工作：

（1）企业应先与目标消费者沟通，使目标消费者了解、知道、熟悉、认同、喜欢和偏爱本企业的市场定位，并在消费者心目中建立与该定位相一致的形象。

（2）企业要通过各种努力强化目标消费者形象，保持对目标消费者的了解，稳定目标消费者的态度和加深与目标消费者的感情，以巩固与市场相一致的形象。

（3）企业应注意目标消费者对企业市场定位认识的偏差或由于企业市场定位宣传失误而造成的目标消费者对企业印象模糊和混乱的情况。

企业实践

背景资料

中国的手表市场可划分为中档手表市场、高档手表市场及低档手表市场，市场中的中高档手表品牌多为进口品牌。随着人们越来越重视手表的装饰作用，有些消费者宁愿多花一些钱购买防震、防水等性能较好的中高档手表。而低档手表如国产电子表，销量比较稳定，物美价廉，深受学生以及低收入者的青睐。

C 手表厂过去长期面向学生生产价格为 10 元钱左右的电子表，现欲转型生产较高档的手表。

任务：4 ~ 5 名同学为一小组，提交一份为 C 手表厂产品重新进行市场定位的方案（概要）。

实践指导

◆ C 手表厂产品过去的市场定位较低，现在想为产品进行较高的市场定位。

◆ C 手表厂要对自身优势进行分析，并对竞争对手进行评估。

◆ C 手表厂有丰富的行业经验，但要实现华丽转型，以前的客户资源、品牌资源等均不足以对新的市场定位提供有力支持，甚至还会拖后腿，故可考虑采用创新定位策略。

◆ 寻找新的消费者需求点和市场空白点（如户外多功能手表、白领时尚手表、青少年酷文化手表等），根据自己的行业经验创新产品。

◆ 宜推出新的品牌名称，以和现品牌名称有区别。

◆ 选择适当的市场定位方法。

◆ 树立自己的高端形象，并加以宣传。

思考与练习

一、简答题

1. 什么是市场细分？企业进行市场细分有什么意义？

2. 市场细分主要包括哪些步骤？

3. 什么是目标市场选择？目标市场选择策略一般有哪些？

4. 影响目标市场营销战略选择的因素有哪些？

5. 市场定位的方法有哪些？

6. 市场定位策略有哪些？简述市场定位的步骤。

二、案例分析题

案例一： 奇瑞汽车股份有限公司在发展之初，经过认真的市场调查和市场细分，精心选择微型轿车这一细分市场，将目标消费者定为那些收入不高但有知识、有品位的年轻人，以及有一定事业基础、心态年轻、追求时尚的中年人，并推出具有艳丽的颜色、玲珑的“身段”、俏皮的“大眼睛”、可人的“笑脸”的奇瑞QQ，结果掀起了市场浪潮，取得了成功。

问题： 奇瑞QQ是根据什么变量来进行市场细分的？

案例二： 中国移动经过反复思量，在2003年年初终于做出了战略抉择：将动感地带作为与全球通和神州行并行的第三大子品牌。同时，中国移动对三个品牌产品进行了清晰的市场定位，以培育市场和狙击竞争对手。

动感地带推出仅15个月的时间，就有了2 000万用户。可以说，动感地带营销的成功，完全得益于其市场定位清晰。

中国移动主要通过年轻文化等因素来对动感地带定位，中国移动围绕动感地带定位展开了系列营销活动：将目标市场定为15～25岁的年轻消费者群，针对他们崇尚新科技，追求时尚，对新鲜事物感兴趣，凡事最重感觉，个性张扬，思维活跃，喜欢娱乐、休闲、社交，移动性高，容易互相影响的心理特征，以打造“年轻人的通信自治区”为己任，倾力营造“时尚、好玩、探索”的品牌魅力空间；在产品功能、资费、附加服务方面充分考虑年轻消费者的消费特征；邀请在15～25岁的年轻人中极具号召力的歌手周杰伦代言；同世界快餐巨头麦当劳建立合作关系，先后与麦当劳合作推出“动感套餐”，与NIKE联合赞助高中篮球联赛，举办大学生街舞比赛，还与NBA签订合作协议；让目标消费者充分体验“我的地盘，听我的”的良好感觉。

融合了众多流行元素的动感地带，将目标消费者的心理情感注入品牌文化中，从而一路狂飙，迅速完成了从通信品牌到时尚品牌的升华。

问题：

1. 中国移动对动感地带进行市场定位用的是什么方法？
2. 试分析动感地带定位成功的原因。

三、技能训练

技能训练一：谈谈洗发水产品的卖点。

【训练目标】

- 提升逻辑思维能力。
- 提高团队合作能力。
- 加深对目标市场营销战略相关内容的理解。

【训练内容】

挑选一款洗发水产品，上网查找资料，说说该洗发水产品的卖点。

【考核要点】

1. 考核学生的语言表达能力和表述内容的准确性。

2. 考核学生对目标市场营销战略相关内容的掌握程度。

技能训练二：阐述购买理由（一分钟训练）。

【训练目标】

- 提升逻辑思维能力。
- 提高语言表达能力。
- 加深对目标市场营销战略相关内容的理解。

【训练内容】

分组讨论购买某类产品的主要需求，列出满足该需求的同类产品，做出购买决策并阐述购买理由。

【考核要点】

1. 考核学生的神态举止，语言表达能力和表述内容的准确性。

2. 考核学生对目标市场营销战略相关内容的掌握程度。

技能训练三：归纳总结目标市场营销战略方案。

【训练目标】

- 提升逻辑思维能力。
- 提高文字表达能力。
- 提高团队合作能力。
- 加深对市场细分、目标市场营销战略、市场定位相关内容的理解。

【训练内容】

任选市场上已有的一款产品，通过查阅资料，分析其市场细分的依据、品牌采用的目标市场营销战略和市场定位。

【考核要点】

1. 考核学生的语言表达能力和表述内容的准确性。

2. 考核学生对市场细分、目标市场营销战略、市场定位相关内容的掌握程度。

第五章 产品策略

学习目标

知识目标：

◎ 掌握产品整体的概念和品牌的概念。

◎ 掌握产品和品牌的含义，理解产品5个层次的内涵。

◎ 了解常见的包装策略。

◎ 了解产品生命周期的概念。

◎ 掌握产品生命周期市场营销策略。

◎ 了解产品组合、产品线及产品项目的概念。

◎ 掌握产品组合策略的内容。

能力目标：

◎ 具备分析企业产品组合策略的能力。

◎ 能够根据产品生命周期各阶段的不同特点制定市场营销策略。

◎ 具备一定的品牌包装设计和策划能力。

案例导入

伊利五大产品线推出百余款新品

日前，伊利一年一度的全球合作伙伴大会采取“线上＋线下”的方式，分40余个区域举行，百余款伊利新品纷纷亮相。伊利液态奶、酸奶、奶粉、冷饮、奶酪等五大事业部纷纷晒出亮眼成绩。

近几年，伊利坚持创新战略，紧跟消费升级，攻关核心技术，持续满足消费者多元化的健康需求。伊利在领导力峰会上正式发布的“全面价值领先”目标，将“实现消费者价值领先”放在四大价值领先目标的首要位置。作为消费者的真爱粉丝，伊利在研发每一款产品时都坚守品质、拥抱创新，从粉丝追星的角度不断满足消费者多元化、高品质的健康新需求，打造卓越的产品力。

例如，“安慕希”就是一款在精准洞察市场基础上推出的不断满足消费者需求的明星产品。借助伊利的消费者洞察大数据雷达平台，伊利根据消费者个性化需求持续推动“安慕希”系列产品创新，保持着每月推出 1 ～ 2 款新品的高频节奏，通过不断创新该产品的年销售额快速增长，同时，“安慕希”系列产品也赢得了广大消费者的信赖和喜爱。

案例点评

- 产品是企业从事市场营销活动的基础，是连接企业和市场的对象。没有产品，市场营销活动无从谈起。

第一节　产　　品

案例导入

资料表明，一半多的亚洲人都有不同程度的乳糖不耐症，空腹喝牛奶会出现腹疼、腹泻症状。预防乳糖不耐受的最好方法是在喝牛奶前吃一些含粗纤维的食品。

某食品公司敏锐地发现了其中存在的市场需求，推出了“牛奶搭档”饼干（富含粗纤维），成功在激烈的市场竞争中开辟了一块“绿洲”。

某牛奶公司也闻风而动，迅速推出了“早餐奶”（将小麦粉、麸皮、燕麦等富含粗纤维的原料用现代高科技手段加工后，直接掺入牛奶中）系列产品，从而抢占了这块细分市场的高地。

某面包店也灵机一动，将一盒某品牌鲜奶和一块富含粗纤维的店产面包组合搭配进行捆绑销售，销售情况一直不错。

某知名食品公司 Q 分析该市场前景后，在吸收以上产品优点基础上，强力推出新产品“优活”——将各式杂粮分别加入牛奶中制成的“健康生活”系列早餐，并通过各大媒体推出“应如何吃早餐”系列科普宣传片，很快该产品就在市场中独占鳌头。

案例点睛

● 竞争激烈的市场不是缺少需求，而是失败者们缺少发现需求的眼睛和能满足需求的产品。

● 营销层面的竞争如今已经进入品牌化竞争的阶段。

● 市场需求成熟会导致产品“同质化”，企业所有市场营销组合活动的重心就是建立一个清晰而又值得信赖的“品牌印记”。

知识聚焦

一、产品整体

1. 产品整体的概念

产品整体是指可以提供给市场，能引起消费者注意，促使其购买和使用，并能满足消费者需求和欲望的任何东西，它既包括具有物质形态的产品实体，又包括非物质形态的利益。产品形式多种多样，汽车、书籍等实体商品，理发、音乐会等服务，明星的表演等都属于产品。

2. 产品整体的层次

企业计划向市场提供产品时，营销人员需要考虑产品整体的5个层次，如图5–1–1所示。

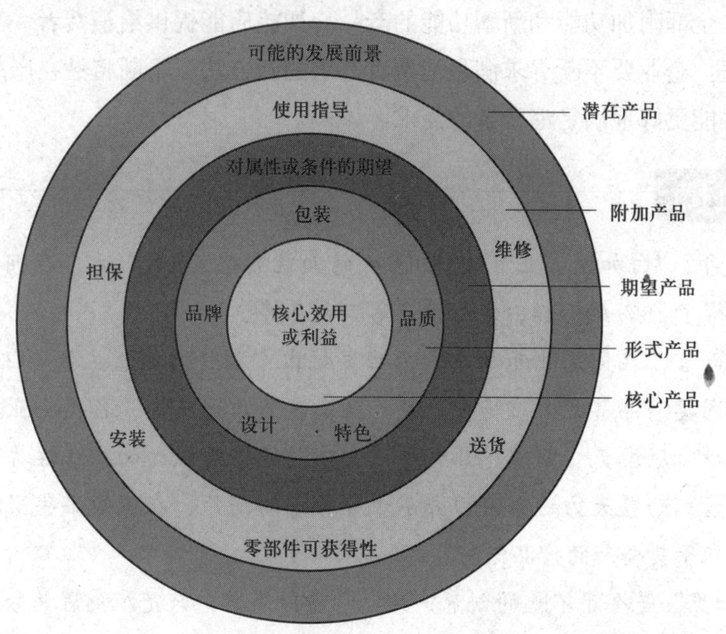

图5–1–1　产品整体的5个层次

核心产品是指消费者真正要购买的基本服务和利益。在旅馆，夜宿旅客真正要购买的是“休息和睡眠”；对于化妆品，女人们真正要购买的是容貌更美丽的“希望”。营销人员必须认识到自己是利益的提供人。

营销人员必须将核心产品利益转化成基础产品，即基本形式的产品。如一个旅馆的房间应该包括床、浴室、毛巾、桌子、衣橱和厕所等。基础产品包括产品的品质、品牌、包装、设计和特色。

消费者购买产品时通常希望得到有默认属性或条件的产品，这就需要营销人员为消费者准备一个符合消费者期望的产品，即额外服务和利益。如购买汽车时商家赠送维修保养服务；在旅馆中，旅客期望干净的床、新的毛巾、工作台灯和相对安静的环境。由于大多数旅馆能满足这些最低的期望，所以旅客通常没有什么偏好，并会找最方便的旅店留宿。

随堂思考：本节案例导入中，知名食品公司Q生产的产品在产品层次上与其他公司生产的产品有什么区别？

在激烈的竞争中，营销人员还需充分考虑消费者购买有形产品时所获得的全部附加服务和利益，即附加产品，如旅馆提供电视机、洗发水、鲜花和良好房间服务等。提供附加产品能增加企业有效竞争的机会，如美国学者西奥多·莱维特曾指出：“新的竞争不是聚集在各个公司工厂生产的产品上，而是聚焦在其产品能提供的附加利益上。”

许多企业通过对现有产品的附加与扩展，不断提供潜在产品。潜在产品，即可能具有现有功能、全部附加功能和新增功能的产品，如旅店能提供给消费者一套包括全套家庭服务的客房。企业要不断寻求满足消费者需求的新方法，不断将潜在产品变成现实的产品，这样才能更好地满足消费者的需求。

案例链接

1995年，“白加黑”上市仅180天销售额就突破了1.6亿元，在拥挤的感冒药市场上分得了15%的份额，成为行业第二大品牌。

一般而言，在同质化市场中，很难发掘出“独特的销售主张（USP）”。感冒药市场，同类药品甚多，市场中产品已呈高度同质化状态，各类企业难以取得实质性的突破。康泰克、丽珠、三九等“大腕”凭借着强大的广告攻势，才各自占领一块地盘，而盖天力这家实力并不十分雄厚的药厂，在短短半年里就后来者居上，关键在于其全新的产品概念。

“白加黑”是个了不起的创意产品。它看似简单，只是把感冒药分成白片和黑片，并把感冒药中的镇静剂“扑尔敏”放在黑片中；实则不简单，它不仅在外观上与竞争品牌产品有很大的差别（形式产品），更重要的是它的服用方法很简单（附加产品），这与消费者的生活形态相符合，达到了引发消费者联想的强烈传播效果。

在广告公司的协助下，“白加黑”确定了干脆简练的广告口号“治疗感冒，黑白分明”，其所有广告传播的核心信息都是“白天服白片，不瞌睡；晚上服黑片，睡得香”。

3. 产品的分类

产品分类的方法多种多样，从营销管理的角度来看，最常见的是按产品的用途对产品进行分类（见表 5–1–1）。

表 5–1–1　产品按用途分类

类别		定义	举例
消费品	便利品	消费者经常购买的产品，以便利为主要特征	香烟、饮品等
	选购品	消费者选购时会对比各品牌产品价格、品质和款式等的产品	皮鞋、衣服等
	特殊品	消费者极少购买的产品，它是具有独特性或品牌标记的产品，消费者以品牌爱好者为主	计算机、汽车等
	非渴求品	消费者不知道或者没有兴趣购买的产品	保险、墓地等
工业品	材料和部件	企业用于生产的原材料、半成品和部件	小麦、木材、车胎、铁等
	资本项目	企业的装备和附属设备	厂房、办公室、计算机、起重车等
	供应品及服务	企业的办公用品和业务服务	纸张、扫帚、广告、管理咨询等

二、品牌的含义与策略

1. 品牌的含义

品牌是指一种名称、术语、标记、符号或图案，或是它们的组合，通过它可以将不同的产品和服务区分出来。品牌一般包括品牌名称和品牌标志两个部分，因而通过品牌就能辨别出产品的销售者或制造者。

品牌是企业的一项长期投资，是企业的无形资产，具备巨大的促销能力和增值能力，有助于促进产品销售，树立企业形象，成功的品牌会永远流传。

一个品牌能够表达出 6 个方面的内涵，具体内容见表 5–1–2。

品牌营销是企业营销的重要手段，营销人员必须清楚消费者辨认品牌的方法。首先，消费者感兴趣的是品牌利益而不是属性；其次，竞争者会很容易复制这些属性；最后，当前的品牌属性在将来可能会毫无价值，损坏一个品牌往往从损坏它的专门属性开始。一个品牌的核心是它的价值、文化和个性，它们奠定了品牌的基础。

表 5–1–2　品牌能够表达出的内涵

品牌内涵	属性	利益	价值	文化	个性	用户
解释	代表着产品的特定属性，这是品牌表达的最基本的内涵	体现着某种特定的利益	体现生产者的某些价值	附加和象征着一些文化	反映了一定的个性	暗示购买和使用该产品的消费者的类型
举例	“同仁堂”所表现的是配方独特、选料上乘、工艺精湛、疗效显著	“同仁堂”产品疗效显著，会帮消费者减轻痛苦	“奔驰”体现高性能、安全、威信等	“海尔”体现了一种文化，即高效率、高品质	EMS 快递封面人物是刘翔，刘翔代表速度快。让人能够联想到人或物的个性	“土豪金”暗示消费者属于“有钱有势”者

商标是商品的生产者、经营者在其生产、制造、加工、挑选或者经销的商品上或者服务的提供者在其提供的服务上采用的，用于区别商品或服务来源的，由文字、图形、字母、数字、三维标志、颜色组合构成的或由上述某几个要素的组合构成的，具有显著特征的标志。经国家有关部门核准注册的商标为“注册商标”，受法律保护。

2. 品牌策略

品牌策略是指一系列能够产生品牌积累的企业管理与市场营销方法。营销人员必须做好有关品牌使用的决策，这些决策主要包括品牌化决策、品牌使用者决策、品牌名称决策、品牌扩展决策、品牌发展决策等。

（1）品牌化决策是指企业决定是否给产品起名字、设计标志的活动，具体内容见表 5–1–3。

表 5–1–3 品牌化决策

策略	作用	举例
使用品牌	有利于订单处理和对产品跟踪，保护产品的某些独特特征不被竞争者模仿，为吸引忠诚消费者提供了机会，有助于市场细分，有助于树立产品和企业形象	绝大部分企业和产品均使用品牌，如联想计算机、青岛啤酒等
不使用品牌	未加工原料产品以及那些不会因生产商不同而有不同特色的产品可不使用品牌，这样可以节省建立、维持、保护品牌所付出的巨大成本，降低价格，扩大销售	欧美国家超市中无品牌的商品有细条面、卫生纸等包装简单的基本生活用品

（2）品牌使用者决策是指企业决定使用谁的品牌，即使用制造商的品牌还是经销商的品牌，或两种品牌同时使用，具体内容见表 5–1–4。

表 5–1–4 品牌使用者决策

策略	使用条件	举例
使用制造商的品牌	在制造商具有良好的市场声誉、拥有较大市场份额的条件下，应多使用制造商品牌，这样可以掌握主动权，获得最大的利益	联想、海尔等均采用自己的品牌
使用经销商的品牌	在经销商占用大量资金大量订货的条件下，当其品牌在某一市场领域中拥有良好的信誉及经销商拥有庞大的、完善的销售体系时，利用经销商品牌对企业来说也是有利的	美国的沃尔玛经销的 90% 的商品都用的是沃尔玛的品牌
混合使用制造商和经销商的品牌	当制造商特别是新制造商和小制造难以利用其品牌打入零售市场时，若经销商能赢得消费者的信赖，其经销的产品价格通常又比制造商品牌产品的低，还会把自己品牌的产品陈列在商店醒目的地方，此时混合使用制造商和经销商品牌就是明智的决策	格兰仕空调在国内市场使用自己的品牌，出口产品往往使用中间商品牌，即贴牌销售

（3）品牌名称决策是指企业决定所有的产品使用一个或几个品牌，还是不同产品分别使用不同的品牌，其主要内容见表 5–1–5。

表 5–1–5 品牌名称决策

策略	做法	作用	举例
个别品牌策略	企业决定每个产品使用不同的品牌	可为每种产品寻求不同的市场定位，这不仅有利于增加销售额和对抗竞争对手，还可以分散风险，使企业的整体声誉不致因某种产品表现不佳而受到影响	宝洁的“汰渍”“碧浪”洗衣粉

续表

策略	做法	作用	举例
统一品牌策略	所有产品使用共同的家族品牌	可以充分利用名牌效应，使企业所有产品畅销；同时企业宣传介绍新产品的成本也相对较低，有利于新产品进入市场	美国通用电气公司所有产品都用GE品牌名称
分类品牌策略	各大类产品使用不同的家族品牌名称	可以区分不同大类的产品，一个产品大类下的产品使用共同的品牌，以在不同大类产品领域中树立自己的品牌形象	戴姆勒克莱斯勒公司曾经有“奔驰”“迈巴赫”“精灵”“吉普”“克莱斯勒”“普利茅斯”等品牌
不同类别的产品分别采取不同的子品牌名称，且在品牌名称之前都加上企业总品牌的名称		多用于新产品的开发。在新产品的品牌名称前加上企业品牌名称，可以使新产品享受企业的声誉；采用不同的子品牌，又可显示出各种新产品的特色，并可在一定程度上避免因个别产品线可能出现问题而带来的风险	海尔集团在“探路者”彩电、“大力神”冷柜、“大王子”“小王子”和“小小神童”洗衣机前均加上“海尔”

（4）品牌扩展决策是指企业现有的产品线使用同一品牌，当增加与该产品线不同定位的新产品时，仍沿用这一品牌，其主要内容见表 5–1–6。

表 5–1–6　品牌扩展决策

策略	做法	原因	风险	举例
向上扩展	企业原本只经营低档产品，现在逐步增加同品牌的中高档产品或业务经营业务	1. 高档产品有较高的销售增长率和毛利率 2. 企业可得到更完整的产品线，增强自身竞争力 3. 以高档产品来提升整条产品线的档次	1. 导致原定位于高档产品的竞争者开展强有力的防守甚至反击 2. 高档产品的质量水平不容易被消费者接受 3. 企业的营销人员和分销商不具备为高档产品市场服务的能力	比亚迪汽车从F0扩展到F6
向下扩展	原生产或经营高档产品的企业逐步增加一些较低档的同品牌产品的经营业务	1. 企业高档产品销量增长缓慢 2. 高档产品市场竞争激烈，用入侵低档产品市场的方式来反击竞争者 3. 企业当初进入高档产品市场是为了建立其质量形象，然后再向下延伸 4. 企业增加经营低档产品是为了填补市场空隙，以使竞争者无机可乘	1. 可能使原高档产品的质量形象受到损害 2. 会刺激生产低档产品的企业向高档产品市场发起反攻 3. 经销商可能不愿意经销低档产品，因为经销低档产品所得利润较少	耐克在阿迪达斯、三叶草的竞争下，另辟蹊径大举进军二、三线城市的中低端市场

续表

策略	做法	原因	风险	举例
双向扩展	经营中档产品的企业，逐渐进入高档产品市场和低档产品市场	力求全方位占领某一市场。一方面，向上延伸的同时可提升企业形象；另一方面，向下延伸，易使消费者接纳新产品	同时要承担向上扩展及向下扩展所带来的风险。易造成品牌形象混乱，而且企业同时向多方向发展，企业的营销和管理成本会相应增加	奔驰汽车一条产品线上有A、B、C、E、S等车型

（5）品牌发展决策是指企业在发展过程中，由于环境的变化，决定对品牌进行改进、变革，其主要内容见表5–1–7。

表5–1–7　品牌发展决策

策略	做法	作用	举例
品牌延伸策略	将现有的成功品牌，用在不同产品线的新产品上或修正过的产品上	可以推进新产品市场定位工作，保证新产品投资决策的快捷性、准确性；有助于降低新产品开发的市场风险；有助于强化品牌效应，增加品牌这一无形资产的经济价值；有助于提升核心品牌的形象，提高整体品牌组合的投资效益	恒大从房地产起家，其产业逐步延伸到足球俱乐部、粮油、矿泉水等领域
多品牌策略	在相同产品类别中引进多个品牌	多个品牌可使企业有机会最大限度地覆盖市场，突出和保护核心品牌	五粮液陆续推出了“五粮春”“五粮醇”“金六福”“浏阳河”等数十个品牌
新品牌策略	为新产品设计新品牌	能让消费者耳目一新并能迅速吸引消费者	原生产保健品的养生堂开发的饮用水的品牌名称为“农夫山泉”
合作品牌（双重品牌）策略	将两个或更多的品牌联合起来用在一个产品上	一个品牌和另一个品牌一起使用往往能强化产品整体的形象或消费者的购买意愿	日立的一种灯泡使用“日立”和“GE”两个品牌
品牌再定位策略	企业由于某种原因而改变品牌在市场上的最初定位并对其重新定位	可解决因原有定位错误出现的问题，有助于企业适应市场变化	万宝路最初的市场定位是女士香烟，因市场业绩差而重新定位为男士香烟，并取得成功

续表

策略	做法	作用	举例
品牌更新策略	企业随着经营环境的变化和消费者需求的变化而改变品牌内涵和表现形式	能改变产品在消费者心目中的地位，提高企业声誉	联想为推进国际化战略，用“Lenovo”替代原有标识“Legend”

三、包装的含义、作用与策略

1. 包装的含义

包装是指为某一产品设计并制作容器或包扎物的一系列活动。包装包含两方面的含义：一是为产品设计、制作容器或包扎物的活动过程；二是包扎物。产品包装包括品牌、商标、形状、颜色、图案和材料等要素。

2. 包装的作用

包装是产品整体的重要组成部分，其作用有：

（1）保护产品。保护产品是包装的重要作用，它包括保护产品本身和安全保护。如包装可以防震防压，防止产品被风吹、日晒、雨淋、虫蛀等；对于易燃易爆、有放射性、有污染或有毒产品进行包装可以防止产品泄漏，避免其产生危害。

（2）促进销售。美国杜邦公司经研究发现，63%的消费者会被包装吸引而做出购买决定。包装是沉默的推销员，产品的包装如果美观大方、漂亮得体，不仅能够吸引消费者，还能激发消费者的购买欲望，促进产品销售。

（3）增加利润。装潢精美、使用方便的包装能满足消费者的某些心理需求，能提升产品的附加价值，从而能够增加企业的利润。如精装的五粮液比普通包装的五粮液价值要高。

（4）便于储存运输。设计良好的包装能够为产品的储存和运输提供方便。如产品外形不固定，是液态、气态或粉状的，经过包装则方便运输和储存，方便消费者使用，同时能加快交货进度。

3. 包装策略

常见的产品包装策略见表5–1–8。

表 5-1-8 常见的产品包装策略

策略	做法	作用	举例
系列包装策略	一个企业生产的各种品质相近的产品，包装上有相同（或相似）的图案、色彩，或其他共同特征	可以降低包装成本，扩大企业的影响力；可给消费者一种统一的印象；方便新产品迅速打开市场	佳洁士、高露洁、黑人等品牌牙膏的系列产品的包装
组合包装策略	把有关联的若干产品，组合放在同一包装内	不仅可以给消费者带来方便，而且可以带动多种产品销售	绘图仪器、工具包等
附赠包装策略	在包装容器中附赠一些其他产品	可以引起消费者的兴趣，增强消费者重复购买的意愿	在儿童用品包装中放入附赠的玩具、连环画、诗词卡片等
再使用包装策略	在产品使用完后，包装物还可有别的用途	消费者可以得到一种额外的满足，可激发其购买产品的欲望；另外，包装在继续使用的过程中，也可以起到打广告的作用，能提高消费者重复购买的可能性	设计精巧的果酱瓶，在果酱吃完后可以用作水杯
分组包装策略	对同一种产品，可以根据消费者的不同需求或产品的不同等级，采用不同级别的包装	可以满足不同购买力消费者的需求，充分考虑消费者的利益，有利于产品占领更大的市场	化妆品，若用作礼品，则可用小瓶精致包装；若自己使用，则可用大瓶简单包装
变化包装策略	对产品包装的外形和色彩加以变化，从而使产品以新形象出现在市场上	在产品成熟期，可以给人常用常新的感觉；产品市场声誉下降时，可改变产品在消费者心目中的不良形象或地位	一些品牌的盒装牛奶在三聚氰胺事件后“改头换面”
差异包装策略	企业通过变化包装的风格、色彩、材料及容器对各种产品加以区别	能使产品之间有独立性，避免因某一产品销售失败而影响其他产品的声誉；但不足之处是包装设计费用和促销费用增加	蒙牛旗下的纯牛奶、酸酸乳、特仑苏，可口可乐旗下的各式饮料等
错觉包装策略	巧妙地利用视觉错觉现象设计包装。如黑色较其他颜色更能显示仪器的精密感，而笨重物体用浅色包装则会显得比较轻巧	恰当运用视觉错觉现象，可以起到提高消费者购买的满足感，促进商品销售的作用	相同容量的罐头的包装，扁形的看起来比圆柱形的容量要大些

续表

策略	做法	作用	举例
趣味包装策略	在造型及装潢上采用比喻、夸张、拟人等手法及别出心裁的构思设计，增加包装的趣味性及幽默感，以吸引消费者，达到促销的目的	综合运用心理学、美学、市场营销学等基本知识，对众多的目标消费者群体（尤其是青少年群体）有较大的吸引力，能提高产品销量	某食品公司在水果罐头的罐盖上印上谜语，而谜底则只能在吃完罐头后才能揭晓
复古包装策略	设计者利用人们热爱大自然、返璞归真、怀念过去的心理，创造“旧式”或“原始”形式的包装。包装多采用天然材料，装饰粗糙简朴，风格独特和谐，既显得非常古朴，又富有特色和风格	能通过唤起人们对遥远年代的美好记忆和对大自然的热爱，达到促销目的	“郫县豆瓣酱”采用手工编制的小篓作为外包装，包装上无任何其他装饰，顶口为一层红色封盖，与酱紫色的小篓相配
习惯用量包装策略	根据大多数消费者使用习惯而采用相应容量的包装	符合消费者使用习惯，易于被消费者接受	食用油、洗衣粉可以是大包装的；而茶叶、咖啡等则可以是小包装的
加写标识语包装策略	这是国外流行的推销产品的做法，在包装上写上标识语	将主要卖点或诉求印刷在包装上，从而直接在包装上做宣传，既起到美化作用，又起到广告促销作用	某公司产品的外包装上全部印刷着“我们一直在努力”的字样
透明包装策略	采用透明材料包装，让消费者能清楚看到包装里面的物品	让消费者看到物品的质和量，一方面能让消费者买得放心，另一方面能增强产品的品质感	一些小食品经常采用高透明塑料包装
绿色包装策略	绿色包装可以称为无公害包装和环境友好包装，能重复使用和制作材料可再生	对人体及环境不会造成危害，有易于保护环境和维持生态平衡；在对外贸易中更容易被外商接受，是绕过新的贸易壁垒的重要途径之一	糖果包装上使用的糯米纸及包装冰激凌的玉米烘烤包装杯等

案例链接

上海威士德糖果食品有限公司，在椰奶糖的铝塑包装纸上印制了张飞、黄盖、孙悟空、猪八戒等形象的京剧脸谱，在太妃奶糖包装纸上印制了水浒108将系列肖像。这一系列糖果包装策略促销作用极强，产品深受孩子们的喜爱。

我国出口的“芭蕾珍珠膏”，每个包装盒内附赠珍珠别针一枚，消费者累计购满50盒即可将珍珠串成美丽的珍珠项链，这使这款珍珠膏在国际市场上十分畅销。

企业实践

背景资料

宝洁是世界上拥有品牌较多的公司之一。宝洁的生产经营特点如下：一是生产经营产品种类多，从香皂、牙膏、漱口水、洗发液、护发素、柔软剂、洗涤剂等清洁类产品，到咖啡、橙汁、烘焙油、蛋糕粉、土豆片等食品，卫生纸、化妆纸、卫生棉等纸制品，再到感冒药、胃药等药品，其产品遍及多个行业市场。二是一种产品使用多个品牌，在美国市场上，宝洁有8种洗衣粉品牌、6种肥皂品牌、4种洗发液品牌和3种牙膏品牌，每种品牌满足的消费者的需求都不一样。在我国洗发水市场上，宝洁拥有潘婷、飘柔、海飞丝、沙宣、伊卡璐这5个品牌。有关部门统计数据显示，这5个品牌洗发水的销售额占我国洗发水市场销售总额的60%以上，而单一品牌的产品是很难取得这样的成绩的。

宝洁的多品牌策略并不是把一种产品简单地贴上几种商标，而是追求不同品牌的同类产品的差异，追求每个品牌产品的鲜明个性，这样每个品牌的产品都有自己的发展空间，各个品牌产品的目标市场之间不会有重叠。宝洁在推出每款产品时，都使用代表公司形象的“P&G”标识并借助“P&G”推出众多款个性鲜明的新产品。如果没有飘柔、潘婷、护舒宝、舒肤佳等创新品牌的产品，就不会有勇于创新、精益求精、生产世界一流产品的宝洁公司。

任务：4～5名同学为一小组，分析以上材料，通过查阅相关资料，回答以下问题：

1. 宝洁采用的品牌策略是什么？

2. 采用个别品牌策略的好处和不足之处有哪些？

3. 采用个别品牌策略时应注意哪些问题？

实践指导

◆ 宝洁采用的是个别品牌策略。

◆ 采用个别品牌策略的好处是企业可以为每种产品寻求不同的市场定位，可以为每款产品寻求最适当的名称以吸引消费者，有利于增加企业销售额和对抗竞争对手；而且各品牌产品各自发展还可以分散风险，即使个别品牌产品声誉不佳也不会影响其他品牌产品及整个企业的品牌的声誉。但采用这种策略，企业市场推广费用会很高，管理难度很大，对企业综合实力要求很高。

◆ 每个品牌都必须选择好明确的细分市场，并具备适应该细分市场的独特个性。品牌之间尽量不要形成“自相残杀”的局面，如果某种品牌产品只有很低的市场占有率，企业必须废除这个较弱的品牌，并集中精力于少数较强的品牌上；最好先做响企业品牌，以企业品牌带动个别品牌。

第二节 产品生命周期

案例导入

下面是一些在中国手机市场上具有里程碑意义的手机产品：

第一款进入中国市场的手机：摩托罗拉 3200。

第一款内置天线的折叠手机：诺基亚 3210。

第一款登陆中国大陆的 GSM 手机：爱立信 GH337。

第一款双显示屏的手机：三星 SGH-A288。

第一款内置摄像头的手机：夏普 J-SH04。

第一款内置游戏的手机：诺基亚变色龙 6110。

第一款整合 MP3 音乐功能并带有移动存储器的手机：西门子 6688。

第一款采用 iOS 操作系统的手机：苹果 iPhone。

不知不觉，手机走进人们的生活已有数十个年头了。随着人们生活水平的提高，手机已经逐渐从奢侈品发展为十分普及的电子消费产品。

回顾手机的发展历程，每款有代表性的手机都曾经风光无限，但总会在不久之后便被后起之秀超越然后逐渐消失（很少有超过三年的）在市场中，新的有代表性的手机无论是造型、硬件还是功能都更具竞争力，正可谓“市场代有新机出，各领风骚两三年”。

而手机企业的沉浮更是令人感慨，从摩托罗拉确立“大哥大”地位，到诺基亚独占鳌头，再到苹果异军突起，发展到如今三星、苹果、华为“三驾马车”领跑，其他一众企业在这个过程中或昙花一现，或默默跟随，抑或转移战场，更有甚者消失于“江湖”，这也同时印证了一句话——“花无百日红，人无再少年”。

案例点评

- 企业不能期望自己的产品永远地畅销，就像生物一样，产品也有生命周期。
- 没有制定正确的产品生命周期管理战略，企业就很难做到基业长青。
- 对处于不同生命周期阶段的产品，企业应进行不同的资源配置。

知识聚焦

一、产品生命周期的概念

产品生命周期即产品的市场寿命，指某种产品从进入市场到被淘汰退出市场所经历的市场生命循环过程。

产品生命周期一般分为四个阶段：导入期、成长期、成熟期和衰退期，如图 5–2–1 所示。

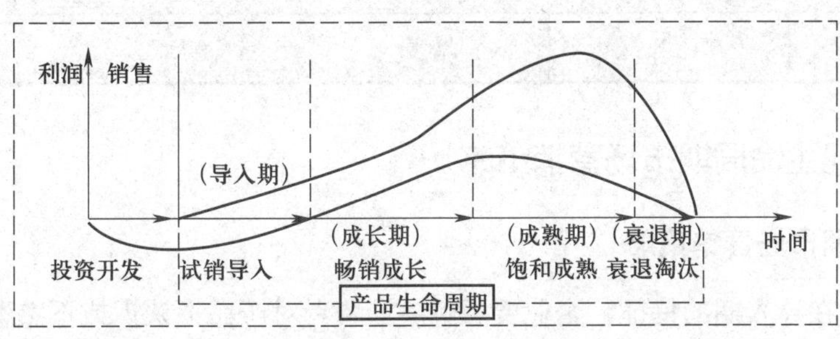

图 5–2–1　产品生命周期

不同产品的生命周期的曲线形状是有差异的，有的产品一开始进入市场就快速进入成长期，有的产品可能越过成长期而直接进入成熟期，也有的产品可能经历了成熟期后进入第二个快速成长期。

随堂思考：根据本节案例导入进行分析，一款手机的生命周期约为多长时间？

产品生命周期各阶段的特征见表 5–2–1。

表 5–2–1　产品生命周期各阶段的特征

指标	导入期	成长期	成熟期	衰退期
生产情况	小批量生产	批量化生产	大批量生产	产量降低
产品	不稳定	基本定型	标准化或市场差异化	过时
成本	生产与销售成本高	各类成本降低	促销成本呈上升趋势	各类成本呈上升趋势
销售额	低	迅速增长	增长缓慢甚至出现降低趋势	急剧下降
利润	波动大甚至为负数	大量增长	最高且稳定，而后由高转低	低或为负数
现金流量	负数	适度	大	小

续表

指标	导入期	成长期	成熟期	衰退期
市场结构	垄断	寡头垄断	激烈竞争	寡头垄断
竞争者	无	渐多	最多	渐少
销售类型	开拓型	模仿型	保守型	开拓型和模仿型
消费者类型	革新者	早期接受者	普通消费者	落伍守旧者
需求弹性	无弹性	低弹性	高弹性	低弹性
销售渠道	少	增多	基本定型	少

二、产品生命周期市场营销策略

1. 导入期市场营销策略

根据产品在导入期的特征，企业要想解决消费者对产品不认识或不熟悉的问题，必须开展大量广告宣传，重点介绍新产品，提升新产品的知名度；利用现有产品的品牌效应，带动和辅助新产品营销；采用试用、试听、试穿、试尝的办法，先试用再结算，不满意可退货；给经营新产品的批发商、零售商和其他中间商更多折扣优惠；采取适当的价格策略。

企业制定新产品市场营销策略只考虑价格和促销两种因素时，有四种市场营销策略可供选择，见表 5-2-2。

表 5-2-2　导入期市场营销策略

价格	高	低
高	快速撇脂策略	缓慢撇脂策略
低	快速渗透策略	缓慢渗透策略

（1）快速撇脂策略。它是指企业采用高价格和高促销手段迅速开发市场。例如，许多电子产品上市用的就是这种市场营销策略。采用这种策略应具备以下条件：产品有较大的需求潜力；目标消费者求新心理强，急于购买新产品；企业面临潜在竞争者的威胁，需要及早树立品牌形象。

（2）缓慢撇脂策略。它是指企业以高价格和低促销手段开发市场，以期获取较多利润。例如，哈根达斯进入中国市场时就采用了这种策略。采用这种策略要求所投放的产品必须能有效填补市场空白，企业在市场中没有强有力的竞争者，消费者迫切需要该产品而又别无选择。

（3）快速渗透策略。它是指企业以低价格和高促销手段开发市场，以求迅速夺取尽可能多的市场份额。比如一种新的饮品面世，产品价格较低，企业直接在中央电视台开展广告宣传，同时在线下配套开展各种营销活动。采用这种策略的条件是：产品潜在市场规模很大，价格需求弹性较大，规模经济效益显著。

（4）缓慢渗透策略。它是指企业以低价格和低促销手段开发市场。学生常用的铅笔、橡皮、直尺、练习本等产品进入市场宜采用这种策略。采用策略的条件是：市场容量很大；市场上该产品的知名度较高；市场对价格十分敏感；市场上存在某些潜在竞争者，但威胁不大。

案例链接

苹果公司的每款新产品在问世前，就引起了广大消费者无限的好奇与期待，所以每当新产品在市场上推出时，尽管其价格相当高，如 iPod 刚推出时零售价高达 399 美元，iPhone 每款新产品在中国大陆推出时价格都远高于其他手机，但苹果公司丝毫没有因产品“天价”而销售业绩下降，反而在消费者心中的高端形象被强化了，其产品迅速在市场上畅销，吸引了越来越多的“苹果粉丝”“苹果迷”。

就在主打产品销路甚好而市场并未饱和的时候，苹果公司又迅速研发出更新一代的产品，并且价格比上一代产品还要高，上一代产品随之迅速降价。苹果公司采用快速撇脂策略每次都取得了成功。

2. 成长期市场营销策略

根据产品在成长期的特征，此时，企业的工作重点应放在扩大生产规模、保持较高的销售增长率及维持或提高市场占有率上。具体做法如下：

（1）不断提高产品和服务的质量，增加产品的功能、特色和式样，增加产品用途。

（2）扩充目标市场，积极开拓新的细分市场，以适应潜在需求。

（3）增加新的分销渠道或加强分销渠道，开拓新的市场。

（4）广告目标从重点介绍产品和提升品牌知名度转向树立产品和品牌形象、维系老顾客、吸引新顾客上来，以形成市场购买偏好。

（5）在适当的时候降低价格，以争取更多的消费者。

在产品成长期，企业面临选择高市场占有率还是当前高利润的难题，这往往很难抉择。一般来说，实施市场扩张策略会减少当前利润，但能提高企业的市场地位和竞争能力，有利于维持和提高企业市场占有率，从长远角度看，这更有利于企业发展。

3. 成熟期市场营销策略

根据产品在成熟期的特征，此时，企业的工作重点是捍卫市场份额和已有的市场地位，实施改良和创新措施，渡过大浪淘沙般的品牌整合难关。可选择的策略包括：一是市场改进策略，即想方设法提高产品的使用人数，提高产品的使用率，以扩大销售。二是产品改进策略，即改良产品或开发新产品，可对产品进行质量改进、性能改进或式样改进。三是营销组合改进策略，即调整营销组合的有关因素，使之更符合消费者的需求。

案例链接

养生堂公司于 1995 年推出了养生堂朵而胶囊。在朵而胶囊的导入期，养生堂公司将营销重点放在对这种美容理念的传递上，让消费者先认同观念，再接受产品。于是，各种媒体广告中便出现了一位身着白衣的美丽女士，她就像是一位循循善诱的美育教师，向人们娓娓道来——“朵而胶囊，以内养外，补血养颜，使肌肤细腻红润有光泽”。

随着“以内养外”的观念深入人心，朵而胶囊步入成长期。朵而胶囊的适用对象是成年女性，特别是城市里的中青年女性。于是，养生堂公司便针对这一细分市场进行了一系列的营销策划。公司从“养生”的角度出发，以灵活的多层次、多阶段的品牌策略传送“美丽”。它先以“美丽”为诉求在各大媒体上接二连三提出问题——“女人什么时候最美”，引导人们对美进行讨论；继而斥巨资独家赞助轰动羊城的选美活动“美在花城”，之后又在全国范围内举办“朵而女性新主持人大赛”，接着在世纪之交又推出“一千颗钻石送给一千个美丽的女人”活动。

养生堂公司巧妙地把一个个声势浩大的公关活动与美丽挂钩，赋予每个活动美的内涵，将朵而胶囊美的概念深植在人们的心中，使消费者在日后看到美丽两个字时，便可能产生有关养生堂朵而胶囊的联想。

在产品成熟期，养生堂公司加大了面向消费者的促销力度，推出品牌代言人，在传统渠道基础上开拓网上销售新渠道，并专门针对亚洲女性肌肤，潜心研发出各类面膜。

4. 衰退期市场营销策略

绝大多数产品最终都要进入衰退期。衰退可能是缓慢的，也可能是十分迅速的。基于产品在衰退期的特征，企业可以采取以下几种策略：

（1）维持策略，继续实行原来的市场营销策略，维持微利经营。

（2）转移策略，转移目标市场（企业将资源集中在最有利的细分市场和销售渠道上），转移产品用途（寻找和开发产品的新用途）。

（3）榨取策略，大幅度降低促销水平，尽量缩减营销渠道，增加利润。

（4）放弃策略，削价处理存货、甩卖滞销产品，放弃衰落比较迅速的产品。

（5）主动进攻策略，放弃旧产品，开发新产品，实现产品更新换代。

案例链接

2005 年，某摩托车产品的主要市场为国内大中型城市居民，随着许多大中型城市“限摩”政策的迅速实施，该产品销售一度陷入困境。迫于生存压力，生产厂家一方面对该产品采取撤出城市市场、转战农村市场的转移策略，另一方面采用大力进军汽车产品市场的主动进攻策略，很快又重新找到了出路。

企业实践

背景资料

“今年过节不收礼，收礼就收脑白金。”提起脑白金的营销，业内人士无不拍案叫绝。

在产品导入期，脑白金宣传基本以报媒为主。营销人员选择某城市的 1 ~ 2 家报纸，以每周 1 ~ 2 次的大块新闻软文，集中火力展开猛烈攻势，然后将十余篇的功效软文轮番刊登在报纸上，并辅以科普资料佐证。这样的营销组合，一个月就带来了极好的效果，市场反响强烈，报媒为产品开道，大大唤醒了消费者的需求，刺激了他们的购买欲望。

与此同时，营销人员还在终端投放了室内广告，广告的载体多种多样，如独创的产品模拟盒、海报、POP 等。

在产品成长期和成熟期，营销人员将宣传媒介向电视广告转移。各大卫视在各个时段滚动播放脑白金的广告，不断强化消费者对脑白金的印象。脑白金的电视广告有三个版本：一为专题片，二为功效片，三为送礼片。三种广告相互补充，组合播放，传播力度不同凡响，在当时，电视广告是产品的主要宣传方式。

在产品成熟期，营销人员又制作了 8 个专题片并使其每天各个时段在各大卫视不间断地播放。脑白金的送礼广告更是有侧重地在黄金时段播放。

营销人员想要做到的就是让脑白金随处可见。

任务：4 ~ 5 名同学为一小组，分析以上材料，通过查阅相关资料，回答以下问题：

1. 在产品导入期，脑白金营销人员采用了哪种市场营销策略？

2. 你觉得脑白金在发展中存在什么问题？

实践指导

◆ 可从高促销高投入、快速取得回报的角度分析，另外，保健品的价格通常都较高，利润空间较大。

◆ 企业没有树立品牌，只依靠个别产品打天下，而产品有生命周期，很快会盛极而衰。因此，这只是一个短平快的项目。

第三节 产品组合

案例导入

由于竞争激烈，2004 年、2006 年和 2007 年，全球食品巨头卡夫食品有限公司（以下简称卡夫）分别出售了其旗下的箭牌、宠物零食部门——Milk-Bone、果汁饮料部门——Fruit2o、谷物部门——Ralcorp 控股和一些杂货店品牌。这一系列的“瘦身”行动表明卡夫意识到产品线和产品项目太多会造成经营成本高，因此必须缩减产品，以便于集中资源和技术力量保持其他产品的品质，进一步提高主打产品和商标的知名度。

2007 年以来，卡夫完成了对达能集团全球饼干业务的收购，其中包括了达能居市场领导地位的饼干品牌 LU、闲趣和达能王子。因为吉百利品牌的产品和卡夫的是高度互补的，2010 年，卡夫又收购了吉百利，弥补了自身在糖果领域的不足。至此，卡夫向全球约 170 个国家和地区的消费者提供美味的饼干、糖果、饮料、乳酪和方便食品，2010 年年收入达 492 亿美元。

卡夫于 1984 年进入中国市场，目前在中国约有 4 000 名员工，经营包括饼干、糖果、咖啡和固体速溶饮料在内的四大类消费品。卡夫 2011 年在大中华地区的产品组合概况见表 5-3-1。

表 5-3-1　卡夫食品产品组合

饼干	糖果	咖啡	固体速溶饮料
奥利奥 王子 趣多多 太平梳打 优冠 闲趣 乐之 佳钙	怡口莲 荷氏	麦斯威尔 麦氏典藏	果珍

从表 5-3-1 可以看出，卡夫在大中华地区的产品组合有 4 条产品线，分别为：饼干、糖果、咖啡和固体速溶饮料。其中，饼干的产品项目是所有产品线中最多的一个，共有 8 种。同时，奥利奥有 6 个品种：奥利奥夹心饼干、奥利奥威化饼干、奥利奥巧脆卷、奥利奥缤纷双果味、奥利奥冰激凌、迷你奥利奥。而近年来有赶上奥利奥势头的趣多多，其品种也在不断扩大，目前趣多多的品种有趣多多硬脆曲奇、趣多多软式甜饼、趣多多黄油曲奇、迷你趣多多等。

案例点评

- 企业的产品线和产品项目越丰富，在市场中的影响力就越大，但管理也越困难。
- 企业应审时度势，调整自己的产品组合。

知识聚焦

一、产品组合概述

1. 产品组合的概念

产品组合是指一个企业提供给市场的全部产品线和产品项目的组合，即企业的业务经营范围。

产品线即产品大类，是指一组密切相关的产品。所谓密切相关，是指这些产品能满足同种需求，或必须在一起使用，或售给同类消费者，或通过统一的销售渠道出售，或价格都在某个特定的范围内。而产品线又由不同的产品项目构成。产品项目是指某一产品线中的不同型号、式样、颜色、形状和价格的具体产品。

案例链接

某公司拥有服装、鞋类、帽子、针织品四条产品线。而服装产品线中含有男西装、女时装、男衬衣、女衬衣、风衣和儿童服装 6 个产品项目。

2. 产品组合的宽度、长度、深度和相关性

（1）产品组合宽度（也称广度），是指一个企业生产或制造的产品有多少大类，即产品线的数量。

（2）产品组合深度，是指每条产品线所包含的产品项目的数量，即产品大类中产品的花色、品种、规格的数量。一般分析产品组合深度时计算其平均深度。

（3）产品组合长度，是指某企业产品组合中各产品线上产品项目的总数。

（4）产品组合的相关度，是指一个企业的各产品线在最终用途、生产条件、分销渠道或者其他方面上的相互关联程度。

例如，某文具公司生产曲别针、大头针、订书钉，铅笔刀和刀片，钢笔、圆珠笔、水笔和铅笔等，它共有 3 条产品线 9 个产品项目。那么，该公司产品组合的宽度是 3，产品组合的长度是 9，产品组合平均深度为 9 ÷ 3=3。该公司生产的产品都属于文具用品，所以该公司产品组合的相关度较高。

随堂思考：本节案例导入中，卡夫在大中华地区的产品组合深度为多少？

二、产品组合策略

1. 扩大产品组合策略

（1）拓展产品组合的宽度。这是指在原产品组合中增加产品线，扩大企业经营范围。企业采取这种策略的原因是：满足多种需求，增加销售额，获取更多利润；利用过剩的生产经营能力；使产品线完整化；阻止竞争者利用市场空缺进入市场。

（2）增加产品组合的长度和深度。这是指增加产品项目，增加产品的花色、式样、规格，增加消费者的挑选余地，以迎合消费者的不同需求和爱好，吸引消费者，提高企业的市场地位，满足更多、更细小的子市场的需求。

（3）增强产品组合的相关度。各产品线产品在最终用途、生产条件和分销渠道上的密切关联，可提高企业在一个地区和行业的声誉，提高其竞争力，巩固其市场地位；但同时也增加了市场需求波动对企业的影响，增加了企业的经营风险。

2. 缩减产品组合策略

缩减产品组合策略（也称产品线简化策略）是指从产品组合中剔除获利小或不获利的产品线或产品项目，以便企业集中资源发展获利多的产品线和产品项目。

企业采取这种策略的原因是：产品项目进入了衰退期，其市场寿命无法延长，或延长没有意义；市场需求少；原料、能源紧缺；企业缺乏足够的生产经营能力。

例如，1999 年联合利华宣布将品牌从 1 600 个缩减到 600 个，会将精力集中在 400 个核心品牌上，而这些品牌的收益占到公司全球总收益的 90%。

随堂思考：本节案例导入中，卡夫是怎样应用扩大产品组合策略和缩减产品组合策略的?

3. 产品线延伸策略

产品线延伸策略是指全部或部分地改变企业原有的产品的市场定位，它包括向下延伸策略、向上延伸策略和双向延伸策略。

（1）向下延伸策略（低档产品策略）是指在高档产品线中增加低档产品项目，产品组合向大众化发展。企业采取这种策略的原因包括：高档产品销售量增长缓慢；需要用低档产品反击高档产品市场的激烈竞争；企业当初以高档产品进入市场是为了建立质量形象；填补市场空隙，防止竞争者进入。采取该策略的风险：影响企业形象和品牌形象等，所以宜采用新商标；可能会激怒生产低档产品的企业，导致其向高档产品市场进攻；利润较低，经销商不愿意销售。

案例链接

宝马汽车公司最初进入中国汽车市场时仅提供高档豪华汽车产品，随着中国市场主流消费观的变化，宝马逐步进入中档车市场，争食汽车市场中最大的一块蛋糕，宝马 1 系即是宝马中档车的代表产品。

（2）向上延伸策略（高档产品策略）是指企业在原有的产品线内增加高档产品项目，产品组合向高档化、名优化发展。企业采取这种策略的原因包括：高档产品畅销，销售量增长快，利润率高；高档产品市场竞争较小；企业想成为产品种类全面的企业。采取该策略也要承担一定的风险，例如：可能引起高档产品竞争对手的抵抗；引起竞争对手反向进攻，高档产品生产企业进入低档产品市场；未来消费者怀疑企业生产高档产品的能力；代理商和经销商没有能力经营高档产品。

案例链接

吉利汽车公司最初进入汽车市场时仅提供低档汽车产品，在取得成功后该公司逐步进入中档车市场，吉利帝豪即是该公司中档车的代表产品。

（3）双向延伸策略是指原定位于中档产品市场的企业占据了市场优势地位以后，决定将产品线向上下两个方向延伸，一方面增加高档产品的生产，另一方面增加低档产品的生产。企业采取这种策略在一定条件下有助于提升自身的市场地位。

4. 产品差异化策略

产品差异化策略是指企业以某种方式改变那些与竞争产品基本相同的产品，以使消费者相信这些产品之间存在差异。

同类产品间的差异有：

（1）开发设计方面形成的质量、式样、造型差异。企业为使自己的产品区别于同类产品并建立竞争优势，就要大力开展研究和开发工作，努力使产品在质量、式样、造型等方面发生改变，不断推出新产品，满足消费者需求。如消费者选购电气装置和汽车主要是看不同产品在设计方面的差异。

（2）地理位置形成的运输成本和便利性差异。企业对产品的生产地和销售地的选择均应以地理便利为基础，以获得地理位置和运输上的优势。如在批发市场、零售市场、服务业、建筑业、运输业中，这种差异对企业节省成本、广揽消费者有着重要作用。

（3）促销形成的印象和偏好的差异。产品差异对消费者的偏好具有特殊意义，尤其是对购买次数不多的商品，许多消费者并不了解其性能、质量和款式，所以，企业应通过广告、销售宣传、包装以及公关活动给消费者留下良好印象。例如，由于消费者信息闭塞，易受广告宣传的影响，广告在消费者识别产品差异中扮演重要的角色，尤其是在肥皂、香烟和酒等产品上。

（4）服务方面形成的满足感差异。在现代市场营销观念中，服务是产品的重要组成部分。企业可通过训练有素的职员为消费者提供优质服务，满足消费者合理的差异需求。事实上，许多消费者不仅愿意接受优质服务，而且愿意为产品中包含的优质服务支付费用。如在多数消费品行业，消费者对所购产品的质量及技术情况了解较多，许多产品又是标准化的，因此，服务水平的差异往往是决定消费者购买行为的关键因素。

5. 产品线现代化策略

产品线现代化策略强调把科学技术应用于生产经营过程中，企业应不断改进产品线以满足消费者不断变化的需求。如果产品组合宽度、深度和长度适宜，但企业生产方式落后，或者产品的改进跟不上消费者需求的变化，就会影响企业的生产和市场营销效率。因此，企业必须实施产品线现代化策略，通过设备和技术更新，改变产品品质和生产方式。

产品线现代化策略主要有如下两种：

（1）渐进产品线现代化策略。采取这种策略可以减少资金消耗，但容易被竞争者觉察。

（2）快速产品线现代化策略。采取这种策略虽在短期内耗费资金多，但可以快速产生效果，使企业更容易击败竞争者。

企业实践

背景资料

1984年到1991年，海尔只生产一种产品——冰箱。在这7年里，海尔一直坚持专业化经营的策略，通过科学的管理与技术创新，在冰箱领域建立了很高的知名度和良好的品牌形象。

1992年到1995年，海尔逐渐将产品生产延伸到冰柜、空调等制冷家电产品领域，并很快使它们成为各自行业的名牌产品。1995年至1997年，海尔又将洗衣机、热水器、小家电、微波炉、洗碗机等产品作为新目标，其经营领域也因此覆盖了几乎全部的白色家电产品。当然，作为核心产品的冰箱的产销规模此时也在不断扩大。

海尔通过不断推出新档次和新规格的产品来满足多样化市场需求，提高市场份额。在冰箱这条产品线上，海尔相继推出了“小王子”“双王子”“大王子”“帅王子”“金王子”等品牌；在空调这条产品线上，海尔先后推出了“小超人”变频空调、“健康空调”和“小英才”窗机等；在洗衣机这条产品线上，海尔推出了“神童”“小小神童”“海尔—即时洗”等品牌。

1997年，海尔又进入黑色家电领域；1999年，海尔品牌的计算机成功上市。如今海尔集团已拥有包括白色家电、黑色家电和米色家电在内的数十个大门类上万个规格品种的家电群，其经营业务覆盖了几乎所有家电产品，在消费者心目中树立起了海尔家电王国的形象。

海尔集团运用了主副品牌策略，为全部冰箱、空调、洗衣机产品冠以“海尔”主品牌，以“王子”等作为冰箱的副品牌，如“海尔—小王子”“海尔—双王子”“海尔—大王子”“海尔—帅王子”“海尔—金王子”等。

任务：4～5名同学为一小组，分析以上材料，通过查阅相关资料，回答以下问题：

1. 海尔采用了哪种产品线延伸策略？采用这种策略有什么好处？
2. 海尔采用了哪种产品组合策略？采用副品牌有什么好处？

实践指导

◆ 向上延伸策略有利于企业提高品牌地位，改善品牌形象，获取更高的毛利润。

◆ 扩大产品组合策略（拓展产品组合的宽度＋增加产品组合的长度和深度＋增强产品组合的关联性）和推出副品牌有利于企业同中求异，凸显个性，占据不同细分市场。

思考练习

一、简答题

1. 常见的品牌策略有哪些？常见的包装策略有哪些？

2. 产品整体包括哪几个层次？

3. 同类产品间的差异有哪些？

4. 扩大产品组合策略有哪些？

5. 产品导入期常采用的市场营销策略有哪些？

6. 产品成熟期常采用的市场营销策略有哪些？

二、案例分析题

香港丰泽电器集团开设了许多分店经营丰泽牌电器。但仔细辨认就会发现，这些电器产品无论在式样上还是在内部装置上，都同日立、乐声等名牌产品一模一样。原来，丰泽电器集团销售的产品全是其他厂家生产的产品，他们自己仅拥有“丰泽”这个品牌而已。

问题：

香港丰泽电器集团采用了哪种品牌策略？采用此策略对企业有哪些好处？

三、技能训练

技能训练一：谈谈产品所处的生命周期阶段。

【训练目标】

- 提升逻辑思维能力。
- 提高团队合作能力。
- 加深对产品生命周期市场营销策略相关内容的理解。

【训练内容】

任选一个品牌的某款产品，谈谈该产品所处的生命周期阶段，以及该产品生产企业采取的市场营销策略。

【训练要点】

1. 考核学生的语言表达能力和表述内容的准确性。

2. 考核学生对产品生命周期市场营销策略相关内容的掌握程度。

技能训练二：品牌名称和标志设计。

【训练目标】

- 提升逻辑思维能力。
- 提高团队合作能力。
- 加深对品牌和品牌策略相关内容的理解。

【训练内容】

随着消费者品牌意识的逐渐形成，消费者绿色消费意识的逐步提高，我国绿色蛋品消费市场容量不断增大。

山西风扬蛋业有限公司为了将企业打造成中国蛋业第一品牌，蛋品行业的领先者，聘请你的团队为其进行品牌策划，请为该公司设计品牌名称和品牌标志。

4～5名同学为一小组，分组讨论，最终由小组代表发言。

【训练要点】

1. 考核学生品牌创意的有效性。

2. 考核学生对品牌和品牌策略相关内容的掌握程度。

技能训练三：新产品开发案例分享。

【训练目标】

- 提升逻辑思维能力。
- 提高语言表达能力。
- 加深对产品组合策略相关内容的理解。

【训练内容】

通过查阅资料等，寻找一个企业采用产品组合策略开展市场营销活动的实例，分析该企业的做法，并谈谈从中得到的启发。

【考核要点】

1. 考核学生的语言表达能力和表述内容的准确性。

2. 考核学生对产品组合策略相关内容的掌握程度。

第六章 价格策略

学习目标

知识目标：

◎ 了解影响产品价格的因素。

◎ 掌握定价的基本方法及定价策略。

◎ 了解价格调整的原因。

◎ 掌握价格调整的策略与技巧。

能力目标：

◎ 能够熟练运用定价的基本方法，具备给新产品定价的能力。

◎ 能够灵活运用常见的定价策略。

◎ 能够运用价格调整的策略和技巧。

案例导入

珠海长隆海洋王国，位于广东省珠海市香洲区横琴镇，是长隆国际海洋度假区内的一个海洋主题公园，由海豚湾、海洋奇观、雨林飞翔、极地探险、海象山、英雄岛、横琴海、海洋大街8个分区组成。

该海洋王国门票价格的制定，与消费者的需求密切相关。在特定的节假日，如春节、国庆节等，旅游市场需求旺盛，门票供不应求，标准票价格为450元，小童票价格为315元，学生票价格为360元，长者票价格为315元，优待票价格为315元。而在平时，旅游市场需求较小，该海洋王国就通过降低门票价格刺激市场，此时，标准票价格为 395 元，小童票价格为 280 元，学生票价格为 315 元，长者票价格为 280 元，优待票价格为 280 元。

案例点评

- 价格是价值的货币表现，它不仅影响着消费者的需求，还影响着企业的销售额和利润，因此，价格策略也是企业开展市场营销活动最重要的策略之一。

第一节 价格制定

案例导入

一些同学去某知名电器店铺调研，发现如下现象：

1. 多数产品价格尾数为 8、9 等，如 99 元的风扇、198 元的电饭锅、4 999 元的电视机、9 998 元的电冰箱等。

2. 每个周末都有产品促销活动，有些产品的价格低到不可思议（一般限量促销），极具诱惑力，如 1 元钱的手机、99 元的空调、999 元的大屏幕电视机等。

3. 一些知名品牌的具有新功能的产品价格较高，如苹果 6s 手机标价为 5 899 元，比网上的最低报价高出好几百元。

4. 宣传全场产品低价的 POP 在店铺中到处可见，产品促销前后的价格都标示在价格牌上，对比鲜明。

5. 在销产品包含低、中、高价格的全系列产品，顾客挑选余地大。

6. 高价产品价格牌上往往醒目标示着月供金额，产品总价格标示反而不明显。

7. 很多产品价格牌上只标示了基本价格，配件、包装、延保服务、送货服务、安装服务等价格要单独询问。

8. 价格牌上极少出现 1、7 等数字，较多出现 3、6、8、9 等数字。

案例点睛

- 产品价格是无声的推销员，是企业参与市场竞争的有力武器。
- 产品价格随市场行情而变，早晚不同。
- 产品究竟值多少钱在很大程度上取决于消费者对产品的心理认同度。

知识聚焦

一、价格制定概述

价格是企业开展市场营销活动的关键影响因素，也是最复杂、最敏感的一个影响因素，它影响并决定消费者的需求和购买行为。

从经济学角度来说，价格总是与利润的实现联系紧密，即价格 = 总成本 + 利润。价格是产品价值的货币表现形式，是严肃的，是不可随意变动的。产品定价是一门严谨的科学。

从营销学的观点来看，价格是灵活的，可以随时随地根据市场需求而变动。价格是决定企业是否盈利的重要因素，但绝对不是唯一因素。价格制定必须以消费者能够接受为出发点。价格要既能被消费者接受，又能为企业带来较多的收益。从营销角度来说，定价不仅是一门学问，还是一门艺术。因此，企业必须遵循客观经济规律，研究定价的方法、技巧和策略，发挥价格的市场调节作用，以在激烈的市场竞争中取得竞争优势。

二、制定价格的步骤

第一次制定产品价格时，企业要遵循以下步骤：确定定价目标，确定市场需求，估算成本，选择定价方法，选定最终价格。

1. 确定定价目标

企业确定定价目标时应以满足市场需求和实现企业盈利为基础，确定定价目标既是实现企业经营总目标的保证，又是企业制定定价策略和选择定价方法的依据。

不同企业的定价目标不一样。企业的定价目标见表 6-1-1。

表 6-1-1　企业的定价目标

定价目标	内容	定价目标	内容
扩展目标	维持企业生存	销售目标	提高产品市场占有率
	扩大企业规模		争取渠道中间商
	实现多品种经营，多元化发展	竞争目标	稳定市场价格
利润目标	利润最大化		应对竞争
	利润满意化		树立产品质量优良的形象
	利润达到预期	社会目标	为社会公共事业做出贡献
	产品销量增加，带动利润增加		与利益相关方协调发展

2. 确定市场需求

价格会影响市场需求量。在正常情况下，市场需求量变化与价格变化呈反比。一般而言，价格上升，市场需求量减少（个别威望高的产品在一定幅度内提价，产品销量也有可能增加）；价格降低，市场需求量增加。

企业在定价时必须考虑需求价格弹性，即了解市场需求量对价格变动的反应。价格变动对市场需求量影响小，称为需求价格弹性小；价格变动对市场需求量影响大，称为需求价格弹性大。需求价格弹性的计算公式如下：

需求价格弹性 = 需求量变动的百分比 ÷ 价格变动的百分比

在以下条件下，需求可能缺乏弹性：

（1）替代品很少或没有。

（2）消费者对价格不敏感。

（3）消费者购买习惯不易改变或难于寻找到价格较低的产品。

（4）消费者认为价格变化合理（如认同产品质量有所提高，或认为存在通货膨胀等，价格提高是应该的）。

如果某产品的需求价格弹性大，企业可采取适当降价的手段，以刺激市场，促进销售，增加销售收入。

3. 估算成本

产品的成本是定价的基础，也是价格的底线。从长远来看，产品的销售价格必须高于总成本，只有这样，销售收入才能补偿生产成本和经营费用，否则企业就无法经营。因此，企业在制定价格时必须估算成本，平衡实际成本、目标利润和销售价格三者之间的关系。

产品成本可分为两类：一类是固定成本，另一类是变动成本。固定成本是指不随产量或销量变化而变化的成本，如房租、设备折旧费、办公费用、管理人员工资等。变动成本是指原材料费用、工人工资、水电费等随产量或销量变动而变动的成本。

4. 选择定价方法

比较常用的定价方法主要包括成本导向定价法、竞争导向定价法和需求导向定价法三种类型。

（1）成本导向定价法。成本导向定价法是以产品单位成本加上预期利润来确定价格的，是企业最常用的、最基本的定价方法。成本导向定价法包括总成本加成定价法、目标收益定价法、边际成本定价法、盈亏平衡定价法等。

1）总成本加成定价法。这种定价方法把所有为生产某种产品而发生的支出计入成本，计算单位产品的变动成本，同时合理分摊相应的固定成本，再按一定的目标利润率定价。

2）目标收益定价法。目标收益定价法又称投资收益率定价法，是指根据企业的投资总额、产品预期销量和投资回收期等因素来定价的一种方法。

3）边际成本定价法。变动成本是指每增加或减少单位产品所引起的总成本的变化量。由于边际成本与变动成本比较接近，且变动成本的计算更容易一些，所以在实际定价中多用变动成本代替边际成本，因而又将边际成本定价法称为变动成本定价法。

4）盈亏平衡定价法。在产品销量既定的条件下，产品的价格必须达到一定的水平才能做到盈亏平衡、收支相抵。既定的销量称为盈亏平衡点，这种制定价格的方法称为盈亏平衡定价法。科学地预测销量和估算固定成本、变动成本是使用盈亏平衡定价法定价的前提。

（2）竞争导向定价法。在竞争十分激烈的市场上，企业通过研究竞争者的生产条件、服务状况、价格水平等因素，依据自身的竞争实力、参考成本和供求状况来确定产品价格，这种定价方法就是通常所说的竞争导向定价法。竞争导向定价法主要包括随行就市定价法、产品差别定价法、密封投标定价法。

1）随行就市定价法。在垄断竞争和完全竞争的市场中，任何一家企业都无法凭借自己的实力在市场上取得绝对的优势，为了避免竞争特别是价格竞争带来的损失，大多数企业都采用随行就市定价法，即将本企业某产品的价格定在市场平均价格水平上，利用这样的价格来获得平均收益。此外，采用随行就市定价法，企业就不必去全面了解消费者对不同价格的反应，产品价格也不会随意波动。

2）产品差别定价法。产品差别定价法是指企业通过不同的营销活动，使同种同质的产品在消费者心目中树立不同的产品形象，进而根据自身特点，选定低于或高于竞争产品的价格作为本企业产品的价格。因此，产品差别定价法是一种进攻性的定价方法。

3）密封投标定价法。国内外许多原材料、成套设备和建筑工程项目的买卖和承包，以及小型企业的出售等，往往都采用招投标的方式来选择承包者，并确定最终承包价格。一般来说，招标者只有一个，处于相对垄断地位，投标者有多个，处于相互竞争地位。标的物价格由投标者在相互独立的条件下确定。在参与招标的所有投标者中，报价最低的投标者通常会中标，它的报价就是承包价格。这种定价方法称为密封投标定价法。

（3）需求导向定价法。根据市场需求状况和消费者对产品的感觉差异来确定价格的方法称为需求导向定价法，也称市场导向定价法或顾客导向定价法。需求导向定价法主要包括理解价值定价法、需求差异定价法和逆向定价法。

1）理解价值定价法。理解价值是指消费者对某种产品价值的主观评判。理解价值定价法是指企业以消费者对产品价值的理解度为定价依据，运用各种市场营销策略和手段，影响消费者对产品价值的认知，以在消费者心目中形成对企业有利的价值观念，最后根据产品在消费者心目中的价值来定价。

2）需求差异定价法。需求差异定价法是指以需求为依据确定产品价格，它强调产品定价要适应消费者的不同需求，要将成本补偿放在次要位置。采用这种定价方法，在同一市场上的同一产品要制定两个或两个以上价格，不同产品价格之间的差额要大于它们成本之间的差额。采用这种定价法的优点是产品定价能最大限度地满足市场需求，促进销售，有利于企业获取最佳的经济效益。

3）逆向定价法。逆向定价法不是重点考虑产品成本，而是重点考虑市场需求状况的定价法。逆向定价法是指依据消费者能够接受的最终销售价格，逆向推算出中间商的批发价和生产企业的出厂价。逆向定价法的优点是：用此方法确定的价格能反映市场需求情况；有利于维持企业与中间商的良好关系；能保证中间商的正常利润；可使产品迅速向市场渗透；可根据市场供求情况及时调整产品价格，比较灵活。

（4）各种定价方法的比较。企业可选择的定价方法有很多，应根据不同经营战略和价格策略、不同市场环境和经济发展状况等，选择不同的定价方法。

1）从本质上来说，成本导向定价法是以卖方定价为导向的。它忽视了市场需求、竞争和价格水平的变化，使用这种方法定价有时会与定价目标脱节。此外，运用这一方法制定价格建立在对销量主观预测的基础上，价格制定的科学性差。因此，采用成本导向定价法时，应充分考虑市场需求和竞争状况。

2）竞争导向定价法是以竞争者的价格为导向的。它的特点是：价格与产品成本和市场需求无直接关系。产品成本或市场需求变化时，如竞争产品的价格未变，产品就维持原价；反之，如果成本或市场需求都没有变动，但竞争产品的价格变动了，则应相应地调整产品价格。为实现企业的定价目标和总体经营战略目标，谋求企业的生存和发展，在其他营销手段的配合下，产品价格不一定要和竞争产品价格完全保持一致。

3）需求导向定价法是以市场需求为导向的。采用这种定价方法，产品价格随市场需求的变化而变化，与成本等因素无直接关系，企业的一切生产经营活动以市场需求为中心，这种定价方法的理念与现代市场营销观念相符。

5. 选定最终价格

企业选定最终价格时，必须考虑以下因素：

（1）最终价格必须同企业的定价政策相符合。企业的定价政策是指明确的企业需要的定价形象、对价格折扣的态度以及应对竞争产品价格的指导思想。

（2）最终价格应符合政府有关部门的政策。

（3）要考虑消费者的心理预期，以促进销售。

（4）选定最终价格时，必须考虑企业内部有关人员（如推销员、广告业务员等）对选定价格的意见，经销商、供应商等对选定价格的意见，以及竞争对手对选定价格的反应。

三、定价策略

1. 新产品定价策略

（1）撇脂定价策略。撇脂定价策略是指在产品生命周期的最初阶段，把产品价格定得很高，以获取最大利润的定价策略。

撇脂定价策略适合下列情况：

1）市场中有足够多的消费者，即使把产品价格定得很高，市场需求量也不会大幅减少。

2）高价虽使需求量减少，但不致抵消高价所带来的利益。

3）高价可使消费者产生这种产品是高档产品的印象。

4）在高价情况下，企业仍然能保持独家经营，市场中无竞争者。

（2）渗透定价策略。渗透定价策略是指企业把新产品的价格定得较低，以吸引大量消费者，提高新产品的市场占有率的定价策略。

渗透定价策略适合下列情况：

1）市场需求对价格极为敏感，低价会刺激市场需求量迅速增长。

2）企业的生产成本和经营费用会随着生产经营经验的增加而下降。

3）低价不会引起实际和潜在的激烈竞争。

（3）满意定价策略。满意定价策略是一种介于撇脂定价策略和渗透定价策略之间的定价策略，采用这种策略定价，产品价格是中间价格，通常能使生产企业和消费者都比较满意，中间价格又称“君子价格”或“温和价格”。

满意定价策略适合下列产品：

1）市场上供求较平衡的产品。这种产品由于供求较平衡，同类产品之间竞争不会十分激烈，故价格也较平稳，此时企业可采取满意定价策略。

2）需求弹性不大的产品。例如，对于基本消费品或初级产品，即使是在供不应求或独家经营时，企业也宜采取满意定价策略，以树立良好的企业形象。

3）要稳定占领市场的产品。企业应从长远利益出发，将此类产品平价销售。

对企业来说，究竟是采取撇脂定价策略、渗透定价策略还是满意定价策略，需要综合考虑市场需求、竞争、供给、市场潜力、价格弹性、产品特性、企业发展战略等因素。

2. 仿制品定价策略

仿制品是指企业模仿国内外市场上的畅销产品而生产出的新产品。仿制品定价面临着产品定位问题，从新产品质量和价格的角度来看，有九种可供选择的定价策略：优质高价策略、优质中价策略、优质低价策略、中质高价策略、中质中价策略、中质低价策略、低质高价策略、低质中价策略、低质低价策略。

3. 心理定价策略

产品的价值与消费者的心理感受有很大关系，企业在定价时可以利用消费者的心理有意识地将产品的价格定得高些或低些。即企业根据消费者购买产品时的心理制定产品价格，以满足消费者在生理和心理、物质和精神等多方面的需求，借助消费者对企业产品的偏爱或忠诚，提高产品市场销量，以获得最大的收益。心理定价策略主要有整数定价策略、尾数定价策略、声望定价策略、习惯定价策略、吉利数字定价策略、招徕定价策略、化整为零定价策略、系列定价策略等。

（1）整数定价策略。它是指企业为产品制定不含零头数的整数价格的定价策略，一般以“0”作为尾数，如将产品价格定为 10 元，而不是 9.9 元。这种定价策略实质上是利用了消费者的求方便心理、按质论价心理、自尊心理或炫耀心理，它经常用于名牌产品定价。

（2）尾数定价策略。它是指企业为产品定价时，保留价格尾数的定价策略，如将产品价格定为 9.98 元，而不是 10 元。使用这种定价策略可使消费者产生产品价格低廉、商家定价认真以及售价接近成本等的感觉。需求价格弹性较大的产品采用尾数定价策略定价，往往会使市场需求量大幅增加。

（3）声望定价策略。它是指针对消费者“高质高价、一分钱一分货”的心理，为在消费者心目中有声望、有信誉的产品定较高的价格的定价策略。产品价格档次时常被认为是产品质量的体现，特别是消费者识别名优产品时，这种心理尤为强烈。

（4）习惯定价策略。它是指按照消费者心理习惯价格进行定价的定价策略，如打火机价格为 1 元。日常消费品的价格通常在消费者心目中已有一定标准，符合标准的价格会被消费者顺利接受，偏离标准的价格则容易引起消费者质疑。

（5）吉利数字定价策略。它是指利用人们希望讨彩头的心理，将产品价格定为寓意较好的吉利数字的定价策略，如一件衣服价格为 168 元等。另外，有研究表明，那些带有弧形线条的数字，如 5、8、0 等，更易被消费者接受，而不带有弧形线条的数字，如 1、7、4 等，相对不太受欢迎。

（6）招徕定价策略。它是指对几种产品实行微利甚至亏本（需避免构成不正当竞争行为）定价，以招徕消费者，连带性地推销其他产品的定价策略。如某男装品牌店推出了 99 元的体验装。

（7）化整为零定价策略。它是指企业对一些较贵重的产品以更小的规格或单位定价，以消除消费者嫌贵的心理的定价策略。

案例链接

如果某种茶叶的价格定为每500克150元，顾客就会因价格太高而放弃购买。如果缩小定价单位，采用每50克为15元的定价方法，顾客就会觉得可以买来试一试。如果再将这种茶叶以125克进行包装与定价，顾客就会嫌麻烦而不愿意去换算每500克的价格，从而也就无法判断这种茶叶的价格究竟是偏高还是偏低。

（8）系列定价策略。它是指针对消费者比较价格的心理，有意识地将同类产品的价格分档次拉开，形成价格系列，以使消费者能迅速找到习惯档次的产品的定价策略。如同一品牌的牙膏有几元一支到几十元一支多档价格。

4. 折扣定价策略

大多数企业通常都会酌情调整产品基本价格，以鼓励消费者及早付清货款、大量购买产品或增加产品淡季购买量，这种价格调整策略叫作折扣定价策略或价格折让策略，折扣定价策略包括以下几种：

（1）现金折扣策略，它是指企业对及时付清货款的消费者给予一定的价格折扣的定价策略。例如，“2/10”“1/20”“N/30”，分别表示在10天内付款可享2%的折扣、在20天内付款可享1%的折扣、在30天内付款无折扣。许多行业习惯采用此法，来加速资金周转，减少收账成本和坏账。

（2）数量折扣策略，它是指企业给予大量购买某种产品的消费者一定的折扣，以鼓励消费者购买更多的产品的定价策略。大量购买能降低企业在生产、销售等环节的成本。数量折扣可分为累计数量折扣和一次性数量折扣两种类型。

案例链接

某西装企业规定，客户累计购买量达到1 000套，价格折扣为4%；达到2 000套，价格折扣为5%；超过3 000套，价格折扣为6%。该企业以此鼓励消费者与自己建立长期固定的关系，稳定消费者，鼓励消费者经常购买、长期购买产品。

某啤酒企业规定，一次性购买100 ~ 200件按标价给予10%的折扣，一次性购买200件以上给予15%的折扣，一次性购买不足100件无折扣。这样做不仅可以鼓励消费者大批量购买产品，而且有利于企业节省销售、储存和运输费用，促进产品多销、快销。

（3）职能折扣策略，也叫贸易折扣策略，它是指生产企业给予中间商一定的额外折扣，中间商可以以低于目录价格的价格购买产品的定价策略。这样做企业既能通过让价来促销，又能给予中间商一定的照顾和支持。

（4）季节折扣策略，它指企业为鼓励消费者在淡季购买产品而进行价格减让的定价策略，这样做能使企业全年的生产和销售保持相对稳定。

（5）推广津贴策略，它指生产企业为拓宽产品销路，向中间商提供推广津贴的定价策略，如零售商为企业产品进行广告宣传或设立橱窗，生产企业除负担部分广告费外，还应在产品价格上给予中间商一定优惠。

此外，部分企业还采用以旧换新的折扣定价策略，刺激市场需求，促进产品的更新换代，提高新一代产品的销量。

5. 歧视（差别）定价策略

歧视（差别）定价策略是指企业根据消费者、时间和场所不同来调整产品价格，实行差别定价的定价策略，即对同一产品定两种或多种价格，这种价格差别不反映成本的差别。歧视（差别）定价策略主要有以下几种形式：

（1）针对不同消费者群产品定价不同。

（2）为不同的花色、品种、式样的产品定不同的价格，同时价格与产品的成本是不成比例关系的。

（3）为不同的部位的产品定不同的价格，例如，演唱会的座位位置不同，价格也不同。

（4）在不同时间为产品定不同的价格，如国外的自动降价百货商场。

（5）为不同地点的同一产品定不同的价格，即使在不同地点提供产品的成本是相同的。

采取歧视（差别）定价策略的前提条件是：市场必须是可细分的，且每个细分市场的产品需求量是不同的；产品不能转手倒卖；高价市场上不能有竞争者削价竞销；不违法；不会引起消费者反感。

6. 地区定价策略

地区定价策略是指对于卖给不同地区消费者的某种产品，企业要决定是制定不同的价格，还是制定相同的价格的定价策略。地区定价策略通常包括以下几种形式：

（1）FOB 原产地定价策略。采用这种策略定价时，消费者按照出厂价购买某种产品，企业只负责将这种产品运到产地的某种运输工具（如卡车、火车、船舶、飞机等）上以交货。交货后，从产地到目的地的一切风险和费用全部由消费者承担。这样定价，每一个消费者都要负担产品从产地到目的地的运费，虽然比较合理，但离产地远的消费者就可能不愿意购买这个企业的产品，而购买其附近企业的产品。

（2）统一交货定价策略。它是指对于卖给不同地区消费者的某种产品，不论距离远近，企业都按照相同的出厂价加相同的运费（按平均运费计算）定价的定价策略。这种定价策略比较简单，对吸引距离远的消费者有利，但不利于吸引附近的消费者。

（3）分区定价策略。它是指企业把整个市场区域分为若干价格区，对于可卖给不同价格区消费者的某种产品，分别制定不同的地区价格的定价策略。在距离企业远的价格区内，产品价格定得较高；在距离企业近的价格区内，产品价格定得较低。在同一价格区内，产品价格统一。分区定价策略也有一定的缺点：在同一价格区内，对距离企业较远的消费者来说比较划算；处于两个相邻价格区交界处的消费者，要按不同的价格购买同一种产品，这容易引起消费者不满。

（4）基点定价策略。它是指企业选定某些城市作为基点，然后按一定的出厂价加上从基点城市到消费者所在地的运费来定价（不管产品实际上是从哪个城市发出的）的定价策略。有些企业为了提高定价的灵活性，选定很多基点城市，按照消费者与基点的最短距离计算运费。

（5）免收运费定价策略。它是指有些企业因为急于在某些地区做生意，而负担全部或部分运费的定价策略。采取这种策略定价，虽增加了企业成本，但可以使企业产品快速渗透市场并在竞争日益激烈的市场上获得稳固的地位。

7. 刺激定价策略

（1）拍卖式定价策略：以公开竞价的形式，将产品转让给最高应价者。

（2）团购式定价策略：企业对达到一定购买人数的团体购买或集体采购给予价格优惠。

（3）抢购式定价策略：企业在某一时段提供数量有限的超低价格产品，其规则往往是先到先得。

（4）持续回报式定价策略：企业为产品设定一份与产品未来销量挂钩的长期回报承诺。

（5）会员积分式定价策略：会员的积分累计到一定程度，则其可享受指定产品的优惠价格。

8. 产品组合定价策略

（1）产品线定价策略。采用这种定价策略时，企业通常会开发产品线而不是单独的产品，同时会为产品制定阶梯价格。如一家男士服装店可能会为其西装产品确定三个层次的价格：1 000元、3 000元和5 000元。消费者会把低、中、高质量的西装和三个层次的价格联系在一起。企业的任务就是建立可感知的质量差异，以支持价格差异的合理性。

（2）可选产品定价策略。它是指企业在消费者购买相关产品时，提供多种方案供消费者选择，以鼓励消费者更多地购买产品的定价策略。如在标准配置定价基础上，消费者购买汽车时，可加价订购豪华真皮沙发、遥控可调节反光镜、防盗装置等配件。企业的主要任务是必须决定哪些配置包含在标准定价中，哪些配置是可选择的。

（3）附加产品定价策略。一些产品需要辅助或附加产品才能保持正常使用，生产企业通常会把基础产品的价格定得低，而将附加产品价格定得高，如刮胡刀和刀片、打印机和墨盒等。

（4）两部分定价策略。一些服务类产品的价格通常由固定的费用加上可变的使用费用构成。如电话费包括电话使用者支付最低限额的月租费和按使用时间收取的通话费用。一般来说，固定费用应该足够低，以吸引消费者购买产品，而利润可以来自使用费用。

（5）副产品定价策略。某些产品生产时通常会有副产品产生，如果副产品的价值相当高，生产企业可以为主产品制定很有竞争力的低价，以占据更多的市场份额，然后再通过销售副产品赚取利润。

（6）产品捆绑定价策略。它是指生产企业将一种产品与其他产品组合在一起，以一个价格出售，其形式有以下几种：

1）同质产品捆绑定价。按照产品组合不同，同质产品捆绑定价可以分为混合产品捆绑定价和单一产品捆绑定价。混合产品捆绑定价如航空公司对往返机票捆绑定价，单一产品捆绑定价如在酒吧里啤酒必须成打购买。

2）互补式产品捆绑定价。采用这种方法定价的产品在用途上具有互补性，如饭店将几种不同的菜捆绑成一份套餐再定价，旅行社为整条旅行线路定价。

3）非相关性产品捆绑定价。生产企业将某种产品与另外一种产品捆绑在一起定价。被捆绑的两个产品不一定是互补品，它们只需要能够激发有关消费者对产品的支付意愿即可。非相关性产品捆绑定价在一些多元化企业和一些商场促销活动中比较常见。

随堂思考：本节案例导入中，该店铺分别采用了哪些定价策略？

企业实践

背景资料

以下为我国葡萄酒市场情况：

从市场表现来看，我国葡萄酒市场尚未形成人群细分的格局，消费者购买红酒随意性比较强，主要表现为哪家进行了产品促销，其产品销量就会大幅提升，价格往往是消费者购买产品的主要影响因素。

在市场竞争方面，主要竞争产品为华夏长城、张裕、王朝、龙徽、容辰、新天、威龙、丰收、通化、香格里拉、云南红、池之王、佐佳、白洋河等20多家企业的300多种产品。据了解，张裕红葡萄酒的价格低至几十元，高至几百元。王朝红葡萄酒包括至尊系列、橡木桶系列、樽御系列、金品诺系列等，至尊系列的整体定位最高，产品零售价格在80～200元/瓶之间。在广州市场畅销的华夏长城系列葡萄酒中，华夏长城94圆筒干红葡萄酒、华夏长城92木盒干红葡萄酒和华夏葡园A区干红葡萄酒的销量就占了该系列葡萄酒总销量的50%以上，这些酒的零售价在180～700元/瓶之间，中高档干红葡萄酒市场呈现日益走俏的趋势。

某市场调查公司的调查显示，在有饮酒习惯的广州市民中，偏爱红葡萄酒的广州市民占23.3%，近六成的广州市民只喝国产红葡萄酒，价格便宜是他们主要考虑的因素，仅有4.3%的广州市民只喝进口红葡萄酒。

广州的林先生和国内某葡萄酒庄园合作，新推出一种定位为中高档红葡萄酒的“全堂红”牌红葡萄酒，急需在广州打开市场。

任务：4～5名同学为一小组，为“全堂红”牌红葡萄酒制定合适的价格。

实践指导

◆ 企业目标分析：企业主要目标是开拓市场还是获取利润？

◆ 企业成本分析：对中高档国产红葡萄酒平均成本进行分析。

◆ 需求价格弹性分析：喝国产红葡萄酒的目标消费者对价格敏感，价格弹性较高。

◆ 竞争对手分析：竞争对手产品线完整，价格组合灵活多样。

◆ 新产品定价：新产品的定价方式与企业目标有关。如果企业志向远大，可采用渗透定价策略；如果企业的目标是短平快，宜采用高促销费用的撇脂定价策略。

◆ 定价方法分析：采用成本导向定价法、竞争导向定价法或需求导向定价法。

第二节 价格调整

案例导入

随着暑期旅游旺季的到来，国内旅游线路价格开始出现变动，部分旅游线路开始涨价且涨幅较大，另外一些旅游线路则出人意料地降价。

据广州某旅游公司市场总监介绍，暑期是旅游旺季，云南、四川等地的旅游景区暑期报名情况良好，旅游线路价格也随之“水涨船高”。云南旅游线路的价格已比6月初时涨了至少700元。

涨价原因分析：需求旺盛；人们收入增长幅度较大；存在一定的通货膨胀；旅游旺季机票、酒店价格上涨，部分旅游景点执行旺季门票价格；旅行社因运作日益规范而削减隐性消费；地接旅行社毛利润增加。

对旅游业来说，暑期市场至关重要，7月和8月更是漂流旺季。往年同期漂流景区门票价格都会上涨，但今年广东多个漂流景区的门票价格不仅未上涨，反而下降，如清远古龙峡团体票价格同比上年有15%的降幅，有些景区的门票价格最大降幅更是达到40%。

降价原因分析：同类景区数量飞速增长，竞争激烈；漂流已从以往的“新鲜事物”期进入“大众消费”期；学生是各漂流景区暑期的主要客源，他们对价格特别敏感；许多景区的目标是“宁降利润，不让市场”。

案例点睛

- 河里无鱼虾也贵，随行就市生意活。
- 当令是宝，落令是草。同样的产品，在不同环境下价格应该不一样。
- 产品价格变动应视需求情况、竞争情况、企业目标、消费者心理等而定。

知识聚焦

一、价格调整的原因

企业在确定产品价格后，由于客观环境和市场情况变化，往往会对产品价格进行调整。

1. 降价

企业通常在以下情况下考虑为产品降价：

（1）市场饱和，产品处于成熟期后期或衰退期，产品供大于求。

（2）通货紧缩，居民购买力下降。

（3）企业生产能力过剩，产品产量过多，库存积压严重，企业急需回笼资金。

（4）面对竞争者的“削价战”，企业不降价将会失去消费者或市场份额降低。

（5）科技进步，劳动生产率不断提高，生产成本逐步下降，产品价格也应下降。

（6）原定价不当造成产品销售总额不高。

（7）新产品即将上市，对旧产品有替代作用，要通过降价来迅速将旧产品销售出去。

（8）举办促销活动，通过主动降价促销来积累人气，提高知名度。

（9）企业或产品出现问题。

（10）打击和排斥行业中的弱小竞争者，阻止潜在竞争者进入市场。

2. 提价

提价一般会遭到消费者和经销商的反对，但在以下情况下企业不得不提高产品价格：

（1）通货膨胀。物价普遍上涨，企业生产成本增加，为保证利润，不得不提价。

（2）产品供不应求。一方面，消费者之间展开激烈竞争，争夺货源，为企业创造有利条件；另一方面，提价可以抑制需求过快增长，保持供求平衡。

（3）企业产品升级换代，利用新产品提价来保证产品线的利润空间。

（4）竞争产品提价，企业在保障市场占有率的情况下要跟进。

（5）利用消费者买涨不买跌的心理提价，促使消费者购买。

案例链接

成品油价格进入“8时代”，最先抗不住的是快递行业。

大型快递公司申通快递公司和海航天天快递公司针对淘宝卖家的运费涨价3～6元/单后，顺丰快递公司也表示，将调整上海、苏州、杭州、宁波、温州5个城市的顺丰同城快件运费，1千克之内（含1千克）的由原来的12元增加至15元，超过1千克的重量按2元/千克计算。其余一些较大的快递公司也表示，未来一段时间内或将上调运费。而一些小型快递公司则表示，如果大家都调价，他们会立刻跟进。

油价上涨，多家快递公司酝酿涨价，这又牵动了电商的神经。淘宝网上的一些网店已经悄悄提高了免邮门槛。一些大型电商企业虽然暂时选择了“忍耐”，采取观望态度，但是一旦物流成本上涨幅度较大，便会立刻为产品提价，进而带动整个行业提价。

随堂思考：本节案例导入中，各条旅游线路价格变动的原因是什么？

二、价格调整的影响

1. 消费者对调价的反应

（1）消费者可能对降价的反应：

1）产品样式老旧，将被新产品代替。

2）产品有缺点，销售不畅。

3）企业出现财务困难，难以继续经营。

4）价格还要进一步下跌。

5）产品质量下降了。

（2）消费者可能对提价的反应：

1）产品很畅销，不赶快买就买不到了。

2）产品价值提升了。

3）企业想赚取更多利润。

消费者对价值不同的产品的调价反应也有所不同，对价值高、经常购买的产品的价格变动较为敏感；而对价值低、不经常购买的产品，即使其单位价格高，消费者也不大在意。

2. 竞争者对调价的反应

竞争者对调价的反应主要包括以下几种：

（1）相向式反应。你提价，它提价；你降价，它也降价。与企业行为一致的反应对企业影响不太大，不会导致严重后果。企业坚持合理的市场营销策略，不会导致市场份额减少或失掉市场。

（2）逆向式反应。你提价，它降价或维持原价不变；你降价，它提价或维持原价不变。这种相互冲突的行为影响很大，竞争者的目的也十分清晰，就是乘机争夺市场。因此，企业要进行调查分析，首先要摸清竞争者的具体目的，其次要估计竞争者的实力，最后要了解市场的竞争格局。

（3）交叉式反应。众多竞争者对企业调价反应不一，有相向式的，有逆向式的，有不变的，情况错综复杂。企业在不得不进行价格调整时，应注意提高产品质量，加强广告宣传，保持分销渠道畅通。

3. 企业对竞争者调价的反应

在同质产品市场，如果竞争者降价，企业必随之降价，否则企业会失去消费者。某一个企业提价，其他企业会随之提价（如果提价对整个行业有利），但如有一个企业不提价，最先提价的企业和其他企业将不得不取消提价。

在异质产品市场，消费者不仅会考虑产品价格，而且会考虑质量、服务、可靠性等因素，因此消费者对较小价格差额不敏感或无反应，此时，企业面对竞争者调整价格可以做出以下反应：维持原有的营销组合；保持价格不变，采用其他市场营销策略；进行同幅度或不同幅度的价格跟进。

企业做出反应前，必须先分析：竞争者调价的目的是什么？调价是暂时的，还是长期的？然后应权衡得失：是否应做出反应？如何反应？另外企业还必须分析价格的需求弹性、产品成本和销量之间的关系等复杂问题。

企业要想迅速做出反应，最好事先制定应对程序，按程序处理问题，提高反应的灵活性和有效性，如图 6–2–1 所示。

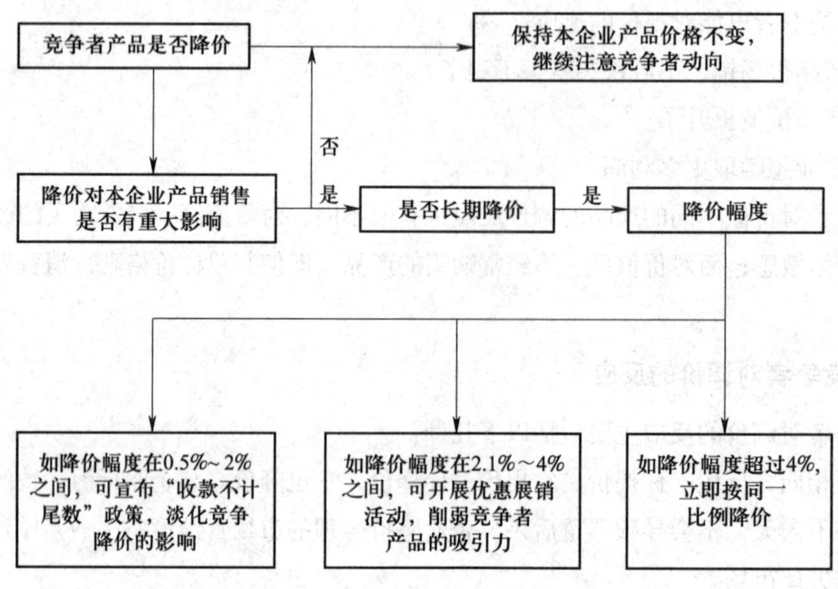

图 6–2–1　企业应对竞争者调价的程序

三、价格调整策略

1. 降价策略

（1）对产品进行降价时应着重考虑消费者的购买心理，降价要“师出有名”。没有合适的降价理由，就容易让消费者认为是产品卖不出去或质量不好才降价。现实中产品降价的理由通常有新品上市促销、产品销售突破若干万元或若干万件、季节性降价、重大节日降价酬宾、庆典活动等。

（2）降价要取信于民。信誉好的企业的产品降价，消费者信得过；信誉不好的企业的产品降价，消费者信不过。所以，降价产品要货真价实，不能欺骗消费者。

案例链接

香港一些信誉好的精品商店、高档商店每年都要定期开展产品打折销售活动。活动期间，往往在商场开门前顾客就已在大门之外排队，有的顾客甚至全家出动前去抢购。而有些小服装厂，将质量一般的服装标价很高，然后整日搞特价促销，虽然理由也冠冕堂皇，但顾客不是傻子，真正上当的没有几个人。

（3）降价次数宜少不宜多。产品降价的次数要尽量少，争取一步到位。

（4）降价幅度应能引起消费者的注意。确定产品的降价幅度时，应以产品的需求弹性为依据。需求弹性大的产品只要小幅度降价就可以使产品销量大增；需求弹性小的产品则需要较大幅度地降价才能够增加产品销量。通常产品降价幅度以10% ~ 30% 为宜。

（5）直接降价策略与间接降价策略应灵活运用。直接降价，消费者容易感觉到，但也容易刺激竞争者相继降价竞销。间接降价是指维持原价不动，只是以增加折扣率、佣金，赠送配件等方法销售产品。间接降价有一定的隐蔽性，可以暂时避免因刺激竞争者而导致的全方位的降价竞销。

简单地将产品的目录价格或标价降低不是理想的降价方式，企业常采用各种折扣形式来降低产品价格，如数量折扣、现金折扣、发放津贴等。此外，变相降价方式有赠送样品和优惠券，开展有奖销售，给中间商奖励推销奖金，允许消费者分期付款、赊销，免费或优惠送货上门，提供技术培训、维修咨询服务，提高产品质量，改进产品性能，增加产品用途，完善产品配套等。由于这些方式具有较强的灵活性，市场环境发生变化时，即使取消降价也不会引起消费者太大的反感，同时这也是一种促销策略，所以变相降价在现代市场营销活动中运用越来越广泛。

（6）降价时，企业应考虑的最重要的因素是消费者的反应。因为调整产品的价格是为了促使消费者购买产品，只有根据消费者的反应降价，才能收到好的效果。

（7）选择合适的降价时机。选择降价时机的关键是要把握降价的效果。如果产品能很好地销售，企业则可以推迟降价；如果降价能够刺激消费者的购买欲望，可以加速产品的销售，就应该提早采用降价的策略。

2. 提价策略

为减弱因提价而引起的不良市场反应，企业每次提价前都需要进行精心策划，以保证产品平稳地过渡到新的价格体系中。

（1）提价前评估。企业在提价之前，必须考虑市场发展趋势、竞争者和自身能承受的成本压力，根据这些情况做出准确的提价决策。

1）评估市场发展趋势。主要要评估国家政策、金融政策、区域消费环境、消费者支出成本等因素，对自己所处行业的发展趋势做出判断。如果国家有关于行业发展的支持性政策，则企业可以通过申请国家补贴而暂停提价，维持产品目前价格。

2）评估竞争者。在是否提价这个问题上，企业要关注竞争者的表现。因为竞争者就是企业自身的参照物，规模相同的企业之间成本差异很小。观望竞争者的表现，其实就是“知己知彼”的过程，可为企业制定提价策略提供依据。

3）评估自身能承受的成本压力。企业规模决定企业的边际效益。如果企业的成本增加情况已经超出企业能承受的范围，则可以通过降低供应商的供货价格来达到降低成本的目的。如果不能降低供应商的供货价格，就必须通过提价来平衡企业经营系统。企业无论采用什么方法，都要保证一定的利润空间。只有这样，企业才能长久发展。

（2）可采用的提价策略。企业在调研消费者、经销商和零售商对产品涨价的认知程度的基础上，在对他们的心理有了清晰的认识后再采取行动，提价就不容易失败。对大多数企业来说，主要有两种提价策略。

1）试探性提价策略。在成本无法降低的情况下，企业要梳理产品线，进而将产品分为两类：价格敏感型产品和价格不敏感型产品。为了稳妥起见，企业可以对价格不敏感型产品进行试探性提价，因为这些产品面对的消费者群体量较小，即使提价后消费者发生消费转移，也不会影响企业的整体现金流和运营状况。如果试探性提价后市场相对稳定，其他产品也可以涨价。

2）跟随性提价策略。企业在成本不断增加的情况下，特别是重要生产要素（如原材料等）涨价时，完全可以根据竞争者产品的涨价情况进行跟进。此策略虽然被动，但风险较小，中小企业完全可以采取跟随的方法对产品提价。如果竞争者有备而来，就可配合使用相关的促销活动、广告宣传、渠道费用支持等营销方法促进产品销售，所以，跟随企业提价也必须进行全面策划，如果只是在价格上跟进，就可能受竞争者的影响，甚至可能丢掉市场。

（3）提价技巧。

1）要有充分的提价理由。提价是原材料成本增加还是生产工艺改进导致的，企业要用充分的理由解释提价的原因，让经销商、零售商和消费者相信提价不可避免。

2）提价前要做好市场铺垫工作。提价前必须和企业的核心消费者沟通，告知其明确的提价策略，以及提价期间的相关支持性工作，以打消核心消费者的担忧。

3）企业可以通过阶段性的累计销售奖励、零售终端的陈列奖励、买赠支持等方式，将产品顺利送达零售终端，促进产品销售，把产品涨价的消极影响降到最低。

4）加强整合营销，做好消费者引导工作，稳定市场。产品涨价后消费者通常会产生抵触情绪，甚至其忠诚度会降低，进而产生品牌转移现象。因此要加强对消费者的引导工作：一是要通过品牌宣传进一步强化产品在消费者心目中的地位；二是要传递产品理念，不仅要关注产品的价格，而且要关注产品的品牌和品质；三是要针对零售终端开展多种形式的促销活动，给消费者适度的优惠，降低消费者对价格的敏感度，维护消费者对品牌的忠诚度。保住消费者就等于保住了市场，同时也抵制了竞争产品对市场的渗透行为。

5）预防竞争者的价格干扰。企业率先提价，会给竞争者留下短期的价格干扰时机。假如竞争产品不涨价，并且竞争者采取促销、公关等市场支持性措施，就会对企业的产品销售有严重的影响。企业的产品基本可以分为形象产品、走量产品、利润产品、阻击产品。在受到竞争产品干扰时，一般情况下，企业要保证走量产品和利润产品的市场安全，在这两类产品受到竞争产品影响时，可以用阻击产品应对，甚至可以从走量产品和利润产品中选取 1 ~ 2 个单品定向打击竞争者，和竞争者展开正面价格竞争，稳定消费者群体。

6）明涨与暗涨相结合。暗涨是指推出新规格、新包装产品，借此涨价。例如，牛奶企业推出价格不变的脱脂麦片（原为杏仁）美容奶；饮料企业将产品容量由 600 mL 变为 500 mL，但产品价格不变。暗涨不易让消费者厌恶，竞争者也相对难以应对。

7）提价与创新、增值相结合。企业可以在大力推出创新产品、差别化产品、增值服务，给产品注入新元素的同时，名正言顺地提价。这样做一方面可以树立企业的高端形象，另一方面企业也可以获得更多的利润。

案例链接

一家专卖馕（馕是新疆的一种特色食物）的夫妻店在某县城营业数年，靠着物美价廉，树立口碑，小店一直生意兴隆，门庭若市。

近年来，随着面粉、芝麻、水电、人工等费用的不断上涨，老板逐渐发现，2 元一个馕已经不赚钱了。稍有不慎，就会卖得越多赔得越多。经计算，只有涨到 2.5 元一个馕，小店才能保证合理的利润。于是，老板找了张红纸写了个告示：因原材料及人工费用上涨，现调整馕的价格为 2.5 元一个，望顾客理解。

次日开张，很多老顾客一看告示就摇摇头走了，暗骂老板不厚道，“留着自己吃去吧！”一天下来，小店销售额不到原来的一半。老板急得不得了。

老板的一位朋友见状，给他出了个主意：第一，恢复原价，馕还是 2 元一个；第二，推出比原来的馕直径小但厚度大、重量与原来的馕相同、芝麻更多的升级产品，每个卖 3 元。新旧产品虽然用料相近，但升级产品的视觉冲击力更强。

结果升级产品一推出，大受欢迎，旧产品反倒很少有人购买了。

企业实践

背景资料

近几年，二手车交易市场不但车源充足，而且“新车”之多、二手车车龄之短，令人瞠目结舌。特别是购置不到半年，甚至上牌时间只有一个月的二手车竟然比比皆是。车主为何会这么快换车？为什么会有这么多车出现在二手车市场上？据了解，有以下几种情况：一是人们经济条件越来越好，越来越多的人可以毫不犹豫地换车。二是一些“玩车”之人本来就频频换车。据行内人士透露，“玩车”之人喜欢把各种类型的车尝试一遍，因此，他们几个月换一次车，从成本考虑，买二手车比租车还划算。三是新车市场的新车型推出频率越来越高，不少车型消费者才刚刚熟悉，配置更完善、性价比更高的新车型就“粉墨登场”，导致消费者又加入了购买新车的行列。四是车主购车不久，却因为生意出现问题，不得已将爱车出售，以获得现金。

在经历了几年的大好形势后，二手车经销商李老板渐渐发现日子没那么好过了：新车价格较高，回收二手车的价格自然也不低，而许多新车的价格跌得也很快。随着二手车淡季的到来，不少二手车经销商在新车持续降价的压力下，只能大幅降价甩卖手中的存货。

任务：面对二手车库存量大、竞争者持续降价的形势，请你帮助李老板制定价格调整策略。

实践指导

◆ 降价不可避免。

◆ 针对以往车型的销售和保值情况，进货时要进行产品挑选和结构调整。

◆ 策划理由充分的降价促销活动。

◆ 注意不同车型的降价策略：滞销且库存量大的车型降价幅度宜大（目标是清货走量），畅销车型宜保持价格基本稳定（目标是维持利润率）。

◆ 直接降价策略与间接降价策略应灵活运用，在配置上多下功夫。

◆ 提供一些额外的增值服务，如车友会、技术讲座等。

思考练习

一、简答题

1. 常见的定价方法有哪几种？

2. 第一次制定产品价格时，企业要考虑哪些因素？

3. 常用的定价策略有哪些?

4. 竞争者对调价的反应有哪几种?

5. 企业在采用提价策略时应做好哪些工作?

二、案例分析题

案例一：北京有一家商场每逢节假日都要举办“1 元拍卖活动”，所有拍卖品均以 1 元起拍，每次加价幅度为 5 元，直至最高应价者购得拍卖品。拍卖品都是消费者需要且市价为人们所熟悉的，由于这种由商场举办的拍卖活动起拍价过低，最后拍卖品的成交价比其市场价低得多，所以会让人们产生一种“卖得越多，赔得越多”的感觉。

问题：该商场采用了什么样的定价方法和定价策略?

案例二：外资日化企业产品价格上涨主要是通过变相涨价实现的，其使产品变相涨价的方法有两种。

一种方法是换包装。通过换包装使产品变相涨价的方法有两种：一是“做减法”，把大容量的产品改为较小容量的产品，联合利华公司旗下的清扬就曾把产品容量由 200 mL 改为 175 mL。二是“做加法”，加一些新的概念、材料和元素，使产品升级换代，然后提高其价格。

另一种方法是调整对经销商的促销力度。例如，原先购买 10 瓶洗发水赠送 3 瓶，现在购买 10 瓶洗发水赠送 1 瓶，对经销商促销力度的减弱也会间接导致消费者购买价格上涨。相关人士透露，对经销商的促销力度，平均每个季度会有一次小的调整，每两个季度会有一次大的调整。

还有一个隐蔽的技巧，外资日化企业每次进行价格调整的品牌和产品都不同，以宝洁公司为例，上次是对飘柔和潘婷进行价格调整，这次就是对海飞丝和沙宣进行价格调整。价格调整频率较大和幅度较多的品牌和品类一般是销量最好的。此外，对宝洁、联合利华等外资日化企业来说，由于其旗下的品牌体系非常完整，每个品牌又都有自己较完整的价格体系，所以使这些产品涨价比较容易，也不容易被消费者和竞争者察觉。

问题：外资日化企业采用了哪些价格调整策略？这样做有什么好处?

三、技能训练

技能训练一：分析定价策略。

【训练目标】

- 提升逻辑思维能力。
- 提高团队合作能力。
- 加深对定价策略相关内容的理解。

【训练内容】

请任选一款市场中的产品，说说企业采用的定价策略。

【考核要点】

1. 考核学生的语言表达能力和表述内容的准确性。

2. 考核学生对定价策略相关内容的掌握程度。

技能训练二：定价方法练习。

【训练目标】

- 提升逻辑思维能力。
- 提高团队合作能力。
- 加深对定价方法相关内容的理解。

【训练内容】

已知某企业生产了一批保温杯，共计 12 000 件，每件产品的变动成本为 36 元，固定总成本为 45 000 元，该种产品的加成率为 15%。试用总成本加成定价法为该产品定价。

4～5 名同学为一小组进行分组讨论，然后由小组代表发言。

【考核要点】

考核学生对总成本加成定价法相关内容的掌握程度。

技能训练三：熟悉并运用定价方法和定价策略。

【训练目标】

- 提升逻辑思维能力。
- 提高语言表达能力。
- 加深对定价方法和定价策略相关内容的理解。

【训练内容】

调查某一款产品在不同销售点的价格，说一说该产品在不同销售点的售卖价格是否不同，分析其背后的原因。

【训练要点】

1. 考核学生的语言表达能力和表述内容的准确性。

2. 考核学生对定价方法和定价策略相关内容的掌握程度。

渠道策略

学习目标

知识目标：

◎ 认识分销渠道的功能和结构。

◎ 掌握渠道设计的基本方法及策略。

◎ 熟悉渠道商的选择、管理和激励知识。

◎ 了解分销渠道发生冲突的原因，掌握化解分销渠道冲突的方法。

能力目标：

◎ 能够分析企业采用的分销渠道类型。

◎ 能够根据企业产品情况及市场情况为企业设计合理的分销渠道。

案例导入

娃哈哈“联销体”渠道模式

一、“联销体”情况概述

1. 在娃哈哈构建“联销体”的46个分厂及几十家销售分公司中，没有一个分厂或者销售分公司具备独立法人资格，所有的资金、分配权利全部集中在总公司手中。

2. 娃哈哈的营销工作由总经理宗庆后一人管理，宗庆后不仅掌握了各地的特约二级中间商相关的情况，更是每年亲自到各地会见各级经销商，以了解情况、布置任务。

3. 实行返利激励和间接激励相结合的全面激励制度。娃哈哈每年会根据市场实际推出各种各样的促销政策，提供一定比例的促销费用，并派出销售人员帮助经销商维护市场。此举既可以激发经销商积极性，又保证了各层经销商的利润，因而可以做到促进销售而不扰乱整个市场的价格体系。

4. 坚持构建蛛网式销售网络。娃哈哈试图把二三级中间商和零售商发展为娃哈哈“联销体”的网络成员。

二、“联销体”渠道模式

娃哈哈的渠道结构如下所示。

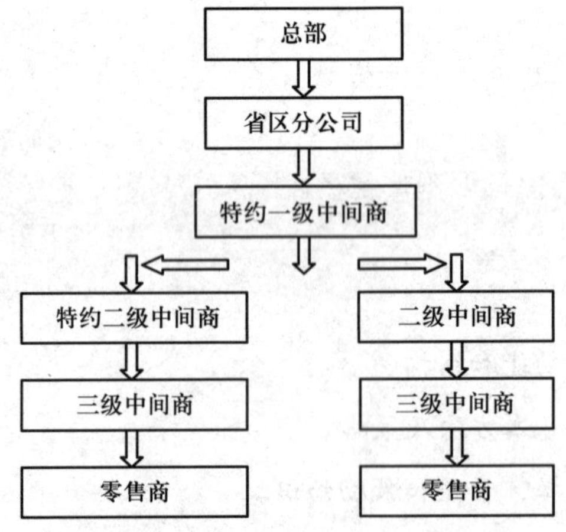

娃哈哈的渠道结构

娃哈哈渠道的运作模式是：每年年初，特约一级中间商根据各自每年经销额支付一笔预付款给娃哈哈，娃哈哈支付一定的利息，中间商只需在每次提货前，结清上一次的货款。一级中间商在自己的势力区域内发展特约二级中间商与二级中间商。特约二级中间商与二级中间商的差别是，前者需先支付一笔预付款给一级中间商以争取到更好的优惠政策。

三、“联销体”渠道通路分析

适宜的“联销体”渠道模式使娃哈哈在短时间内迅速扩大产品市场，从而使产品被及时地送到消费者手中。娃哈哈分销渠道设计采用了多渠道模式，以刺激消费者购买，扩大市场，进而提高品牌的知名度。

娃哈哈的分销渠道以间接渠道和密集型分销渠道为主。娃哈哈在31个省市中选择了1 000多家能控制一方的经销商，也就是说，娃哈哈的经销商已经遍布全国，甚至是在农村都随处可见。

案例点评

- 分销渠道决定了产品从生产者手中转移到最终消费者手中的方式，是企业重要的无形资产。设计和管理好产品的分销渠道能够为企业带来差异化的竞争优势。

第一节 分销渠道设计

案例导入

海尔集团分销渠道网络的建设，经历了由区域性网络到全国性网络，由全国性网络再到全球性网络的发展过程。

发展初期，海尔集团从依靠商场销售到店中店，再到建设自己的品牌专卖店，树立起了海尔品牌的知名度和信誉度。海尔集团根据自身产品类别多、年销量大、品牌知名度高等特点，适时进行了分销渠道整合。

海尔集团在全国范围内设立了若干个销售事业部，每一个销售事业部根据所处地理位置、经济发展状况等设立了若干家工贸公司，工贸公司设立了若干区域，每位区域业务代表具体负责相应的销售网点，以避免出现网络管理盲区。海尔集团销售网点按照性质可以划分为 5 类：大型家电连锁店、大型超市、百货公司家电部、海尔专卖店、批发商。这样的渠道结构，一方面可以使产品在终端展示的范围最大化，另一方面适中的渠道比例可以保证海尔集团在与经销商谈判的过程中有一定的谈判优势，还可以避免因渠道经销商向集团索要更多的政策支持而导致的价格混乱、网络畸形、受制于经销商等情况。随着电子商务的飞速发展，海尔集团迅速适应形势，投入资金，建立自己的电子商务网站并直接向消费者销售产品。海尔集团在国内的分销渠道网络如图 7–1–1 所示。

在海外市场，海尔集团的产品批量销往全球主要经济区域。海尔集团直接利用国外经销商完善的销售和服务网络建立分销渠道网络，极大地降低了渠道建设成本。如今，海尔集团在 31 个国家建立了分销渠道网络，共拥有近 10 000 个营销点。

此外，海尔集团面对营销环境的巨大变化，对分销渠道网络进行重新设计，销售方式从产品销售逐步向服务销售转变，分销渠道网络从多层次向扁平化转变。海尔集团通过组织良好的渠道活动，为消费者提供低成本、差异化的产品和增值服务，对有限的资源进行最大限度的合理配置，进而提高整个渠道的经营业绩，实现了海尔集团总裁张瑞敏在“流程再造”中强调的“帮助消费者成功”的目标。

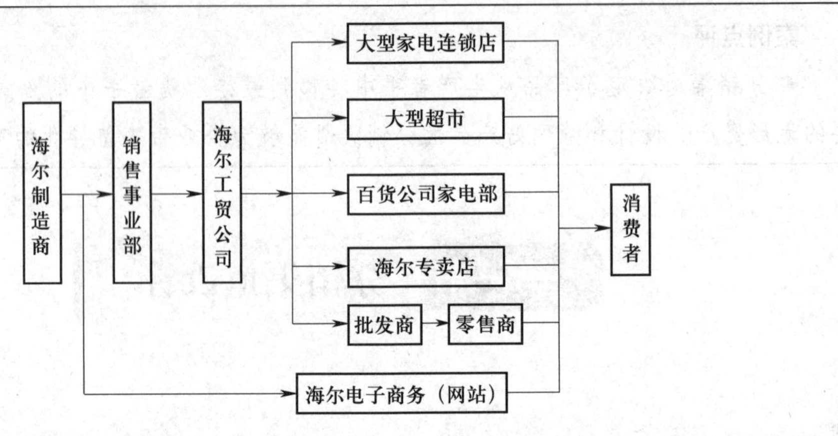

图 7-1-1　海尔集团在国内的分销渠道网络

案例点评

- 得渠道者得市场。
- 消费者越来越注重价格，分销渠道因而变得越来越短。
- 渠道企业和生产企业通常是“命运共同体”，一荣俱荣，一损俱损。

知识聚焦

生产企业都要通过一定的社会网络或代理商将产品销售给消费者，为此，就必须建立起从产品到消费者的流通路线，即分销渠道。生产企业要想设计高效、经济的分销渠道，更好地开发与选择经销商，对渠道进行日常管理，就需要制定科学的渠道策略。

渠道是整个营销系统的重要组成部分，是企业战略规划的重中之重，它对降低企业成本、提高企业竞争力具有重要意义。

一、分销渠道概述

1. 分销渠道的定义

分销渠道是指产品从生产企业向消费者或产业用户转移时，直接或间接转移所有权的路径。因此，一条分销渠道上主要有经销商和代理商（下文中它们统称为“中间商”），此外，还有作为分销渠道起点和终点的生产企业和消费者。

经销商和代理商的区别主要在于是否需要从生产企业处购买产品，取得产品所有权。经销商从生产企业处购得产品，取得产品所有权，然后销售，获得利润，自负盈亏；代理商为生产企业代理销售产品并提取佣金，并不享有产品所有权，产品所有权仍然属于生产企业。

2. 分销渠道的功能

（1）研究功能。中间商利用自己熟悉市场的优势，可以帮助生产企业收集制订计划时所必需的信息。

（2）促销功能。中间商能协助生产企业设计和传播产品信息，寻找尽可能多的目标消费者，举办促销活动，劝说和促成消费者购买产品。

（3）接洽功能。中间商能为生产企业寻找潜在消费者，并和消费者进行沟通。

（4）服务功能。中间商按照消费者的要求调整供应的产品，开展分等、分类和包装等活动，从而更好地服务消费者。

（5）谈判功能。中间商能代表消费者或者生产企业参加有关价格和其他交易条件的谈判，以促成交易双方签订最终协议，实现产品所有权转移。

（6）储运功能。中间商可以承担储存、运输、配送和安装产品等工作，减轻生产企业的压力。

（7）融资功能。中间商可以收集和分散资金，负担分销工作所需的部分费用或全部费用，甚至可为生产企业生产活动进行担保。

（8）分担风险功能。中间商能承担与渠道工作相关的全部风险，还能为企业承担部分生产活动风险。

3. 分销渠道的特征

分销渠道的长度、宽度及广度可完整地描述一个三维立体的分销渠道系统。

（1）分销渠道的长度。分销渠道的长度是指分销渠道中包含的不同等级中间商（购销环节）的数量，即渠道层级的数量。通常情况下，根据分销渠道所包含渠道层级的数量，可将分销渠道分为零级渠道、一级渠道、二级渠道和三级渠道等，如图 7–1–2 所示。在此基础上，分销渠道可分为长渠道和短渠道。

1）长渠道。长渠道是指二级渠道及以上的渠道。在实践中，超过三级的渠道一般很少见到。

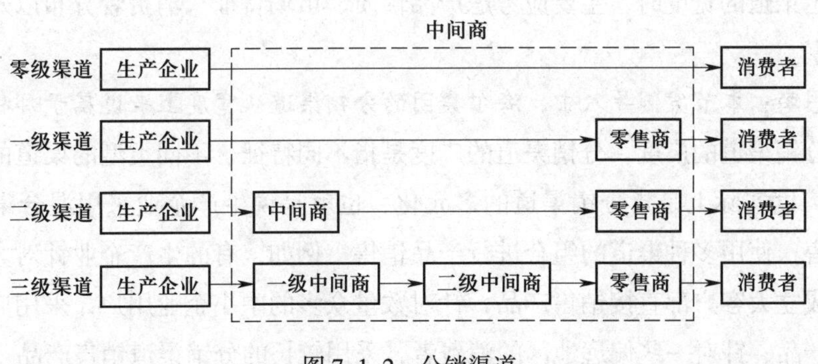

图 7–1–2 分销渠道

长渠道的优点是：渠道长、中间商分布密、触角多，产品能有效覆盖市场，能促进产品销售；能充分发挥中间商的职能，市场风险小。长渠道的缺点是：容易导致生产企业获得市场信息迟滞；生产企业、中间商、消费者之间关系复杂，不易协调；产品价格一般较高，不利于企业参与市场竞争。

2）短渠道。短渠道是指一级渠道及以下的渠道。其中，零级渠道又称直销渠道，是指没有中间商参与的一种渠道，采用这种渠道，产品或服务直接由生产企业销售给消费者。零级渠道是大型产品或贵重产品，以及技术复杂、需要提供专门服务的产品销售采用的主要渠道，如联想、IBM、惠普等公司设立的大客户部或行业客户部等销售产品就采用零级渠道。另外，戴尔公司的直销模式也是一种典型的采用零级渠道的销售模式。

短渠道的优点是：能减少流通环节，缩短产品流通时间；节省费用；产品最终价格较低；能增强产品的市场竞争力；信息传播和反馈速度快；中间环节少，生产企业和中间商较易建立直接的、密切的合作关系。短渠道的缺点是：生产企业要承担更多的商业职能，不利于生产企业集中精力做好产品生产工作。

随堂思考：本节案例导入中，海尔集团分销渠道的最长渠道和最短渠道各是什么？海尔集团的分销渠道属于长渠道还是短渠道？

（2）分销渠道的宽度。分销渠道的宽度是指各层级渠道上中间商的数量。同一层级中间商越多，渠道就越宽；反之，渠道就越窄。分销渠道按宽度可分为以下几类：

1）密集型分销渠道。它也称广泛型分销渠道，是生产企业在同一渠道层级上选用尽可能多的中间商销售产品的一种渠道类型。密集型分销渠道多用于消费品领域中的便利品的销售，如牙膏、牙刷、饮料等。

2）选择型分销渠道。它是生产企业在某一渠道层级上选择少量中间商进行产品销售的一种渠道类型。在IT产业链中，许多产品销售都采用选择型分销渠道。

3）独家分销渠道。它是在某一渠道层级上只选用一家中间商的一种渠道类型。许多贵重产品销售多选择独家分销渠道，以便于渠道管理和控制。

在确定渠道的宽度时，主要应考虑产品性质、市场特征、消费者分布以及企业分销战略等因素。

随堂思考：本节案例导入中，海尔集团的分销渠道从宽度上来说属于哪种类型？

（3）分销渠道的广度。分销渠道的广度是指不同特征、不同类型的渠道的数量。分销渠道的广度实际上是指分销渠道的多元化，也就是说生产企业采用混合渠道模式进行产品销售，使用多种渠道的组合进行产品销售。例如，有的生产企业针对大的行业用户，内部成立大客户部直接销售产品；针对数量众多的中小企业用户，采用广泛的分销渠道销售产品；针对一些偏远地区的消费者，采用较长的分销渠道销售产品。

随堂思考：本节案例导入中，海尔集团分销渠道的广度如何？

二、分销渠道设计的影响因素

1. 产品因素

（1）产品价值。一般而言，产品单价越低，分销渠道层级越多，分销渠道越长；反之，产品单价越高，分销渠道层级越少，分销渠道越短。

（2）体积与重量。体积过大或过重的产品应尽量选择短渠道销售。

（3）时尚性。式样、款式变化快的产品应多选择短渠道销售，以避免过多损失。

（4）技术性和售后服务。非标准化产品（如消费者订制的机器和专业化商业表格）由于不易找到具备该类产品知识的中间商，通常由企业推销员直接销售。技术密集型或需要经常服务与保养的产品，分销渠道要短。

（5）产品数量及分布。产品数量大，消费者分布广，生产企业就需要借助各类中间商销售产品，以扩大产品销售领域，此时，生产企业通常选择密集型分销渠道销售产品。

（6）产品生命周期。在产品生命周期的不同阶段，生产企业对分销渠道的选择是不同的。例如，处于衰退期的产品，生产企业要压缩分销渠道；而对于新产品，为了较快地将其投入市场，占领市场，生产企业应组织推销力量，直接向消费者推销或利用原有分销渠道进行展销。

（7）产品定位。产品定位高端，分销渠道宜结构简单且短，以便控制分销渠道。

随堂思考：根据本节案例导入，试分析海尔集团的产品特征对设计分销渠道的影响。

2. 市场因素

（1）潜在消费者情况。如果潜在消费者分布广，产品市场范围大，就要选择长渠道，以广为推销产品。

（2）市场的地区性。市场聚集的地区，分销渠道可以短些，甚至可采取直销方式销售产品。一般地区则宜委托中间商销售产品。

（3）消费者购买习惯。消费者对各类产品的购买习惯（如习惯价格、购买场所偏好、对服务的要求等）直接影响分销渠道的设计。

（4）产品的季节性。销售具有季节性的产品时，要充分发挥中间商的作用，应采用较长的分销渠道。

（5）竞争性产品。同类产品一般应采用同样的分销渠道，以便占领市场。

（6）产品销量的大小。如果产品一次性销量大，生产企业可以直接供货，则分销渠道短；如果产品一次性销量小，则分销渠道会长些。

案例链接

消费者对不同的消费品有不同的购买习惯，这也会影响生产企业对分销渠道的设计。消费品中的便利品（如香烟、火柴、肥皂、牙膏、大部分杂货、一般糖果、报纸、杂志等），市场需求大，消费者对便利品的购买很频繁，他们希望能随时随地买到便利品，因而特别重视购物的便利性。所以，生产企业只能通过批发商、为数众多的中小零售商把便利品卖给广大消费者。因此，便利品的分销渠道是长而宽的。消费品中的特殊品如名牌男西服、高档手表、高档酒等，消费者习惯多花时间和精力去物色，所以，特殊品的生产企业一般会通过少数几个精心挑选的零售商销售其产品，甚至在一个地区只选择一家零售商。因此，特殊品的分销渠道是短而窄的。

3. 中间商因素

设计渠道时，生产企业必须先考虑执行不同任务的中间商的经济实力、经验和能力，尽量选择综合素质高的中间商并与之合作。

另外，生产企业必须考察中间商的价值观念。任何中间商，不论是生产商、零售商还是街头小贩，如果他们在经营过程中违背社会价值准则，不仅会经营失败，还会连累渠道中的其他成员。

4. 竞争因素

一般情况下，生产企业要尽量避免和竞争者使用一样的分销渠道。如果竞争者使用和控制着传统分销渠道，生产企业就应当尽量使用其他分销渠道销售产品。另外，受消费者的购买模式的影响，某些行业的生产企业希望在与竞争者相同或相近的中间商处与之抗衡，因此不得不使用竞争者的分销渠道，此时，生产企业就必须想办法激励中间商更卖力地销售自己的产品。

随堂思考： 在实践中，海尔集团并未单独建设分销渠道，而是与竞争者共享分销渠道，这样做有什么好处？

5. 自身因素

（1）总体规模和品牌知名度。生产企业的总体规模和品牌知名度决定了其市场范围、消费者数量以及管理中间商的能力。

（2）财务能力。生产企业的财务能力决定了哪些市场营销职能可由自己履行，哪些应交由中间商履行。财务能力薄弱的生产企业，一般都采用“佣金制”分销方法，并且尽可能选择愿意且能够承担部分储存、运输以及融资等费用的中间商。

（3）产品组合情况。如果产品组合的宽度和深度大（即产品的种类、型号规格多），生产企业可能将它们直接销售给各零售商，这种产品的分销渠道往往是短而宽的；反之，如果产品组合的宽度和深度小（即产品的种类、型号规格少），生产企业只能通过代理商、经销商、大量零售商将产品卖给消费者，这种产品的分销渠道往往是长而宽的。

（4）生产企业对分销渠道的控制政策。生产企业要想控制分销渠道，就要加强销售力量，直接参与到产品的销售过程中，宜采用较短的分销渠道。但是，生产企业能否这样做，又取决于其声誉、财力、经营管理能力等。如果生产企业产品质量好，在消费者心目中信誉度高，资金雄厚，又有经营管理及销售产品的经验和能力，就可随心所欲地设计分销渠道和选择中间商，甚至可以建立自己的销售团队，而不依赖中间商，在这种情况下，产品的分销渠道是短而窄的；反之，如果生产企业财力薄弱，或者缺乏经营管理及销售产品的经验和能力，一般只能通过若干中间商销售其产品，这种情况下，产品的分销渠道是长而宽的。

随堂思考：通过查阅资料，了解海尔集团的竞争者的相关情况，分析海尔集团对分销渠道的控制能力。

（5）渠道经验。生产企业关于渠道的经验会影响分销渠道设计。例如，曾通过某种特定类型的中间商销售产品的企业，会逐渐形成渠道偏好。

（6）营销政策。现行的市场营销政策会影响企业的分销渠道设计。例如，对消费者提供快速交货服务的政策，会影响中间商的数目与存货水平、生产企业对中间商所赋予的职能以及对所采用的运输系统的要求。

6. 消费者因素

分销渠道设计深受消费者数量、地理分布、购买频率、平均购买数量以及对不同促销方式的敏感性等因素影响。当消费者数量多时，生产企业倾向于选择中间商很多的长渠道。但消费者人数的重要性又受到消费者地理分布的修正，而消费者的购买方式又修正消费者人数及其地理分布的影响。如果消费者经常小批量购买产品，生产企业则需采用较长的分销渠道。此外，消费者对不同促销方式的敏感性也会影响生产企业分销渠道设计，例如，越来越多的家具零售商喜欢在产品展销会上订购产品，因此这种渠道迅速发展。

7. 环境因素

（1）经济环境。经济萧条时，生产企业都希望采用能使消费者以低价购买产品的方法将产品送到市场，因此常采用较短的分销渠道；反之，经济繁荣，市场需求也旺盛，生产企业就希望多借助中间商的力量来提供服务。

（2）技术环境。随着网络信息技术、物联网等的发展，分销渠道呈现出越来越扁平化的趋势，生产企业必须充分适应这一环境变化。

三、分销渠道设计

分销渠道设计是指为实现分销目标，对各种备选渠道结构进行评估和选择，从而开发新型分销渠道或改进现有分销渠道的过程。

分销渠道设计的步骤一般包括分析渠道服务产出水平、确定渠道目标、确定渠道结构方案、规定渠道成员的权利和责任、评估渠道结构方案。

1. 分析渠道服务产出水平

渠道服务产出水平是指分销渠道为消费者购买产品提供便利和服务的程度。影响渠道服务产出水平的因素有以下几种：

（1）购买批量，即消费者每次购买产品的数量。

（2）等候时间，即从消费者订货或现场决定购买产品到消费者拿到产品的平均等待时间。

（3）便利程度，即分销渠道为消费者购买产品提供方便的程度。

（4）选择范围，即分销渠道提供给消费者的产品的花色、品种、数量等。

（5）售后服务，即分销渠道为消费者提供的各种附加服务，包括信贷、送货、安装、维修等。

2. 确定渠道目标

分销渠道设计的中心环节是确定产品到达目标市场的最佳途径。渠道目标应包括企业预期达到的消费者服务水平（何时、何处、如何为目标消费者提供产品和服务）以及中间商应履行的职能。无论是创建分销渠道，还是对原有分销渠道进行改进，分销渠道设计者都必须将生产企业的渠道目标明确地列出来。

3. 确定渠道结构方案

有效的分销渠道设计应该以确定生产企业要进入的市场为出发点，没有任何一种渠道适合所有生产企业、所有产品，即使产品性质相近，甚至是同一种产品，有时也不得不采用截然不同的分销渠道。确定渠道结构方案时，往往要遵循以下步骤：

（1）分析影响渠道结构的主要因素。

（2）确定渠道类型。明确生产企业的渠道目标和渠道结构的主要影响因素后，就要决定选择什么类型的分销渠道，是派推销员上门推销或以其他方式自销，还是通过中间商分销。如果选择中间商分销，还要进一步确定中间商的类型和规模。

（3）设计渠道结构方案。渠道类型确定后，生产企业就可以设计几种渠道结构方案以备选择。渠道结构方案应包括三方面的要素，即分销渠道的长度、宽度和广度，此外，还要确定中间商的类型。

（4）确定中间商的选择条件、规模和数量。

4. 规定渠道成员的权利和责任

在确定分销渠道的长度和宽度之后，生产企业还要规定与中间商彼此之间的权利和责任，如对不同地区、不同类型的中间商给予不同的价格折扣，提供质量保证和跌价保证，以促使中间商积极进货；同时，生产企业还要规定交货和结算条件，规定彼此为对方提供服务的内容，如生产企业提供零配件，代培技术人员，协助促销；中间商提供市场信息和各种业务统计资料。

随堂思考：查阅相关资料，说一说海尔集团产品的保修责任在中间商和生产企业之间是如何划分的？

5. 评估渠道结构方案

评估渠道结构方案的任务是从备选渠道结构方案中选出最符合生产企业长期营销目标的渠道结构方案。因此，必须运用一些指标对渠道结构方案进行全面评估，常用的指标有经济性、可控制性和适应性。

（1）经济性。生产企业的最终目的在于获取最佳的经济效益，因此，经济性是最重要的指标。在渠道结构方案评估中，应该先将采用分销渠道可能增加的销售收入同采用这一分销渠道所需要付出的成本进行比较，以评估渠道结构方案的合理性。

（2）可控制性。生产企业对分销渠道进行设计和选择时，不仅应考虑经济效益，而且应考虑生产企业能否对分销渠道进行有效控制。因为分销渠道稳定对生产企业维持市场份额、实现长远目标是至关重要的。在其他条件相同的情况下，生产企业应尽可能掌握对分销渠道控制的主动性。但是，对分销渠道的控制讲究适度原则，应将控制的必要性与控制成本相比较，以求达到最佳的控制效果。

（3）适应性。市场需求和市场形势的不断变化，要求生产企业的分销渠道在地区、时间、中间商等方面有较好的适应能力。

企业实践

背景资料

国内某著名白色家电企业旗下拥有多个分品牌和多条产品线，其营销副总经理希望对现有分销渠道进行改进，以取得竞争优势。营销部最终制定了以下几种适合分品牌、分渠道操作的渠道结构方案：

1. 区域代理与直营零售相结合的渠道模式

采取区域代理与直营零售相结合的渠道模式，以达到密集型分销和网络分销最大化的目的，并以此进行分品牌、分渠道的渠道结构设计，以便更直观地反映分品牌、分渠道操作的特点。区域代理与直营零售相结合的渠道模式如图 7–1–3 所示。

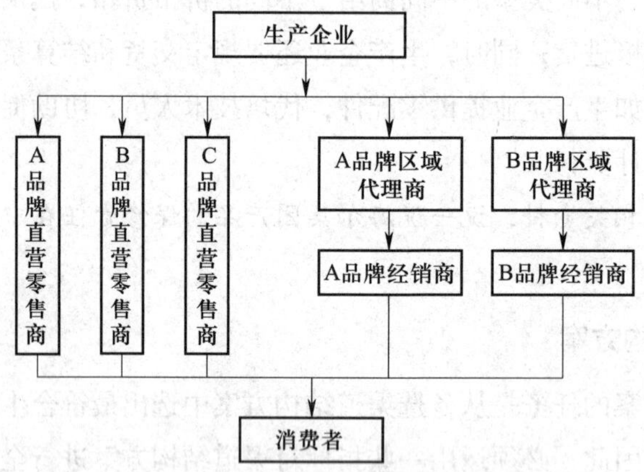

图 7–1–3　区域代理与直营零售相结合的渠道模式

2. 厂商合作联营销售公司的渠道模式

这种渠道模式是生产企业和商家分别控股、共担风险、共享利益，合作方是当地最主要的大商家，与生产企业利益相关，他们联营共建的销售公司具有排他性。这种渠道模式的优势在于营销成本低，产品价格稳定，二级、三级市场分销率高，在本品牌的弱势市场及市场开拓初期市场分销效率高。这种渠道模式的劣势在于生产企业对销售公司控制的难度大，不利于品牌提升，生产企业难于掌握市场动态信息。厂商合作联营销售公司的渠道模式如图 7–1–4 所示。

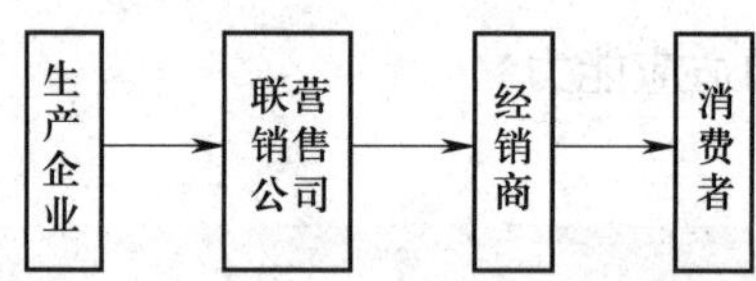

图 7–1–4　厂商合作联营销售公司的渠道模式

3. 特许专卖、直营零售与区域代理相结合的渠道模式

特许专卖、直营零售与区域代理相结合的渠道模式具有能直接控制终端、在大商场中开设店中店、直营零售网点多等特征。该渠道模式的优势在于有利于品牌形象提升，信息反馈快，管理规范；劣势在于当地中间商之间容易发生冲突，中间商利润率低，营销成本高。特许专卖、直营零售与区域代理相结合的渠道模式如图 7–1–5 所示。

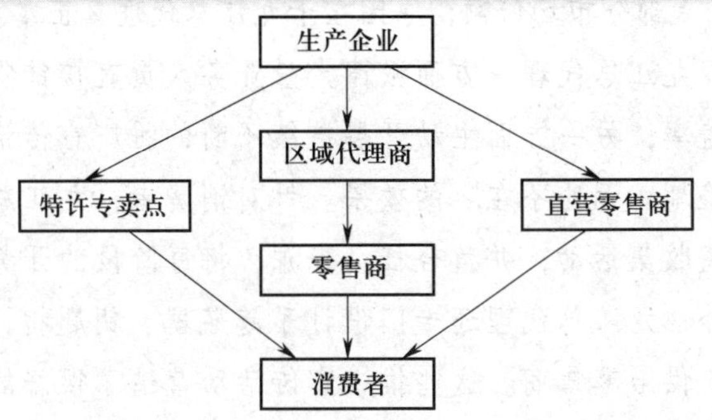

图 7-1-5 特许专卖、直营零售与区域代理相结合的渠道模式

任务： 4 ~ 5 名同学为一小组，评估这三种渠道结构方案哪种最佳。

实践指导

◆ 最佳的渠道结构应该在最低成本基础上，各中间商能保证有效地完成各项分销任务。

◆ 最佳的渠道结构，渠道目标应该与生产企业目标完全一致。

◆ 生产企业产品线丰富，拥有多个品牌，应追求广阔的市场覆盖面。

◆ 从生产企业实际情况来看，分销渠道宽度应较大。这样，生产企业才能对市场更了解，产品价格才更具有竞争力，对消费者服务才能更及时。

◆ 从生产企业实际情况来看，分销渠道应有较大的广度。这样可以弥补单一渠道形式的不足，提高产品市场覆盖率，从而更好地满足消费者的需求；同时，还可以防止生产企业受制于中间商，能降低生产企业销售风险。

◆ 与中间商的关系实现从交易型关系向伙伴型关系的转变，与渠道内各中间商保持和发展密切的、固定的合作关系，最终实现双赢乃至多赢。

第二节 分销渠道管理

案例导入

湖南某啤酒企业在湖南及周边省份有一定的知名度，属于国内啤酒行业的二线品牌，其九江地区总代理商（以下简称九江总代理）销售业绩在全部地区级代理商销售业绩评比中连续 5 年排名第一。而九江市场有多达 15 个啤酒品牌，但该啤酒品牌在当地强势占据了大部分市场份额，原因在于九江总代理真正掌控了分销渠道。

在产品导入期，九江总代理一方面派遣大量业务人员直接铺货使产品进入零售终端，追求市场覆盖率；另一方面主动开展持续不断的推广宣传活动，用他们的话说就是达到“铺天盖地、无处不在”的效果。针对消费者，九江总代理独具特色地开展了十二生肖有奖收集活动，并整合社会资源，将每阶段的开奖活动植入当地的电视新闻之中。此外，九江总代理还专门设计了起瓶器、钥匙扣、玻璃杯、烟灰缸等助销宣传品，并提供给零售商。这些推广宣传活动营造了很好的市场氛围，拉动了产品的销售。

之后，九江总代理分市场区域考察分销商，考察分销商的标准除了经营面积、经济实力和市场能力等硬性指标之外，还包括其经营历史、合作意愿、战略规划、信誉和老板的口碑。分销商向九江总代理指定的零售商供货，九江总代理业务人员协助分销商开发和维护零售商，并监控渠道运作。九江总代理给予零售商和分销商同样的供货价格，并制定统一的产品零售价格。

渠道冲突大多是指几种分销渠道在同一市场内争夺同一消费者群而引起的利益冲突。而九江总代理的销售区域从没发生过渠道冲突，正是因为其在当地具有强大的影响力和号召力，才掌控了自己的分销渠道。

九江总代理除了对分销商的实际进货量、计划任务完成率进行考核外，每月还会对分销商的价格执行情况、定向配送规范性、零售终端投诉情况等进行考核，每季度、每年度根据考核结果以返利的形式对分销商进行奖励。对于零售商，由于规范了产品零售价格，保证了其合理的利润空间，也就避免了零售商之间的恶性竞争。

九江总代理所采用的是比较规范的分销联合体渠道模式，与下级分销商建立长期的战略合作关系，由“让分销商赚钱”转变到“帮分销商赚钱”。

在激励方面，九江总代理力求提升分销商、零售商的销售积极性，分阶段制定刺激性的激励政策。如针对分销商实施车辆赠送激励政策；针对零售商采取积分兑实物奖励政策等。但是，激励政策的实施也是建立在月度系统考核的基础上的。

案例点睛

- 突破渠道“最后一公里”，得终端者得渠道。
- 让分销商从“坐商”转为“行商”的根本途径是帮助分销商赚钱。
- 既要保持分销商的活力，又要防止分销商之间相互“残杀”。

知识聚焦

一、分销渠道日常管理

1. 甄选中间商

（1）自我评估。选择中间商前，生产企业要对自身综合实力，营销战略和产品组合的广度、宽度、长度、相关度，产品定位，目标消费者群体等各种综合因素以及企业所拥有的资源进行分析评估。

（2）根据空间战略圈定中间商范围。通过查阅工具书、观看媒体广告、走访专业性批发市场、到卖场调查、请同行或朋友介绍、向广告公司咨询、刊登招商广告、举办产品展示会或订货会等方式寻找中间商。

（3）掌握行业中间商基本情况。考察中间商的内容包括中间商的发展历程、工商及税务情况；中间商的公司负责人的性格、兴趣爱好、学历背景、家庭情况等，中间商的公司结构、员工满意度、经销产品结构、和其他公司的合作模式及合作效果以及诚信度等。

（4）确定评估中间商的指标体系。评估中间商的指标主要应包括经销商的市场能力、营销理念、合作意愿、行销意识、市场覆盖范围、销售网络、管理能力、声誉、历史经验、产品组合情况、财务状况、促销能力等。

（5）制定各指标体系权重，计算各中间商得分。

（6）根据得分选择中间商。

随堂思考：本节案例导入中，九江总代理是如何选择分销商的？

2. 加强渠道成员间的沟通

沟通是保证渠道畅通的重要条件。因此，促成渠道成员之间相互理解、相互信赖乃至紧密合作，是分销渠道管理的一个重要方面。沟通可以分为信息沟通和人际沟通两种形式。

（1）信息沟通。及时有效的信息沟通是企业成功经营的基础，因此生产企业一定要建立相关的信息沟通机制，及时向中间商传递消费者信息、产品信息、价格信息、技术信息、环境信息、竞争者信息等。为此，生产企业必须建立有效的分销渠道信息系统，以实现渠道成员间信息共享。

（2）人际沟通。在实际经营过程中，生产企业往往对经销商不满，究其原因是生产企业仅站在自己的角度看问题。生产企业要理解经销商，经销商是独立的经营者，而不是企业的雇员。经销商有自己的经营目标和经营政策，关心所有产品的销售，而不会把注意力只放在一种产品上。经销商首先是消费者的采购代理人，然后才是企业的销售代理人，除非有很大的物质奖励，否则经销商一般不会专门为生产企业做销售记录。了解经销商的这些特点，有助于渠道成员间相互理解、相互合作，保持渠道畅通。

3. 渠道激励

渠道激励是指生产企业对中间商进行鼓励、调动其热情和积极性的行为。

产品从生产企业发出，经过一级中间商、二级中间商、零售商，最终到达消费者手中。在这个流程中，生产企业得到中间商的支持越多，产品到达消费者手中的机会也越多。因此，虽然生产企业希望把钱花在消费者身上，但越来越强大的渠道控制能力使中间商有底气要求更多的奖励和资金支持。因此，为了得到渠道上每个层级中间商的积极响应与支持配合，生产企业应与中间商进行策略性乃至战略性的合作。

（1）对一级中间商进行促销激励。

1）年销售目标奖励。一级中间商包括总代理商、总经销商等。生产企业可事先设定一个销售目标，如果一级中间商在规定时间内达到目标，则按事先约定给予奖励。为充分激励经销能力不同的一级中间商，可分设不同等级的销售目标，奖励额度随销售目标增高而逐渐递增，以使一级中间商向更高销售目标冲刺。

奖励最主要的形式是折扣和现金红包，也可以是其他有吸引力的奖品（如高端旅游等），此外，还可为一级中间商提供实用性的奖励（如货车、计算机、管理软件、人员培训等）。

案例链接

某啤酒企业规定：啤酒中间商全年销售产品达到10万箱，在年底结算货款的基础上，给予其实际产品销量的3%作为奖励；销售产品达到15万箱并全部结清货款，则给予产品销量的4%作为奖励；销售产品不足10万箱者不给予奖励。

另一啤酒企业规定：啤酒中间商全年销售产品超过15万箱，提供赴德国考察的机会；全年销售产品超过30万箱，提供参加南美啤酒节的机会。这些出国考察机会既对中间商的经营管理人员具有吸引力，又能使中间商老板得到开拓事业的学习机会，在某一时期内，比纯物质的奖励更受欢迎。

2）阶段性促销奖励。为了提高某一段时间内产品的销量或实现特定销售目标，生产企业也会实行阶段性促销奖励制度。例如，在销售淡季为刺激中间商进货，给予一定的优惠奖励；或在销售旺季来临之前采取这种促销方式，以获得最大的市场份额。

（2）对二级中间商进行促销激励。实力强的生产企业除了对一级中间商进行促销奖励外，还对二级中间商进行短期的阶段性促销奖励，以加速产品流通，提高二级中间商的分销能力。

为避免阶段性促销可能带来的混乱，生产企业设置奖励考核指标应尽量立足于产品“实际销量”，在活动开始前应对各二级中间商的库存量进行盘点，其活动期间产品实际销量的计算方法为：活动开始前库存量加活动期间的进货量，然后减去活动结束时的库存量。此外，还要预防中间商以低价将产品抛售到未开展促销活动的市场上的行为（窜货）。

案例链接

某饮料企业在广州市场曾与其二级中间商签订奖励合约，凡在规定时间内产品实际销量达到目标，并拥有50家固定的零售网点，即可获得相应价值的奖品。这一策略使其产品以较快的速度铺到了零售终端。当然，这样做也加大了二级中间商之间的竞争力度。

（3）对零售商进行促销激励。除了要提高各级中间商的积极性，还应该激励零售商，提高他们进货、销货的积极性。如提供一定数额的产品进场费、货架费、堆箱陈列费、POP张贴费、人员促销费、店庆赞助、年终返利等。

为了吸引消费者注意，生产企业还应想办法激励零售终端的服务人员、营业员、推销员主动推荐和推销产品，以提高消费者购买的可能性。

另外，有计划地把促销产品直接分配给每个零售商，一方面可将产品直接下放到零售终端，另一方面可人为营造产品数量有限的促销气氛。

案例链接

某啤酒企业于2013年11月1日到12月31日开展了针对酒店服务人员的促销奖励活动，只要服务人员向消费者推荐并售出了该品牌啤酒，就可凭收集的瓶盖兑换奖品。如20个瓶盖可兑换价值5元的超市购物券一张，瓶盖越多，服务人员得到的奖励越多。该活动很受酒店服务人员欢迎，但是，该活动最大的弊端是：活动一停，产品销量就下降。

（4）激励中间商配合开展对消费者的促销活动。如果不开展针对消费者的促销活动，生产企业在渠道上投入力度再大恐怕也难有成效，中间商可能会要求生产企业多做广告，甚至以广告投放量作为标准来决定是否经销其产品，这给新品牌的市场导入带来了很大困难。

不少大型零售商场对缺乏知名度的品牌并不欢迎，即使生产企业肯付进场费，大型零售商场也未必同意该品牌进驻。生产企业与零售商场交易谈判不仅耗费时间，还可能会打乱自己原定的产品上市计划，使自己处于极为被动的局面。

事实上，除非竞争对手不是很强大，而且生产企业有足够多的营销费用用于开展直销，否则，生产企业针对消费者的促销活动仍需要渠道成员的配合。

（5）渠道激励的方式。

1）目标激励。这是最基本的渠道激励方式。生产企业每年都会给中间商制定（或协商制定）一个年度目标，包括销售目标、费用目标、市场占有目标等，实现目标的中间商将会获得相应的利益或奖励。所以，年度目标对中间商来说，既是一种挑战，也是一种内在动力。生产企业要想制定科学合理的渠道目标，必须考虑目标的明确性、可衡量性、挑战性、激励性、可实现性等。

2）渠道奖励。这是生产企业对中间商最直接的激励方式。渠道奖励包括物质奖励和精神奖励两方面。其中，物质奖励主要体现为价格优惠、渠道费用支持、年终返利、广告促销、实物馈赠等，实际上就是“让利”，这是渠道激励的基础手段。而精神奖励的作用也不可低估，精神奖励包括评优评奖、竞赛、经验介绍、培训、旅游、助销、决策参与权等，它能满足中间商成长和被尊重的需要。

3）工作设计。这是比较高级的激励方式，是指生产企业合理划分渠道成员的经营区域（或渠道领域），授予独家（或特约）经营权，合理分配经营产品的品类，恰当确立各中间商的角色和地位，生产企业和中间商互相尊重，平等互利，建立合作伙伴关系，实现共进双赢。

随堂思考：本节案例导入中，九江总代理是如何激励中间商的？

4. 渠道控制

渠道控制主要包括以下内容：

（1）做好进销存管理工作。即对中间商的销售额、销售增长率、销售目标进行详尽的统计整理，这既可以作为考核中间商业务能力的指标，也可以作为制定奖惩政策的依据。

（2）渠道长度控制。生产企业应尽可能减少产品销售的中间环节，必要时可采取直销方式，减少产品在流通过程中停留的时间和费用，提高渠道效率。

（3）成本控制。生产企业要对渠道进行成本效益分析，尽可能降低渠道成本，提高渠道的经济效益。

（4）人员控制。任何一种渠道，对销售人员的素质都要有一定的要求，销售人员的招聘、培训、考核、激励、监督等管理工作是渠道控制的主要内容。

（5）区域控制。生产企业在选择分销渠道时，必须在分销协议中明确规定中间商的销售区域，并要求各中间商严格执行规定，否则就容易出现因经销商跨地区销售而引起渠道冲突，最终导致经销商队伍涣散，使整个销售网络处于极不稳定状态的现象。

（6）价格控制。中间商为了争夺市场，往往采取低价竞争的方式，这种以低价为特征的恶性竞争的结果是使渠道成员元气大伤，最终脱离原来的业务，所以，生产企业对产品价格控制是其渠道控制的主要内容之一。

（7）物流控制。随着产品销量的增加，物流周转是渠道控制的主要内容。首先，生产企业要考虑产品的运输问题，要善于利用运输公司的物流网络节省费用；其次，要考虑周转仓库的设置，与中间商合作建立周转仓库是很好的办法；最后，要考虑建立及完善产品配送中心，健全的信息管理系统是产品配送中心良性运行的关键。

随堂思考：本节案例导入中，九江总代理是如何控制渠道的？

二、分销渠道冲突管理

1. 分销渠道冲突的类型

（1）水平渠道冲突。水平渠道冲突是指同一渠道模式中，同一层次中间商之间的冲突。在生产企业开拓了一定的目标市场后，中间商为了获取更多的利益必然要争取更多的市场份额，在目标市场上展开“圈地行动”。如果生产企业没有对目标市场中间商的分管区域进行合理规划，或虽有规划但监督执行不力，中间商容易为各自的利益而互相倾轧，最终导致恶性竞争。

（2）垂直渠道冲突。垂直渠道冲突也称渠道上下游冲突，它是指在同一渠道中不同层次中间商之间的冲突，这种冲突比水平渠道冲突更常见。

（3）不同渠道间的冲突。随着消费者细分市场和可利用渠道的不断增加，越来越多的生产企业采用多渠道营销系统进行分销。不同渠道间的冲突是指生产企业建立多渠道营销系统后，不同渠道的中间商服务同一目标市场时所产生的冲突。

2. 分销渠道冲突产生的原因

分销渠道冲突产生的原因有很多，归纳起来主要如下：

（1）渠道成员间的利益争夺。生产企业与中间商之间、中间商与中间商之间的利益难以调和时便会发生激烈冲突。例如，生产企业常抱怨分销商的产品销售价格过高或过低，影响其产品形象；分销商则抱怨生产企业提供的折扣过低而无利可图。又如，生产企业认为自己的利润空间太低，因而提高产品出厂价，但对零售价格却严格限制，导致下游中间商不满。

（2）渠道成员间目标不同。很多时候，生产企业与中间商有不同的目标，例如，生产企业希望占有更大的市场，获得更多的销售额及利润；但大多数零售商，尤其是小型零售商，只希望在本地市场上维持一种舒适的状态，即当销售额及利润达到满意的水平时，就满足于现状。又如，生产企业希望中间商只销售自己的产品，但中间商只要有销路就不在乎销售哪种品牌的产品；生产企业希望中间商将折扣优惠让给消费者，而中间商却只愿将折扣优惠留给自己；生产企业希望中间商为其品牌做广告，中间商则要求生产企业负担广告费用等。

（3）渠道成员的责任和权利不明确。生产企业销售政策较混乱、销售区域无明确界定、销售信贷等方面的责任和权利模糊和混乱、渠道成员市场知觉有差异等均会导致诸多冲突。例如，各级经销商越界销售；生产企业的销售团队向大客户供货，同时它的授权经销商也向大客户推销等。

（4）渠道成员中出现强势方。一方面，上游中间商制定政策时独断专行，只从自身利益出发，而根本不让下游中间商参与；另一方面，当下游中间商的实力增强以后，不甘心目前所处的地位，希望在渠道系统中获得更大的权利，违反政策而向上游中间商发起挑战。以上情况都可能使渠道成员之间的关系因缺乏沟通而趋于紧张。

（5）同级中间商之间竞争过度。例如，某一地区经营 A 企业产品的中间商，认为同一地区经营 A 企业产品的另一家中间商在定价、促销和售后服务等方面竞争过度，抢了自己的客户，因而采取更激烈的手段进行竞争。

3. 分销渠道产生冲突的利弊

生产企业与生产企业、生产企业与中间商、中间商与中间商之间，甚至生产企业与其直销办事处之间的冲突是不可避免的。但凡事都有利有弊，具体包括以下几点：

（1）冲突可能带来一种新的分销渠道模式，它能取代旧的分销渠道模式，从长远来看，这种创新对消费者是有利的。

（2）完全没有渠道冲突的生产企业，其渠道覆盖与市场开拓肯定有瑕疵。

（3）渠道冲突的激烈程度还可以成为判断冲突双方实力及生产企业产品热销程度的依据。

（4）激烈的冲突可能导致中间商人心涣散、内耗加剧、效率低下，严重者甚至可能导致中间商与生产企业分道扬镳。

4. 分销渠道冲突解决的办法

（1）目标管理。生产企业面对竞争者时，树立超级目标是团结渠道各成员的根本方法。树立超级目标的目的是激励渠道成员共同努力，以实现单个成员所不能实现的目标，从而实现多赢。超级目标的内容包括渠道生存、市场份额、高品质和消费者满意度。一般只有当渠道一直受到威胁时，共同实现超级目标才会有助于冲突的解决，生产企业才有必要树立超级目标。

（2）劝说。通过劝说解决冲突其实就是生产企业充分利用领导力。从本质上来说，劝说是为存在冲突的渠道成员提供沟通机会，也是为了减少职能划分引起的冲突。既然渠道各成员已通过超级目标结成利益共同体，劝说可帮助渠道成员解决各自的有关销售区域、职能和对目标消费者理解不同的问题。劝说的重要性在于它能使渠道各成员履行自己曾经做出的关于超级目标的承诺。

（3）协商谈判。谈判的目的在于处理渠道成员间的冲突。妥协也许会避免冲突爆发，但只要压力继续存在，冲突终究会产生。其实，谈判是渠道成员寻求各方利益最大化的一个过程。在谈判过程中，每个渠道成员会放弃一些东西以避免冲突发生，但谈判或劝说的成败要看渠道成员的沟通能力。事实上，用上述方法解决冲突时，需要每一个渠道成员都具备独立的战略思维与沟通技巧，这样才能确保冲突化解。

（4）仲裁或诉讼。冲突有时要通过法院或仲裁机构来解决，诉诸法律也是借助外力来解决问题的方法。采用这种方法也意味着生产企业的领导力不起作用，即谈判、劝说等方法已没有效果。

（5）撤销或退出。解决冲突的最后一种方法就是撤销或退出该分销渠道。事实上，撤销或退出某一分销渠道是一个重大决定，从现有分销渠道中退出可能意味着中断与某个或某些渠道成员的合作关系，企图退出分销渠道的成员可能要承担较大的经济压力，要三思而后行，只有在水平性或垂直性冲突不可调和的情况下才可选择此方法。

三、分销渠道窜货管理

1. 窜货的定义及类型

窜货是指未经生产企业允许，分销渠道中间商私自将产品转移至非协议销售区进行跨区域销售的营销现象。

根据窜货的性质，可将窜货划为以下三种类型：

（1）恶性窜货。即中间商为牟取非正常利润，蓄意向非协议销售区倾销产品。

（2）自然性窜货。它一般发生在销售区域邻界处或物流过程中，非中间商恶意所为。

（3）良性窜货。生产企业所选择的中间商流通性很强，使生产企业产品流向非重要经营区域或空白市场。

根据窜货的表现，可将窜货划为以下三种类型：

（1）中间商之间窜货。

（2）经销商与生产企业直销大客户之间窜货。

（3）经销商将假冒伪劣产品与正品混同销售，掠夺合法产品的市场份额；或者直接以低于市场价的价格进行倾销，获取非正常利益。这种行为打击了其他经销商对品牌的信心，是最恶劣的窜货行为。

2. 窜货的原因

窜货产生的原因较多，归纳起来主要有以下几种情况：

（1）价格差异。

1）地区间产品价差太大，导致低价区中间商向高价区出货。

2）季节价差太大，导致一些中间商在淡季囤货，在旺季出售产品。

3）调价前后价差大，产品价格变动前信息控制不严，造成一些中间商囤货，等产品涨价后再低价出货以牟利。

4）不同中间商间价差大，大经销商产品销量大，因此可以以更低的价格购买产品，然后以低于市场价的价格出货。

5）促销政策导致的价差大，有些生产企业的促销政策看似公平，但对不同市场促销返利政策不一样，这导致了实际上的产品价差，使中间商有价格操作空间。

（2）销售管理政策不合理。

1）年销售任务目标过高，中间商和生产企业自身的区域销售经理和推销员都感到完不成任务，便一起窜货，甚至贴现窜货。

2）年终为了完成销售任务、提高个人业绩，区域销售经理要求中间商压货，并以其他促销支持（变相降价）为条件，致使中间商在下一年无奈窜货。

3）奖励制度设置不合理，奖励随任务量以几何级数增加时，中间商为获得奖励而窜货。

4）年终返利太高，使中间商为了年终的高额返利大肆窜货。

5）奖励中间商同类货物，中间商将奖励货物以低价出售，套取现金。

6）销售区销货不畅，造成产品积压，生产企业又不予退货，中间商只好将产品拿到畅销市场销售。

（3）代理商、经销商和推销员缺乏职业素养。

1）代理商、经销商和推销员不讲信誉，只顾自身利益，缺乏职业道德，为了不费力气获取利润，不惜降低出货价，将产品销往异地（尤其是销量大、终端促销做得好的地区）。

2）换货。代理商把广告多、走货量大的品种当成带货品种，将其代理的几种产品组成套装换取另外一个地区的其他产品套装。

3）经销商遇到资金困难或面临困境时，故意低价窜货，以获得现金。

4）代理商、经销商和推销员以低价窜货扰乱市场，目的是恶意破坏竞争者市场。

3. 窜货的利弊

在市场开拓初期，良性窜货对生产企业是有益的。一方面，在空白市场上生产企业无须投入就可提高知名度；另一方面，生产企业不但可以增加销量，而且可以节省运输成本。但是在具体操作中生产企业应注意，由于由此而形成的空白市场上的渠道价格体系处于自然形态，所以生产企业在重点经营该市场区域时应对其进行重新整合。在市场稳定期，良性窜货容易成为恶性窜货的借口。

自然性窜货在市场上是很难完全避免的，只要有市场分割就会有自然性窜货。这种形式的窜货，如果窜货量不大，对该区域的渠道价格体系影响可控，且对活跃市场有一定的帮助；如果窜货量大，就会发展为恶性窜货。

恶性窜货给生产企业造成的危害是巨大的，它会扰乱生产企业整个分销渠道的价格体系，影响生产企业对渠道的控制和生产企业的形象；极易引发价格战，降低渠道利润；使经销商对产品失去信心，丧失积极性并最终放弃经销该生产企业的产品；混乱的价格将导致生产企业的产品、品牌失去消费者的信任与支持。

4. 窜货控制

（1）树立先进的管理理念。生产企业应该和中间商之间结成“命运共同体”，建立长期的、彼此信任的、互利的战略伙伴关系，取长补短，信息共享，风险共担，互利互惠。为此生产企业应该做到以下几点：

1）满足消费者需求，以消费者为导向，服务至上。

2）对分销渠道进行扁平化设计。

3）创造“诚信、忠诚、双赢”的合作文化。

4）实行制度化管理，公平公正，对所有中间商一视同仁。

5）做好中间商的调查工作，注重中间商的口碑，及时处理合作中的问题。

（2）建立严密分销政策体系。分销政策既是中间商获取利益的依据，又是中间商的行为规则。生产企业与中间商要通过年度销售协议和购货合同约定销售行为，明确产品购销价格、销售范围、窜货处罚政策等。为了防止窜货，生产企业必须与中间商约定如下条款：

1）中间商不得随意更改产品分销价格或采用其他方式降低产品价格。

2）分销的返利方式，宜采用年终返利而非一次性返利，宜多采用给予赠品、其他物品及精神奖励等方式返利而少采用直接价格让利的方式返利。

3）明确对中间商窜货的处罚政策，一级中间商需要负连带责任。

4）应按照生产企业的要求进行促销，不得私自改变促销方式。

5）一级中间商提供真实的产品流向，二级中间商销售产品流向要清晰。

6）签订生产企业、一级中间商、二级中间商三方协议，明确生产企业与中间商在窜货上的管理责任。

7）二级中间商的促销政策最好由生产企业直接制定，而不是由一级中间商制定。

8）建立终端的定期巡查制度。

9）明确窜货的认定机制，制定窜货处罚政策。

10）建立合理的退货机制，生产企业不能只负责发货，而不解决退货的问题。

（3）设计科学的价格体系。过大的价差是导致窜货的根源，生产企业在设计供货价格体系时，最主要的是合理设计各级中间商进货的价差。通常遵循的原则有以下几个：

1）渠道层级从上到下，价差依层级递增而增加，即越是接近渠道终端的中间商对价差的要求越高。

2）层级之间的进货价差要符合行业的通行标准。

3）不同批量进货的价差和回款时间不同的价差不宜过大。

4）产品属性和生命周期不同，产品价差大小不同。

（4）规范促销政策。生产企业在采用直接价格让利、给予赠品、年终返利、提供市场促销费用等多种形式进行促销时，要考虑周全，在促销中需要防范下列行为：

1）直接价格让利过大，区域价格不平衡会导致中间商向非协议销售区供货。

2）一级中间商将价格直接放给二级中间商，但只销售不管理，二级中间商不专心于直销，而只愿意进行货物调拨。

3）赠品过多，会导致中间商产品库存增加，中间商折价进行甩货。

4）中间商将返利折成进货价格，调低二级中间商的分销价格。

5）中间商将市场促销费不用于开展市场活动，而是将其折成价格促销。

（5）设定科学的销售目标。生产企业在设定年度销售目标时，通常会按照任务目标的高低制定阶梯式返利政策，中间商销售任务完成得越好，返利就越高。为了获取高额返利和向生产企业证明自己的销售实力，中间商或推销员往往不择手段，如通过窜货来达到目标。所以，生产企业设定销售目标时要做好以下工作：

1）生产企业要对市场有充分的了解，不能只听中间商一面之词。

2）生产企业在设定目标时不能冒进，强制给中间商设定任务目标。

3）目标设定后不代表能够完成，生产企业和中间商都要重视目标的实现过程。

4）生产企业应在年终对中间商的销售业绩进行分析，并重新调整销售目标。

（6）重视激励引导与过程管理。要做好窜货管理工作，生产企业应重视“引导”和“预防”的作用，重视过程管理。为此，生产企业应做好以下几点：

1）制定合理的激励政策，年终返利幅度不宜大于正常销售利润。

2）多以铺货率、安全库存、遵守区域销售协议、专销（不销竞品）、积极配送和守约付款等为指标返利，少用销量为指标返利。

案例链接

某食品企业的返利政策如下：

1. 中间商完全按相关的价格制度进行销售，返利 1%。
2. 中间商超额完成销售目标，返利 1%。
3. 中间商没有跨区域销售，返利 1%。
4. 中间商较好地执行市场推广与促销计划，返利 1%。

（7）运用防窜货技术。生产企业可以通过批号、防伪码、暗标、颜色、专供字样等进行窜货检查，随着电子通信技术的进步，互联网、条形码等技术为窜货的预防和发现提供了更有效的手段。每一件产品都有单一身份码，当生产企业向中间商供货时，利用条码机扫描出库产品包装箱上的条码系统可自动记录产品销往地区，进行产品身份查询时，系统会根据产品大小、包装上不同标识间的关联关系和消费者查询电话信息，自动记录相关信息，获得产品出货、流通及消费者购买信息。此技术为生产企业提供了窜货管理的有效工具，提高了窜货管理的效率。

（8）加强内部管理。窜货反映的不仅仅是中间商的行为，在实际工作中，很多窜货行为都是生产企业内部人员推波助澜、与他人同流合污的结果。加强生产企业内部管理比对中间商进行管理更重要。生产企业内部管理的具体内容包括：内部处罚机制、举报机制的建立，销售、商务分离，相互合作和监督等。

随堂思考：本节案例导入中，九江总代理是如何防止渠道窜货的？

企业实践

背景资料

20 世纪 90 年代初期，旭日升决定在中国的传统饮料——“茶”上做文章，率先推出“冰茶”产品。1995 年，旭日升冰茶年销售额达到 5 000 万元；1996 年，旭日升冰茶年销售额骤然升至 5 亿元；1998 年，旭日升冰茶年销售额达到最高峰——30 亿元。

当外界开始对旭日升辉煌的销售业绩津津乐道时，2001 年，旭日升冰茶的市场份额一下从 70% 跌至 30%，年销售额也从高峰时的 30 亿元降到不足 20 亿元。企业管理上的问题也随之暴露。

在市场年销售额居最高峰的那段时间，旭日升采用高奖励（如经销商一次性进货在多少以上，即可获得一定比例的同类产品。进货越多，获得奖励比例越高）的分销政策，这充分调动了一级经销商的积极性，但也为公司埋下了深深的隐患。

旭日升的许多分公司经理都是公司创业阶段的骨干，他们在总公司有相当好的人际关系，因此能“摆平”很多事情。例如，在销售管理政策上，许多分公司经理经常向总公司“要政策”。政策“要”来之后，分公司经理与经销商共同瓜分其中的利益，而各地销售政策的不同导致不同的经销商享受不同的产品价格优惠以及不同的返利政策，这使得窜货屡禁不绝。窜货严重打击了正当经营的经销商的积极性，也导致旭日升的产品市场日益萎缩。

旭日升按照回款考核绩效，部分冀州的推销员为了实现考核目标，私自和经销商达成“君子协议”：只要你答应我的回款要求，我就可以答应你的返利条件，而且我还可以从总公司给你“要政策”，甚至纵容你卖过期的产品。很多分公司的经理、推销员也根本不管产品铺货、分销和市场监督，除了催款和做出不可能实现的“大胆”承诺之外，就是和经销商一起欺骗总公司。

在某些城市，旭日升的分公司直接做终端，销售款由分公司收取，结果分公司常常压住销售款而不将其发回总公司。在一些经销制下的区域，分公司经理和经销商串通一气骗取公司的奖励，或者将销售款私自扣留。私自扣留的钱，被许多分公司经理拿去炒股或者存至银行获取利息。

这是一个可怕的恶性循环：一方面，销售回款控制不力，各分公司只要货却不上交回款，这导致总公司的财务状况日趋恶化，不能给销售管理人员发放工资，结果销售管理人员又利用公司管理上的种种漏洞中饱私囊（包括窜货、虚报销售额等）。分公司将销售款存至银行，再用利息来给推销员发工资。另一方面，总公司收不到钱，开始大范围拖欠供应商的货款。

对分销渠道的管理无法可依，或者有法不依，是旭日升陨落的重要原因。于是企业高层决定引进外援：首先，企业高层大换血，旭日升当时引进了 30 多名战略管理、市场管理、品牌策划和产品研发方面的专业人士；其次，把 1 000 多名原来处于一线的推销员安排到生产部门，对基层推销员实施“休克疗法”。在“空降兵”进入旭日升并担任要职之后，新老团队的隔阂日益加深，新团队在元老们那里碰壁，元老们在新团队那里触礁。因此，旭日升决策不利与效率低下问题加剧，组织内部开始崩溃。

任务：3 名同学为一小组，讨论并指出旭日升在分销渠道管理上的失误之处。

实践指导

- 管理制度不规范，企业文化虚无。
- 营销理念落后，缺乏合作共赢思想。

- 对分销商和推销员甄选把关不严，总公司对他们缺乏约束和教育。
- 对分销商的激励制度过于激进，极不科学。
- 分销渠道设计混乱。
- 渠道控制不力，回款管理混乱。
- 将注意力主要放在一级经销商上，缺乏对渠道其他中间商和消费者的重视。
- 窜货管理混乱，缺乏窜货管理制度。

思考与练习

一、简答题

1. 什么是分销渠道？分销渠道有什么功能？
2. 影响分销渠道设计的因素有哪些？
3. 什么是窜货？窜货有什么利弊？
4. 分销渠道冲突的解决办法有哪些？
5. 渠道控制主要包括哪些内容？

二、案例分析题

案例一：广东佳人生物技术有限公司（以下简称佳人公司）生产的“佳人爽”在广州地区上市销售，其分销渠道设计过程如下：

（1）佳人爽的产品特性分析。佳人爽是泡沫型妇科护理产品，剂型新颖，使用方便，但与传统的洗液类护理产品不同，该产品首次使用需要适当指导，因此适于在柜台销售；产品诉求为解决女性妇科问题，渠道选择应尽量考虑渠道的专业性，如可选择药店、医院等。

（2）广州地区健康相关产品的分销渠道分析。药品、食品、保健品和消毒制品统称为健康相关产品，目前的主要零售终端为药店、商场、超市（含大卖场）和便利店。其中药店多为柜台销售，营业员具备一定的医学知识，目前药店以国营和股份制为主，资信好、进入成本低、分布面广。商场、超市和大卖场近几年来发展较快，在零售市场中处于主导地位，产品销量大，但进入成本高、回款困难且多为自选式销售，销售人员无法与顾客进行良好的沟通。便利店因营业面积小而以销售成熟产品为主。

（3）未来两年渠道变化趋势分析。目前各大上市公司和外资企业对中国医药零售业非常青睐，医药零售企业也在不断变革，加之医保改革使大量药店成为医保药房，药店在健康相关产品行业的地位不断提高，进入门槛也越来越高，与日渐成熟的市场、超市、大卖场相比，其发展潜力巨大。

（4）佳人公司的营销目标。随着广州经济的快速发展，人们收入水平的不断提高，人们的观念也在不断更新，更易于接受新产品。佳人公司希望佳人爽能够快速进入市场，成为女性的生活必需品，像感冒药一样可随处购买，从而使中国女性养成购买习惯。最终，佳人爽能像卫生巾一样成为女性妇科护理市场的主导产品。这个过程需要很大的广告投入和时间积累，而在产品导入期大量的广告费和经营费意味着较高的风险。口碑传播可能比较慢，但却是一种更安全、低投入的营销方式。

（5）佳人公司广州地区的渠道结构设计。根据以上分析，佳人公司分步完善渠道结构，优先发展传统医药渠道，在有限的广告中强调产品仅在药店销售，以保证经销商的合理利润，在产品进入成熟期后开始发展常规分销渠道。

第一年度分销渠道如下：佳人公司—区级医药公司—药店、医院、连锁药店—顾客。

第二年度分销渠道已逐步完善，如题图所示。

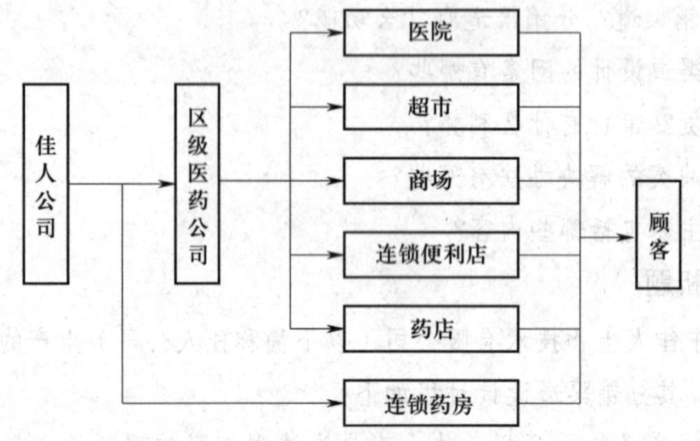

题图　佳人公司产品分销渠道

问题：佳人公司渠道结构设计的优缺点有哪些？

案例二：A药企对经销商设置的过程奖如下：

（1）铺货陈列奖。在产品刚进入市场阶段，A药企协同经销商主动出击，迅速将产品送达零售终端。同时A药企给予经销商铺货奖励作为适当的人力、运力补贴，并对将产品陈列于最佳位置的经销商给予奖励；同时，设定了几个量化陈列指标，进行定期考核与不定期考核。

（2）终端渠道维护奖。为避免经销商的货物滞留和基础工作滞后导致的产品销量下降，A药企以终端渠道维护奖的形式激励经销商维护适合产品的、有效的、有适当规模的终端渠道。同时，A药企设定了客情关系、定期拜访、POP传播等几个定量指标，进行定期考核与不定期考核。

（3）分销流向上报奖。为鼓励经销商按时上报每月产品分销流向而设定该奖项。

(4) 价格信誉奖。为了防止窜货等不良行为，A 药企设定价格信誉奖，以鼓励经销商遵守价格规定出货。

(5) 合理库存奖。A 药企考虑当地市场容量、运货周期、货物周转率和意外安全储量等因素，设立合理库存奖，以鼓励经销商保持合适的库存量。

(6) 经销商协作奖。为激励经销商贯彻执行政策、配合广告宣传与促销、反馈信息等，设立经销商协作奖，以加强 A 药企与经销商之间的联系。

问题：A 药企设置过程奖的目的是什么？与考核期末一次性给予折扣优惠相比，这样做有什么好处？

三、技能训练

技能训练一：营销游戏——营销辩论。

【训练目标】

- 提升逻辑思维能力。
- 提高团队合作能力。
- 加深对分销渠道相关知识的理解。

【训练内容】

请说一说在选择中间商的时候，是选择经销商好还是选择代理商好？

全班学生分成 2 组，两组持相反观点，各组先进行内部讨论，然后推选 5 名小组代表进行辩论。

【考核要点】

1. 考核学生逻辑思维能力、团队合作能力和语言表达能力。

2. 考核学生对分销渠道相关知识的掌握程度。

技能训练二：谈谈未来分销渠道发展趋势。

【训练目标】

- 提升逻辑思维能力。
- 提高语言表达能力。
- 加深对分销渠道相关知识的理解。

【训练内容】

随着电子商务的快速发展，分销渠道发生了巨大的变化，通过搜集资料，请谈谈你认为的未来分销渠道的发展趋势。

【考核要点】

1. 考核学生语言表达能力和表述内容的准确性。

2. 考核学生搜集资料的能力和对分销渠道相关知识的掌握程度。

技能训练三：熟悉渠道结构。

【训练目标】

- 提升逻辑思维能力。
- 提高语言表达能力。
- 加深对分销渠道相关知识的理解。

【训练内容】

任选一款产品，通过查找资料和实地调研，了解该产品的分销渠道特点，分析其优缺点，并将有关信息整理成书面文字。

【训练要点】

1. 考核学生逻辑思维能力、语言表达能力和分析总结能力。

2. 考核学生对渠道相关知识的掌握程度。

促销策略

学习目标

知识目标：

◎ 掌握促销和促销组合的概念和作用，熟悉各类促销策略及了解影响促销组合的因素。

◎ 掌握人员推销的特点、基本形式、步骤及典型推销理论。

◎ 了解不同媒介广告的特点。

◎ 了解公关促销的方式，公关促销方案的设计和实施步骤。

◎ 了解营业推广的形式。

能力目标：

◎ 能够根据产品和市场特点选择推式或拉式促销策略。

◎ 能够策划某种产品的促销组合活动。

案例导入

蜜雪冰城的促销方式

1. 广告

2021 年 6 月，蜜雪冰城主题曲“你爱我，我爱你，蜜雪冰城甜蜜蜜”，在各大短视频平台（抖音、快手、B 站等）的播放量突破 25 亿。蜜雪冰城通过这首轻松欢快的歌曲，迅速打响品牌知名度。不仅如此，该主题曲还在短视频平台被网友们改版，使得该主题曲获得“病毒式”传播，这也再次提升了蜜雪冰城的品牌知名度。

2. 人员推销

蜜雪冰城的营业人员都经过统一的培训，不论是餐饮制作，还是点单，都具有标准化、规范化的操作流程，可以让消费者在任意一家店都能享受到相同的服务。

3. 公共关系

2021 年 7 月 22 日，河南暴雨成灾，社会各界伸出援手，总部位于河南郑州的茶饮品牌蜜雪冰城迅速展开自救与救灾行动，并向灾区捐赠 2 200 万元现金用于抗洪救灾和灾后重建。对此网友们也纷纷在社交媒体上发声表示心疼蜜雪冰城，每杯奶茶的单价才 6 元，却捐款 2 200 万元，一时间网友们疯狂下单支持蜜雪冰城。

4. 营业推广

蜜雪冰城的主要消费者是年轻人，他们多为学生群体，由于这部分群体的消费能力有限，所以，蜜雪冰城经常会推出各式各样的优惠活动来刺激目标消费者消费。例如，在微博上限量发放 1 元代金券，在特定节假日通过微博抽奖赠送柠檬水兑换券等。这些活动优惠金额虽然不大，但却增加了目标消费者的黏性，使他们对蜜雪冰城的消费欲望更强烈。

案例点评

- 好的产品也需要有出奇制胜的促销策略的帮助，只有这样企业才能赢得市场。

第一节 促销组合

案例导入

麦当劳自开业以来，每年都投入大量广告经费在许多国家和地区发布商业广告和公益广告，宣传产品，树立企业形象。麦当劳的广告创意和它的商标一样，简洁中充满智慧。近十年来，麦当劳全面更新品牌形象，“I'm lovin' it（我就喜欢）”的广告语更是脍炙人口。

麦当劳对柜台员工提出了“建议销售”这一要求：柜台员工在向顾客推销新产品，传递新产品的信息时，应在友好、愉悦的气氛中以建议的方式进行，不能硬性推销。餐厅接待员在与顾客聊天时，应了解其对已购买产品的评价；对没有购买新产品的顾客，应了解原因，并建议其购买。

麦当劳以儿童为中心，把儿童当作主要顾客，十分注重培养他们的消费忠诚度。

麦当劳儿童套餐玩具的独特造型和创意常常引得许多儿童为拥有玩具而购买儿童套餐。在餐厅内用餐的小朋友，还经常会意外获得印有麦当劳商标的气球、折纸等小礼物。此外，麦当劳还经常提供只限学生享用的餐饮优惠，以吸引更多的学生顾客，提高其重复购买率。

麦当劳一直致力于社会服务，举办有意义的活动，例如，麦当劳公司以为学生提供教育用品、影视资料等方式举办生态学方面的教育节目。麦当劳各地分店都会积极参与公共服务，与当地学校和居委会建立特别联系，例如，麦当劳向公益活动赠送免费饮料；新学期开始的时候，向附近小学赠送小礼品、为优秀学生提供麦当劳奖学金。麦当劳还会经常邀请顾客参观餐厅，使其了解麦当劳的食品制作过程，向他们展示餐厅的品质、服务、卫生等，以拉近顾客与麦当劳的距离，传播本品牌的产品信息，使顾客对麦当劳食品的品质更加有信心。麦当劳餐厅还推出为公交公司代售公交月票、为高考学子提供学习环境等多种公共服务项目。

案例点评

- 做好和顾客之间的沟通工作是企业营销工作的重心。
- 与顾客进行良好的沟通可以促进产品销售。

知识聚焦

一、促销概述

1. 促销的概念

促销是指生产企业利用各种有效的方法和手段，向目标市场传递产品信息，使消费者了解和注意企业的产品、激发消费者的购买欲望，并促使其最终购买产品的一系列综合性活动。促销的本质是生产企业同目标市场之间进行信息沟通，一般有广告、人员推销、公共关系和营业推广等方式。

2. 促销的作用

（1）提供信息，增进了解。促销可以使消费者了解生产企业生产经营什么产品，产品有哪些特点，到什么地方购买，产品购买条件是什么等；生产企业通过促销，能让社会各方了解企业产品的销售情况，为企业建立良好的声誉，以引起消费者的注意和获得其好感，从而为企业产品成功销售创造条件。

（2）刺激需求，提高销售潜力。新产品上市之初，消费者对它的性能、用途、作用、特点等并不了解，只有针对消费者的心理、动机，开展灵活有效的促销活动，诱导或激发消费者在某一方面的需求，才能提高产品的销售潜力。

（3）突出产品特点，提高竞争力。在激烈的市场竞争中，生产企业可通过促销活动宣传本企业产品的特点，以及产品给消费者带来的特殊利益，努力提高企业和产品的知名度，促使消费者加深对本企业产品的了解和喜爱，增强信任感，从而提高企业和产品的市场竞争力。

（4）反馈信息，提高经济效益。有效的促销活动可以使更多的消费者了解、熟悉和信任本企业的产品，而生产企业可以通过消费者对促销活动的反馈，及时调整促销策略，使自身生产、经营的产品适销对路，提高市场份额，巩固市场地位，从而提高经济效益。

（5）强化企业形象，巩固市场地位。促销活动可以为生产企业树立良好的企业形象和产品形象，尤其是“名、优、特”产品的促销活动，更能使消费者对企业及其产品产生好感，从而培养和提高他们对本企业的忠诚度，提高产品市场占有率。

二、促销组合

促销组合是一种组织促销活动的策略，主张生产企业把人员推销、广告、公共关系及营业推广四种基本的促销方式组合为一个策略系统，使企业的全部促销活动互相配合、协调一致，以最大限度地发挥促销活动效果，顺利实现促销目标。

促销组合体现了现代市场营销观念的核心思想——整体营销，四种基本促销方式构成了这一整体策略的四个子系统。每个子系统都包括一些可变因素，即具体的促销手段或工具。某一因素的改变意味着组合关系的变化，也就意味着一个新的促销策略的诞生。

促销组合系统如图 8-1-1 所示。

随堂思考：本节案例导入中，麦当劳应用了哪些促销方式？

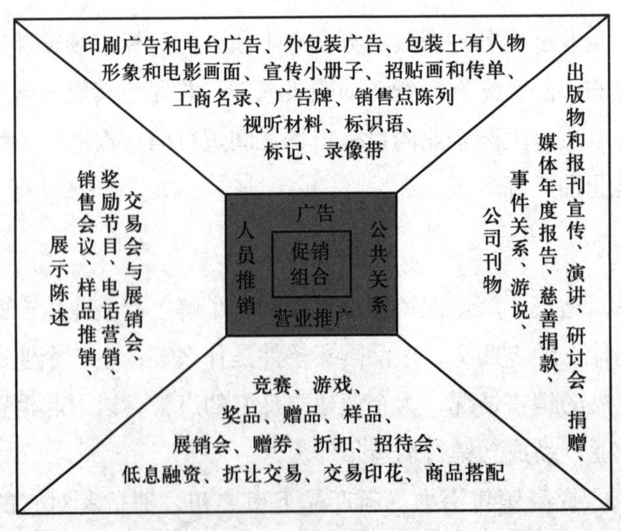

图 8-1-1　促销组合系统

三、促销策略

促销策略可分为三种，即推式促销策略、拉式促销策略和推拉结合式促销策略，推式促销策略、拉式促销策略如图 8-1-2 所示。

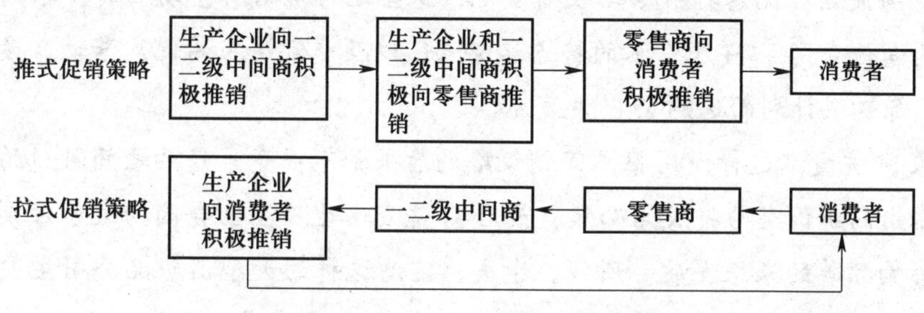

图 8-1-2　推式促销策略和拉式促销策略

1. 推式促销策略

推式促销策略就是生产企业把产品推销给一二级中间商，一二级中间商再把产品推销给零售商，最后零售商把产品推销给消费者的促销策略。采用这种促销策略，促销信息流向和产品流向是同方向的。

采用推式促销策略，风险小、产品推销周期短、资金回笼较快，但生产企业必须管理大量的推销员。推式促销策略的具体实施方法有示范推销法、走访销售法、巡回销售法、网点销售法、服务推销法等。

一般来讲，在下列情况下应采用推式促销策略：生产企业规模小或无足够的资金开展广告促销，市场比较集中，分销渠道短，企业内部员工销售能力强，产品单位价值高，企业与中间商、消费者的关系亟待改善，产品功能及使用方法需示范，产品需要经常维修等；生产企业产品声誉较好，以中间商为主要的促销对象。

2. 拉式促销策略

采用拉式促销策略，生产企业以消费者为主要促销对象，通过运用广告、营业推广、公共关系等促销方式，向消费者发起强大的促销攻势，使其产生强烈的兴趣和购买欲望，进而纷纷向中间商询购产品，而中间商意识到产品需求量大，进而会向生产企业进货。采用拉式促销策略，促销信息流向和产品流向是相反的。

采用拉式促销策略，生产企业能够直接得到消费者的支持，不需要去讨好中间商，在与中间商的关系中占据主动地位，但对中间商（主要是零售商）的库存能力、信誉及经营能力有较高的要求。

在下列情况下应采用拉式促销策略：生产企业产品与市场上的同类产品差异不大，企业拥有充分的资金开展广告促销，产品销售对象比较广泛，新产品需要提高知名度等。

案例链接

某位消费者一直信赖宝洁公司，新上市的飘柔产品的电视广告更令他毫不犹豫地打算选购飘柔新产品。然而当他进入超市时，几款不知名洗发水E、H、G的大型现场促销、优惠打折活动吸引了他，正当他为价格有些动心时，推销员过来适时地向他介绍了H洗发水的特点和优点，以及非常诱人的优惠活动。最后，他放弃了原购买计划而选购了H洗发水。

像H洗发水这样使用推式促销策略的后果如下：竞争产品之间激烈的价格战和无休止的折价交易将成为必然，最后H洗发水生产企业会因为过于注重短期利益而影响品牌的未来发展。所以，卡夫、宝洁这样的大型消费品公司主要使用拉式促销策略进行促销，它们通过大量的电视广告强调产品差异以占据市场份额，并且建立品牌价值和提升消费者忠诚度。

3. 推拉结合式促销策略

大多数生产企业开展促销活动时会综合采用推式促销策略和拉式促销策略，即推拉结合式促销策略。同时，生产企业处在不同的发展阶段，采用推式促销策略和拉式促销策略的比例会有所不同。推拉结合式促销策略也称为混合式促销策略。

总之，生产企业要想取得良好的促销效果，就必须根据自身的实际情况，合理选用促销策略，以实现促销目标。

随堂思考：本节案例导入中，麦当劳采用了哪种促销策略？

四、影响促销组合的因素

生产企业开展促销活动的总预算是一定的，在决定将促销费用合理分摊到广告、人员推销、营业推广和公关宣传上时，一般要综合考虑以下几个因素：

1. 促销目标

促销目标是影响生产企业促销组合的首要因素。广告、人员推销、营业推广和公共关系都有不同的特性和成本。生产企业在不同时期、不同的市场环境下也都有不同的促销目标，因此，在不同条件下，生产企业选用的促销组合也不同。

一般来说，如果生产企业的促销目标是近期效益，它将更多地使用人员推销和营业推广；而如果生产企业的促销目标为建设品牌、树立形象等，开展广泛的、与之适应的公关促销以及投放广告更为适合。生产企业必须根据具体的促销目标选择合适的促销组合。

2. 市场特点

除了促销目标外，市场特点也是影响生产企业促销组合的重要因素。市场特点受每一地区文化、风俗习惯、政治经济环境等的影响，促销组合在不同类型的市场上所起的作用是不同的，所以生产企业应综合考虑市场和促销组合的特点，以选择合适的促销组合，达到最佳的促销效果。

一般来说，规模小而相对集中的市场，应多采用人员推销；范围广而分散的市场，则应多采用广告。对文化水平高、经济状况宽裕的消费者，应多采用广告和公共关系；反之，则应多采用营业推广和人员推销。针对消费品市场的促销应主要采用广告，而针对工业品市场的促销组合应以人员推销为主。

3. 产品性质

产品性质不同，消费者会有不同的购买行为和购买习惯，因此生产企业所采用的促销组合也会有所差异。

一般来说，生活必需品和消费品促销应以广告作为主要促销手段，奢侈品和生产资料促销应多采用人员推销。

4. 产品生命周期

在产品生命周期的不同阶段，不同的促销组合能带来不同的效果。在产品导入期，生产企业投入较多的资金用于广告和公共关系，能打造较高的产品知名度，促销活动效果好。在产品成长期，生产企业可以继续加大对广告和公共关系的投入力度，其他促销活动可以减少。在产品成熟期，广告仅起到提醒作用，此时，营业推广逐渐发挥重要作用。在产品衰退期，广告仍能起到提醒作用，公共关系的作用已经减弱甚至消失，推销员对产品仅给予最低限度的关注。

5. 促销对象

生产企业通过对目标市场开展研究与调研，判断其产品的销售对象是现实消费者还是潜在消费者，是个人、家庭还是社会团体。明确了产品的销售对象，生产企业也就确认了促销组合的目标对象。

6. 其他营销因素

影响促销组合的因素有很多，除上述五种因素外，生产企业营销风格、推销员素质、生产企业整体发展战略、社会和竞争环境等也不同程度地影响生产企业选择促销组合。生产企业应审时度势、全面考虑，才能开展有效的促销组合活动。

企业实践

背景资料

A 企业是拥有强势品牌基因的老名酒企业。A 企业有如下特点：第一，血统纯正，品牌知名度高，多次荣获国家名酒称号和国际大奖。第二，品牌历史悠久，传承脉络清晰，文化底蕴深厚，品牌内涵丰富。第三，产品以高档酒为主，但消费者认同度高。第四，产品畅销全国，市场地位稳固。

B 企业与 A 企业相似，血统纯正，有一定的传统优势，品牌知名度高，但话语权比 A 企业弱。B 企业产品曾经以中档酒为主，但近年来受益于市场消费升级红利，其产品结构中高档酒的比例开始逐年上升。B 企业产品在多省范围内畅销，但全国化渠道网络尚不健全。

C 企业是本地市场基础稳固且具有成长潜质的白酒企业，与 A 企业和 B 企业相比，C 企业的品牌知名度低，仅在本地市场有市场话语权，产品销售全国化的市场机会少。由于人口流动和文化融合，C 企业消费者群体在全国市场呈点状分布，这点燃了 C 企业进军外埠市场的激情。

任务：4 ~ 5 名同学为一小组，分析以上材料，为各家企业设计合适的促销策略和促销组合。

实践指导

- A 企业产品代表行业少数领导品牌产品，产业链顶端优势明显，企业宜采用拉式促销策略。促销组合重点为持续在中央电视台等媒体上投放大量广告，占据优势广告资源；运用公关宣传手段，树立企业的高端形象。
- B 企业高速成长，产能快速扩张，产品销量快速增长，宜采用推拉结合式促销策略。在市场竞争中，此类型企业既要运用广告和公共关系塑造品牌的文化内涵和传递产品价值，也要加大推销力度，宜采取营业推广等方式积极拓展市场。
- C 企业鉴于自身品牌影响力不足和外埠市场资源匮乏，宜采用推式促销策略。C 企业应加大推销力度，积极招商，构建外埠分销渠道；并对经销商采取积极的激励措施，鼓励其努力推销自己的产品。

第二节 人员推销

案例导入

某电梯公司推销员李彬向一家规模不小的P房地产公司推销电梯。虽然竞争相当激烈，但是由于李彬跑得勤，功夫下得深，最终该电梯成为最后剩下的两个候选产品之一，并且李彬得到了P公司采购人员的支持，产品成交希望非常大。

P公司采购人员将两个竞争产品的资料呈递总经理，总经理批示，向本公司的技术顾问电梯专家陈教授咨询意见。于是，采购人员陪同陈教授看了两家电梯公司的产品，并详细听取了两家电梯公司销售人员的示范解说，最后陈教授私下表示，两家各有优缺点，但在语气上似乎对另一家电梯公司的产品颇为欣赏。李彬得知后急了，于是赶紧又找个机会去向陈教授推销。

李彬使出浑身解数向陈教授描述他推销的电梯产品设计理念的先进性，技术参数的优势，希望借此改变陈教授的想法。最后，陈教授不耐烦地冒出了一句话："究竟是你比我行，还是我比你懂？"此话一出，这笔生意看样子是要泡汤了。

李彬垂头丧气，回到公司向经理汇报，经理点拨道："顾客最需要的是被尊重，推销员最高明之处是让推销无形。"李彬听后恍然大悟。

于是，李彬重整旗鼓，专程到陈教授执教的学校去拜访，见了面就很诚恳地说："陈教授，今天，我来拜访您，绝不是来向您推销的。以前我就读过您的作品，上次跟您谈过后，回家仔细想想，觉得您分析得很到位……不过，陈教授，我希望从这笔生意上学点经验，您是电梯方面的专家，有个问题想向您请教一下，我们公司的这种产品，将来应如何与同行竞争？希望能得到您的指点。"

"年轻人，振作点。其实你们的电梯也不错，有些设计就很有特点……。"陈教授打开了话匣子。陈教授一边讲，李彬一边认真倾听和记录。

这次谈话没过多久，这笔生意成交了。对生意成交帮忙最大的是陈教授，他对P公司总经理说，这两家公司的产品性能在伯仲之间，但他相信李彬所在的公司能提供更好的配套服务和售后服务。P公司总经理最后采纳了陈教授的意见。

案例点评

- 单价高、技术性强的产品需要高水平的推销员。
- 推销员最高明之处是让推销无形，做好推销的前提是学会做人。
- 推销员必须具备很强的综合素质。

知识聚焦

一、人员推销概述

1. 人员推销的概念与特点

人员推销是指推销员深入中间商或客户群体中进行直接的宣传介绍活动，促使中间商或客户购买的促销方式。

人员推销是一种具有很强主观性、独特的促销手段，是其他促销手段不可代替的。人员推销有以下优点：

（1）选择客户更精准。在每次推销之前，推销员可以对客户情况进行评估，然后对有较大购买可能的客户优先推销，并可事先针对这些客户制定具体的推销方案、推销策略，以提高成功率。

（2）互动效果更好，推销成功率高。推销员可以通过展示产品、解答质疑、介绍产品使用方法等，使目标客户当面接触产品，从而使其了解产品的性能和特点，产生购买行为。

（3）临场针对性强。在推销过程中，由于推销员与客户直接接触，推销员能在态度、气氛、情感等方面观察客户的反应，有针对性地做好沟通工作，解除客户的各种疑虑，刺激其购买欲望。另外，在沟通过程中，推销员还可根据客户反应，适时调整推销策略和方法，进而提高推销成功率。

（4）能拉近双方关系。推销员与客户直接打交道，交往中客户会对推销员逐渐产生信任和理解。推销员能借此培养忠诚的客户，稳定企业销售业务。

（5）反馈信息及时，内容全面。推销员在推销产品的同时，可及时听取客户对产品的意见和建议，收集市场信息，了解市场动态，并迅速给予客户反馈，以充分满足客户的需求。

（6）过程完整。除了寻找客户、接触客户、洽谈、达成交易之外，推销员还可以完成其他营销任务，如市场调研、沟通问题、售后服务、结账催款等。

人员推销的缺点在于：成本比较高，促销效果受推销员素质的影响大，管理推销员难度大。

相对而言，人员推销较适用于性能复杂的产品的销售。当销售活动需要更多地解决问题和做说服工作时，采用人员推销是最佳选择。说服和解释能力在人员推销中尤为重要，它会直接影响推销效果。在市场范围大，而客户又较为分散的情况下，不宜采用此法。

随堂思考：本节案例导入中，电梯公司为什么要采用人员推销方式销售电梯？

2. 人员推销的基本形式

（1）上门推销。上门推销是最常见的人员推销形式。它是指推销员携带产品样品、说明书和订单等走访客户，推销产品。这种推销形式可以针对客户需求提供有效的服务，方便客户，故被客户广泛认可和接受。

（2）柜台推销。它又称店堂推销，是指生产企业在适当地点设置固定店铺，由营业员接待进入店铺的客户，推销产品。店铺的营业员是广义的推销员。柜台推销与上门推销正好相反，它是等客上门的推销形式。由于店铺里的产品种类齐全，能满足客户多方面的购买需求，能为客户购买产品提供较多的方便，并且可以保证产品完好无损，故客户比较乐于接受这种推销形式。

（3）会议推销。会议推销是指利用各种会议向与会人员宣传和介绍产品，开展推销活动。例如，在订货会、交易会、展览会、物资交流会等会议上推销产品。这种推销形式接触面广、推销集中，可以同时向多个客户推销产品，成交量较大，推销效果较好。

（4）远程推销。远程推销是指运用电话、网络交流工具等向客户推销产品。远程推销效率高，节省费用，推销范围广，但比较容易被客户拒绝。

3. 人员推销的步骤

不同的推销形式可能会有不同的推销步骤，通常情况下，人员推销一般包括以下七个步骤：

（1）寻找和评估客户。推销工作的第一步是寻找潜在客户，寻找潜在客户有很多途径，如扫街式拜访、老客户介绍、网络搜索、广告招引、查找工商名录、委托他人等。

找到潜在客户后，应该运用 MAN（M：钱，是否有支付能力；A：权力，是否获得授权，即是否有决策权；N：需求，是否有需求）法则对潜在客户进行评估，然后根据评估情况，列出拜访对象。

（2）推销准备。在推销之前，推销员要做好心理准备，准备好样品、产品说明和辅助器材，确定推销计划，选定接近客户的方式、时间、应变语言等，并且必须知己知彼，充分掌握以下三方面的知识：

1）产品知识：包括本企业产品的特点、用途、功能等。

2）客户知识：包括潜在客户的情况（生产、技术、资金情况），客户的需求特征，购买决策者的性格特点等。

3）竞争者知识：包括竞争者的能力、地位、产品特点以及价格等。

（3）接近客户。接近客户的目的是取得客户好感，了解客户需求，增强推销信心。

进行产品推销前要先约见客户，约见准备工作的基本内容是确定约见对象、明确约见目的、安排约见时间和选择约见地点。约见客户的方法有电话约见法、信函约见法、当面约见法、委托约见法、广告约见法、网上约见法等。

约见客户之后，推销活动便进入正式接近客户的阶段。接近客户有以下几种方法：产品接近法、利益接近法、问题接近法、介绍接近法、馈赠接近法、赞美接近法、请教接近法、好奇接近法、演示接近法、调查接近法等。

随堂思考：本节案例导入中，李彬采用了哪种方法接近陈教授？

在这一阶段推销员要注意以下几点：

1）给客户留下一个好印象。得体的穿着、举止、言谈以及自信而友好的态度自始至终都是必不可少的。

2）注意倾听客户讲话，了解客户的需求特征。

3）无论推销成功与否，都应以感恩的心态对待客户。

（4）产品介绍。这是推销工作中非常重要的环节。产品需要用某种方法进行介绍。那些无形产品（如保险、金融、投资业务等），可以采用图形、坐标图、小册子等形式进行介绍。

（5）处理异议。推销员应随时准备应对不同意见。客户在听取产品介绍的过程中总会提出一些异议，如怀疑产品的价值、不喜欢交易条件等。推销员应具备与持不同意见的客户洽谈的能力，能做好解释、与客户协商工作，准备好随时应对质疑的方案和论据，但不要争辩。

（6）促成交易。即推销员抓住时机，促成客户购买产品。

（7）售后追踪。达成交易不是推销的结束，而是下一轮推销的开始。售后追踪的直接目的是了解客户对已经购买的产品的满意度，以发现各种可能问题，同时表达推销员的诚意和关心；间接目的是促使客户传播企业及产品的好名声，听取客户的改进建议。

二、典型推销理论

1. 推销三角理论（也称 GEM 公式、吉姆公式）

推销三角理论要求推销员在推销工作中必须做到“三个相信”：

（1）相信自己所推销的产品或服务。

（2）相信自己所代表的企业。

（3）相信自己的推销能力。

该理论认为推销员只有同时做好这三点，才能充分发挥自己的推销才能，运用各种推销策略和技巧，取得较好的推销业绩。这就好比三角形的三条边，合起来才能构成稳定的三角形。产品的英文为 good，推销员所代表的企业的英文为 enterprise，推销员的英文为 myself，3 个英文单词的大写首字母组合起来便构成了 GEM，西方国家也称推销三角理论为 GEM 公式，汉语将其译为吉姆公式。

2. 推销方格理论

推销方格理论认为，推销员有两个目标：一是达成交易，二是与客户建立关系。要想实现这两个目标，一是要关心销售情况，二是要关心客户。根据推销员对客户和销售情况的关心程度不同，可以把推销员分成五种类型：一是事不关己型，推销员既不关心销售情况，也不关心客户；二是客户导向型，推销员只关心客户而不关心销售情况；三是强销导向型，推销员只关心销售情况而不关心客户；四是推销技术导向型，推销员对客户和销售情况保持适度关心；五是解决问题导向型，推销员对客户和销售情况保持高度关心。实践证明，在推销成功率方面，解决问题导向型推销员的推销成功率比推销技术导向型推销员的高 3 倍，比强销导向型推销员的高 7.5 倍，比客户导向型推销员的高 9 倍，比事不关己型推销员的高 75 倍。因此，该理论认为，既关心销售情况又关心客户的推销员，推销成功率最高。

世界上有多少个推销员，就有多少种推销心态，但大量的实践反复证明：推销员的心态越好，推销效果越好。

三、典型推销模式

客户对推销的接受过程是一个非常复杂的心理变化过程。比较典型的推销模式有三种：费比模式、爱达模式、迪伯达模式。

1. 费比模式

“费比”是英文“FABE”的中文音译，是英文单词 feature（特征）、advantage（优点）、benefit（利益）和 evidence（证据）的英文大写首字母的组合。费比模式将推销分为四个步骤。

（1）将产品特征详细地介绍给客户。介绍的内容应当包括产品的性能、构造、作用、使用的方便性及方便程度、耐久性、经济性、外观及价格等。

（2）充分分析产品的优点。推销员应针对产品特征，分析产品的特殊作用，或者某项特征在该产品中扮演的特殊角色、发挥的特殊功能等。

（3）尽量多地列举产品能给客户带来的利益。这是最重要的一个步骤。推销员应在了解客户需求的基础上，把产品能给客户带来的利益尽量多地为客户列举出来。推销员不仅要讲产品外表的、实质的优势，还要讲产品能给客户带来的内在的、附加的利益。

（4）以证据说服客户购买产品。推销员应该用真实的数据、案例、实物等证据消除客户的各种疑虑，促使客户购买产品。

案例链接

某推销员向客户推销冰箱，话术如下：

您好，这款冰箱最大的特点是省电，它每天才用0.35度电，也就是说，3天才用1度电（冰箱特点）。以前的冰箱每天的用电量都在1度以上。现在的冰箱日耗电量一般为1度左右。稍一比较就可以计算出一天可以为您节省多少钱（冰箱优势）。假如0.8元1度电，使用该冰箱一天大约可以节省0.5元电费，一个月约可节省15元电费，就相当于节省了您的手机月租费（冰箱能给客户带来的利益）。这款冰箱为什么这么省电呢（证据）？您看它的输入功率是70 W，70 W就相当于一个电灯的功率，该冰箱采用了最好的压缩机、最好的制冷剂、最优化的省电设计，它的输入功率小，所以省电（利用说明书举证）。这款冰箱销量非常高，您可以看看我们的销售记录。您觉得合适的话，我就帮您预订这款冰箱（利用销售记录劝说）。

2. 爱达模式

消费心理学研究显示，客户购买产品的心理过程可以分为四个阶段，即注意（attention）、兴趣（interest）、欲望（desire）、行动（action），这四个单词的英文大写首字母组合为AIDA，中文音译为“爱达”。爱达模式认为一次成功的推销分为四个步骤。

（1）吸引潜在客户的注意力。开展推销活动要先引起潜在客户对产品的注意，吸引客户注意力的方法有很多，如形象吸引法、口才吸引法、动作吸引法、产品吸引法、现场广告吸引法等。

（2）引起客户的兴趣。推销员要引起客户对推销活动及产品的兴趣，或者说诱导客户对推销产生积极的态度。引起客户兴趣的关键在于使客户清楚地意识到他们购买产品后可以得到的利益。为尽快引起客户的兴趣，推销员常通过示范和让客户参与体验的方式，加深和强化客户对产品的认识与记忆，以给客户留下深刻的印象。

（3）激发客户的购买欲望。在推销过程中，激发客户的购买欲望可分三步进行：推销员先提出推销建议；在得到客户的反馈之后，找到客户的疑虑所在；有针对性地进行论证，诱导客户购买产品，直至达成交易。激发客户购买欲望的方法有三种：推销效用法、美景描绘法和多方证实法。

（4）促成交易。推销员要运用一定的成交技巧来促成客户采取购买行动。在一般情况下，客户即使对产品产生了兴趣并有意购买，也会处于犹豫不决的状态。这时推销员应不失时机地促使客户进行关于购买的实质性思考，进一步说服客户，强化客户购买意愿。

案例链接

一个销售安全玻璃的推销员，销售业绩一直排名第一。在一次经验介绍大会上，他说："每次我去拜访客户时，都会随身携带几块安全玻璃和一把小铁锤。然后问他们相不相信安全玻璃，如果客户说不相信，我就把安全玻璃放在他们面前，然后用锤子往安全玻璃上敲。当他们发现安全玻璃真的没有碎裂时，都会很惊讶，接下来就是讨价还价环节了。"会后，公司其他推销员出去拜访客户时，都会随身携带许多块安全玻璃和一把小铁锤，但一段时间后，他们发现还是原来那个推销员的销售业绩排名第一，对此他们觉得奇怪。于是，在第二年的经验介绍大会上，该推销员说："自去年以后，我到客户那里去时，就把安全玻璃放在他们的桌子上，然后问他们是否相信安全玻璃，当他们说不相信时，我就把锤子交给他们，让他们自己来砸这块安全玻璃。"

3. 迪伯达模式

"迪伯达"是"DIPADA"的中文音译，"DIPADA"由definition（确定）、identification（结合）、proof（证实）、acceptance（接受）、desire（欲望）、action（行动）六个英文单词的大写首字母组成。该模式将推销分成以下几个步骤：

（1）准确发现客户的需求和愿望。在这一阶段，推销员应通过对客户心理的科学分析，准确发现客户的需求与愿望，而不要急于向客户介绍产品。这种做法既体现了以客户为中心的原则，又能引起客户的兴趣，也有利于营造融洽的推销气氛，消除推销障碍。

（2）把产品与客户的需求、愿望结合起来。准确发现客户的需求和愿望是说服客户的关键点，把客户的需求和愿望与所推销的产品联系起来，则是说服客户的基础。只有这样，才能很自然地引起客户的兴趣，为促使客户采取购买行动奠定基础。

（3）证明产品符合客户的需求和愿望。推销员对自己所推销的产品进行介绍、说明时，要证明产品符合客户的需求与愿望，以提升客户的信任度，消除客户的疑虑。

（4）促使客户接受产品。推销员在介绍完产品，客户完成了对产品的认知过程后，应该提供必要的、真实可靠的证据向客户证明产品符合客户需求，使客户认同产品。

（5）激发客户的购买欲望。推销员必须想办法激发客户的购买欲望，让客户意识到必须购买该产品才能满足自己的需求。

（6）促使客户做出购买决定。这个步骤的内容与爱达模式的第四个步骤"促成交易"的内容是相同的。

四、人员推销方案设计

1. 确定推销任务

（1）挖掘和培养新客户。推销工作的首要任务是不间断地寻找新客户，包括寻找潜在客户和吸引竞争者的客户、积累更多的客户资源，这是企业市场开拓的基础。

（2）培育忠实客户。推销员应该通过努力与老客户建立良性互动关系，使企业始终拥有一批忠实客户，这是企业市场稳定的保证。

（3）提供服务。推销员应该为客户提供咨询、技术指导、迅速安全交货、售后回访等服务，以服务赢得客户信任。

（4）沟通信息。推销员应该熟练地传递企业各种信息，说服、劝导客户购买本企业产品。在信息传递过程中，推销员要关注客户对企业产品的信息反馈，主动听取客户对产品、企业的意见和建议。

（5）产品销售。推销员努力的目标应该是不断地为企业带来订货单，把企业产品销售出去，实现企业的销售目标。

2. 建立推销团队

（1）按地理区域配备推销员。推销员在规定区域销售企业的各种产品，这样做的优点是责任明确，有助于推销员与客户建立牢固的关系，可以节省推销费用。这种方法适用于产品品种少的企业。

（2）按产品线配备推销员。每组推销员负责一条产品线的产品在所有市场的销售。使用这种方法的条件是产品技术性强、品种多且产品线间相关性不强。

（3）按客户类别配备推销员。即按某种标准对客户进行分类，再据此配备推销员。这样做的优点是能满足不同客户的需求，提高推销成功率；缺点是推销费用增加和难以开拓更广阔的市场。

（4）复合式配备推销员。即将上述三种方法结合起来，按区域—产品，或按区域—客户，或按区域—产品—客户来配备推销员。通常当大企业拥有多种产品且销售区域相当大时，会采取这种方法。

3. 招聘和培训推销员

推销员是实现企业与客户双向沟通的桥梁和媒介之一，是企业形象的代表。市场竞争越激烈、越复杂，企业越需要应变能力强、创造力强的开拓型推销员。

招聘和培训推销员时，必须注重其以下几个方面的素质：

（1）良好的道德品质。推销员应做到：正确处理财务关系，正确处理与企业的关系，正确处理与客户的关系，正确处理与竞争对手的关系。

（2）良好的个人修养。应该注意培养推销员仪表端庄、举止文雅、作风正派、谦虚礼貌、平易近人等良好气质和风度，以给客户亲切、愉快的直观印象，赢得他们的信任，为销售工作顺利开展奠定基础。

（3）宽领域的知识结构。推销员应具备广博的知识，包括热门时事知识、宏观经济知识、企业知识、产品知识、客户知识、法律知识、生活常识等。

（4）全面的销售能力。这主要包括市场开拓能力、沟通谈判能力、敏锐的洞察力、业务组织能力、业务控制能力、应变创新能力等。

（5）健康的体魄。推销工作强度大，体力要求高，因而推销员必须坚持锻炼身体，养成良好的生活习惯，以保持旺盛的精力。

（6）良好的心理素质。推销员应学会排解压力、舒缓紧张情绪、树立积极乐观的处世态度、控制自己的情绪，才能从容面对各种客户。

随堂思考：本节案例导入中，李彬是否为合格的推销员？

4. 考核和激励

对推销员进行考核的依据主要有以下几个：推销员业绩账、推销员记事卡、推销员销售工作报告、客户评价、企业内部员工评价等；主要的考核指标有销售计划完成率、销售毛利率、销售费用率、货款回收率、客户访问率、访问成功率、客户投诉次数、发展新客户数量等。对推销员的激励主要包括物质激励和精神激励。物质激励手段主要有制定固定工资加奖金薪酬制度、提成制薪酬制度、固定工资加提成薪酬制度等。精神激励手段主要有升职、授予荣誉、树立标兵、培训奖励、旅游奖励等。

企业实践

背景资料

资料一：某公司有一项专门针对回款问题的规定：推销员在产品销售一个月内回收货款，可以获得全部奖金提成。在第二个月内回收货款，可以获得80%的奖金提成。在第三个月内回收货款，可以获得60%的奖金提成。在三个月内没有回收货款，则没有奖金提成。在半年内没有回收货款，要按货款金额的1%倒扣工资，并安排专人跟进调查，如发现有与客户串通谋取私利的行为，将按相关规定给予处分，直至追究法律责任。

资料二：在沿海的一个大城市，一个衣冠不整的老人来到某百货公司的高级化妆品专柜前。在这样的环境里，他显得格格不入，因此也没有推销员主动上前接待他。最后，总算有位牢记“热情接待任何人”这个推销信条的推销员W，在接待完其他顾客后，以职业敏感发现这位老人手里拿着一张纸条，猜想准是他的妻子或女儿让他来买什么的。结果果然如W所料，纸条上写了三款化妆品，这三款化妆品每款都价值300多元，W根本就不必费口舌，几分钟的时间就把生意做成了。

资料三：推销员高华在和一位客户聊天的过程中，得知他准备把他高中毕业的儿子送到外国去读某大学，这本来只是闲聊，可在介绍过程中，高华越来越觉得那个所谓的留学机构和那所大学都很不靠谱，但他并未直接指出，聊天结束后，他迅速委托教育部门的一个朋友了解情况，结果证实那个所谓的留学机构根本就无任何资质，而那所大学根本就是一所“野鸡学校”，高华立即将相关信息告知了这位客户，为这位客户避免了较大的损失。此后，双方的关系不知不觉往前迈进了一大步，高华成功与客户建立了较牢固的生意伙伴关系。

任务：

1. 3名同学为一小组，分析资料一中的企业为什么要制定该回款规定。

2. 资料二中的W属于什么类型的推销员？其他推销员属于什么类型的推销员？

3. 分析资料三，说一说与其他促销方式相比，人员推销的优点。

实践指导

◆ 加强对推销员考核，能提高推销质量，能避免出现呆账、坏账，能有效防止推销员损公肥私。

◆ W属于解决问题导向型推销员，这类推销员既高度关注自己的销售业绩，又高度关注顾客的需求。其他推销员属于事不关己型推销员，这类推销员既不关心自己的销售业绩，也不关心顾客的需求和利益。

◆ 临场针对性强；能拉近推销员与客户的关系，有利于他们建立彼此间的信任。

第三节 广　告

案例导入

百事可乐作为世界饮料行业两大巨头之一，100多年来与可口可乐之间有“两乐之战”。“两乐之战”的前期，百事可乐一直经营惨淡，由于其竞争手法不够高明，尤其是广告竞争不得力，所以被可口可乐远远甩在后头，甚至曾三次请求可口可乐收购。

直到有一天，百事可乐摒弃了不分男女老少的“全面覆盖”策略，转为从年轻人入手，确立了“年轻人的可乐”的市场定位，对可口可乐发起了侧翼攻击，从此才走上了“正轨”，成长为与可口可乐比肩而立的企业。

因为有了“年轻人的可乐”的定位，百事可乐的广告目标变得明确：力图树立“年轻、活泼、时尚”的形象，暗示可口可乐“老气、落伍、过时”。百事可乐充分调查并分析年轻人的特点后发现：年轻人现在最崇尚酷，而酷表达出来，就是独特、新潮、有内涵、有风格、有创意的意思。百事可乐抓住了年轻人崇尚酷的心理特征，开始推出了一系列以年轻人认为最酷的明星为主角的广告。

从迈克尔·杰克逊到吴莫愁，再到足球明星贝克汉姆；从街头运动到校园音乐会，再到奥运会。所有的广告传播都突出了“酷”的特性。

百事可乐的广告语也颇具特色。百事可乐认为，年轻人都是有所追求的，喜欢音乐、运动等，于是百事可乐提出了“渴望无限”的广告语。百事可乐提倡年轻人做出“新一代的选择”——喝百事可乐。

百事可乐每年都投入巨额资金来做广告，使广告全天候、立体式、大范围播放，无论是电视、电影、报纸、杂志和电台，还是网络、户外、卖场、快餐店等，到处都有百事可乐广告。

百事可乐作为竞争者，没有模仿可口可乐的广告策略，而是勇于创新，通过广告“后来居上”，并把品牌蕴含的积极向上、时尚、机智幽默、不懈追求美好生活的新一代年轻人的精神发扬到百事可乐所在的每一个角落。

案例点评

- 一声叫卖，十里客来；一分广告十分利。
- 好广告不只能传播产品信息，它能以信心和希望，穿透受众心灵；好广告可以将产品原本被忽略的特点表现出来，从而激起人们拥有该产品的欲望。

知识聚焦

一、广告的概念及作用

1. 广告的概念

顾名思义，广告就是“广而告之”，它是企业为了某种目的，支付一定的费用，通过一定形式的媒介公开且广泛地向人们传递信息，以试图改变人们对广告产品的态度，并诱发人们购买产品的宣传手段。

2. 广告的作用

（1）广告信息传播速度快、应用广泛。广告能迅速传播信息，引起消费者的注意与兴趣，促进消费者购买产品，加速产品流通和销售。因此，广告是传播产品信息的主要工具。

（2）广告能诱导消费。消费者对某种产品的需求，往往是潜在需求，这种潜在需求与现实的购买行为，有时是矛盾的。广告造成的视觉、听觉等感官刺激，带来的诱惑往往会勾起消费者的现实购买欲望。另外，广告的反复渲染与反复刺激，也会提高产品知名度，甚至会取得消费者一定的信任，从而导致产品销量增加。

（3）广告是企业进行市场竞争的有力武器。企业可利用广告吸引消费者，以尽可能少的投入获得尽可能多的产出；可利用广告策略树立企业形象、传播企业文化、打造企业品牌。

（4）广告能较好地介绍产品信息、引导消费。广告可以全面地介绍产品的性能、质量、用途、维修、安装等信息，并能消除消费者的疑虑，消除消费者对维修、保养、安装等问题的担忧，从而使其产生购买欲望。

（5）广告能美化社会环境，并有利于企业培养忠诚消费者。广告是一门艺术，好的广告能给人以美的享受，能走进人的心灵深处。它既有利于企业传播正确的、积极的企业文化，又有利于企业培养忠诚消费者。

二、广告的类型

1. 按传播媒介不同分类

（1）印刷类广告。印刷类广告主要包括印刷品广告和印刷绘制广告。印刷品广告包括报纸广告、杂志广告、图书广告、招贴广告、传单广告、产品目录、组织介绍等。印刷绘制广告包括墙壁广告、路牌广告、工具广告、包装广告、挂历广告等。

（2）电子类广告。电子类广告主要包括广播广告、电视广告、电影广告、计算机网络广告、电子显示屏幕广告、霓虹灯广告等。

（3）实体广告。实体广告主要包括实物广告、橱窗广告、赠品广告等。

2. 按广告目的不同分类

（1）通知型广告。通知型广告是指通过对产品性能特点和用途进行宣传，提高消费者对该产品的认知和理解程度的开拓性广告。这类广告主要用于新产品的入市阶段，目的在于树立品牌形象，推出新产品。

案例链接

某洗发水刚进入市场时的广告："还有半个月，一种全新的洗发水将与消费者见面"，然后依次递减天数，"还有10天……""还有1周……""还有1天……"，然后在该洗发水上市当天企业再推出全面介绍该洗发水的广告。

（2）说服型广告。说服型广告是指通过强调本企业产品的优势以及和竞争产品的明显差异，来使消费者对本企业产品有足够多的关注和购买欲望，从而说服消费者购买产品的广告。这种类型的广告一般在产品的成长期和成熟期使用。

案例链接

玛氏巧克力豆的电视广告如下：

画面：有两只手，一只是脏兮兮的，另一只是干净的。

画外音："哪只手里有玛氏巧克力豆？不是那只脏兮兮的手，而是这只干净的手。因为玛氏巧克力豆只溶在口，不溶在手。"

达克宁药膏通过"不但治标，还能治本"来暗示其同类产品只能治标，不能治本，从而劝说消费者购买达克宁药膏。

（3）提醒型广告。提醒型广告是指提醒消费者不要忘记已有使用习惯和购买习惯的品牌或产品备忘性广告。使用这类广告的目的是使目标消费者对广告所宣传的品牌或产品保持良好印象，刺激消费者重复购买，引导消费者养成稳固的、长期的购买习惯。提醒型广告在产品进入成熟期后十分重要。

案例链接

娃哈哈饮料的广告词——"娃哈哈AD钙奶，你今天喝了没有"，就是对孩子和其家长很好的提醒。

3. 按广告诉求方式不同分类

（1）理性诉求广告。理性诉求广告是采用理性说服方法的广告，它通过唤起消费者的理智来传播广告内容，从而达到促进销售的目的，它也称说明性广告。这种广告说理性强，常常通过可靠的理论展示产品的特点，以获得消费者对产品的认同。它既能给消费者传授一定的产品知识，提高其判断产品质量的能力；又会激起消费者对产品的兴趣，从而提高广告活动的经济效益。恰当地采用理性诉求广告，可以获得良好的劝说效果。如乐百氏纯净水的广告——“二十七层，层层过滤”，就是试图以理服人，告诉消费者这是高品质的纯净水。

（2）感性诉求广告。感性诉求广告通过唤起消费者的感情来达到宣传产品和促进销售的目的，感性诉求广告也可以称为兴趣广告或诱导型广告。感性诉求广告不做功能、价格等理性指标的介绍，而是把产品的特点、能给消费者带来的利益，用富有感情的语言、画面、音乐等表现出来。

案例链接

雕牌系列产品的广告就经历了从理性诉求向感性诉求的转变。产品进入市场初期，雕牌洗衣粉以质优价廉为吸引力，打出“只买对的，不买贵的”的口号，暗示该产品价格实惠，以求在竞争激烈的洗涤用品市场突出重围，结果广告效果一般。但在这之后，雕牌推出的一系列关爱亲情、关注社会问题的广告，深深打动了消费者的心，取得了良好的效果，使消费者在感动之余而对雕牌青睐有加，其相关产品连续四年全国销量第一。

“妈妈，我能帮您干活了”，这是雕牌最初关注社会问题的广告。这则广告摆脱了日用品广告强调功能效果的套路，关注下岗职工这一社会弱势群体，使消费者产生强烈的情感共鸣，雕牌也树立了贴近人性的品牌形象。

三、不同媒介的广告及其特点

广告信息要传递给目标受众，必然要通过一定的信息传播载体，这种信息传播载体就是通常所说的广告媒介。常见的不同媒介的广告有报纸广告、杂志广告、广播广告、电视广告、网络广告、户外广告、直邮 DM 广告、POP、特殊媒体广告等，它们的具体类别和特点见表 8–3–1。

表 8–3–1　不同媒介的广告

广告	广告类别	特点
报纸广告	1. 一般商业广告：一般包括插图与文案，不用标明“广告”字样，读者可自动识别 2. 文章型广告：内容和风格类似报纸文章，为防止误导读者，需要特别标明“广告”字样 3. 插页广告：不占用报纸的固定版面，而是预先制作好，夹入报纸之中，随报纸发送 4. 分类广告：指按照产品的类别（如租赁、求职、便利服务等）以纯文字形式出现的小版面广告，一般分栏刊登，按字计费	1. 报纸是印刷品，保存信息长久，可反复阅读 2. 报纸是解释型媒介，可以传播较为复杂的信息，能提供详细的说明性材料，展开深度说服读者 3. 报纸的审批管理严格，加上长期积累起来的优良信誉，使其广告可信度高 4. 报纸一般以日报居多，出版周期短，信息传播及时 5. 广告版面、刊登次数、刊载日期等能灵活、机动地安排，广告发布灵活性高 6. 新闻性、可读性、知识性、指导性和记录性显著，读者对广告内容可以了解得全面、彻底 7. 制作成本低，投放成本也较低 8. 报纸广告比较难以瞄准目标受众，且单个广告受到关注的程度较低；报纸广告的还原性比较差，视觉冲击力较弱
杂志广告	1. 一般商业广告：包括图片式广告、图文结合式广告和邮购广告三种 2. 文章型广告 3. 插页广告	1. 目标受众的细分程度非常高，针对性强，内容专业性较强 2. 一般采用高质量的彩色印刷，更吸引读者，有助于读者获取信息 3. 保存信息长久，可反复阅读 4. 出版周期长，灵活性差，广告信息传递不及时，不能随时按需修改广告内容 5. 同类广告相对集中，产品间广告竞争激烈 6. 受众数量有限，不太适合大众消费类产品
广播广告	1. 节目广告：由赞助节目的企业在节目中插播的广告，一般收费较高，其插播广告的时间占整个节目时间的 1/10 左右 2. 插播广告：在节目之间插播的广告或者在没有特定赞助商的节目中插播的广告 3. 报时广告：在整点报时前播出的广告	1. 制作简单，修改方便，播出成本和制作成本都比较低 2. 可使广告在信息所及的范围内迅速传播，信息传递高效及时 3. 传播范围广，受时间、空间和软硬件的限制较少 4. 听众在收听广播时可以同时做其他事情，抵触情绪较少 5. 难以保存和反复收听，只能传递简单的信息，不能进行深度说服 6. 表现手法比较单一，直观性差，距离感强，广告的冲击力较弱
电视广告	1. 专题节目广告 2. 插播广告 3. 报时广告	1. 视听效果兼具，表现手法多样，观众接收信息的直观性好，距离感弱，具有较强的冲击力和感染力 2. 覆盖范围广，单位接触成本低 3. 制作成本和单次播出成本高，信息持久性差，不能反复观看，不便于展开深度说服 4. 电视广告往往在电视节目中间强行插入，对观众有较强的干扰，因此观众抵触度最高

续表

广告	广告类别	特点
网络广告	1. 企业主页广告：通过建立自己的企业主页来传递广告信息 2. 横幅广告：在网站上购买广告空间，通过文字、图片、动画、视频等来传递广告信息。用户只要点击链接就可进入企业主页，获取更详细的信息 3. 弹出窗口广告：独立制作的广告小页面会在网页或软件启动时弹出。弹出广告不占用网页的空间，不影响网页的内容，但可能导致用户感到厌烦，从而直接关闭广告	1. 能够有效吸引目标受众的注意力，因为点击广告进行浏览的用户通常对广告产品有兴趣 2. 能够和目标受众进行互动，直接获得目标受众的反馈，和目标受众建立一对一的关系，对产品开发、服务升级以及下一次的广告制作具有非常重要的意义 3. 覆盖范围极广泛，广告可全天候播放，单位接触成本低 4. 表现形式丰富多样，直观性好，现场感强，可做产品深度说明 5. 方便统计广告传播效果，制作和投放效率较高 6. 受众人群以中青少年为主，老年群体较难覆盖 7. 与传统的四大传播媒体（报纸、杂志、电视、广播）广告及近年来备受垂青的户外广告相比，网络广告具有高成长、高技术的优势，是实施现代营销媒体战略的重要手段
户外广告	路牌广告、招贴广告、建筑物墙体广告或屋顶广告、霓虹灯广告、流动车广告、广告伞、彩旗广告、横幅广告、大型的影像屏幕广告、气球广告、灯箱广告、公共交通车厢及电梯广告等	1. 投放在固定位置上，目标受众浏览广告所受到的软硬件制约小，户外广告往往是区域性标志，能够对目标受众进行反复宣传 2. 户外广告的展示效果突出，同时具有符号和动作的综合效果，很适合展示品牌形象 3. 户外广告不便于传播长而复杂的信息，更不适合做深度说服 4. 覆盖范围不太广，单位接触成本相对较高
直邮DM广告	传统邮寄DM广告、上门派送DM广告、电子邮件DM广告、短信DM广告等多种形式	1. 广告信息的针对性最强，可以针对目标受众的需要展开有效的宣传 2. 可以通过附加优惠券等方法来加强宣传效果 3. 作为一对一的广告宣传形式，广告主能和受众建立良好关系，能得到即时的反馈，以及时调整广告内容和形式 4. 发布广告的时机自由度大，信息保存期长，可以在产品销售旺季展开有效的广告攻势 5. 单位制作成本高，广告发布工作量大
POP	1. 橱窗陈列广告、柜台广告、货架陈列广告、货摊陈列广告等 2. 产品本身为媒介的陈列广告 3. 销售地点的现场广告，以及有关场所门前的海报、招贴广告 4. 售点发布的各种广告、包装纸、说明书、小册子、赠品、奖券等	1. 能够帮助目标受众在采取购买行动前的最后阶段在品牌间做出选择 2. 能增强销售现场的装饰效果，美化购物环境，营造气氛，增进情趣，对受众起到诱导作用 3. 可以多种方法展示，形象逼真，吸引力强 4. 信息只能传递给亲自到场的人，覆盖面较窄
特殊媒体广告	1. 挂历、笔记本、钥匙扣、T恤衫、购物袋、画册、笔等纪念品或赠品上附带的广告 2. 馈赠广告、赞助广告、体育广告等	1. 纪念品或赠品有一定的实用价值而不易被丢弃，目标受众反复接触信息机会多，容易获得他们的信任 2. 成本较高，对目标受众判断要精准

随堂思考：本节案例导入中，百事可乐选用了哪些广告媒介？

四、广告策略

1. 广告定位策略

广告定位策略是指在众多产品中寻找本企业产品具有竞争力和差别化的特点，配合适宜的广告宣传手段，使产品在目标客户心中占据理想的位置。广告定位策略概括起来有以下几种：

（1）市场定位策略。即把广告宣传的对象定在最有利的目标市场上，通过整合市场，寻找市场空隙，找出符合产品消费特点的消费者类型，确定目标受众。可根据目标受众的地域特点、文化背景、经济状况、心理特点等，进行市场的细致划分，然后策划和创作相应的广告，以有效地影响目标受众。

案例链接

宝洁号称“没有打不响的品牌”，这是因为宝洁较好地运用了市场定位策略。以洗发水为例，宝洁有海飞丝、飘柔、潘婷三大品牌，每个品牌各具特色，针对不同的消费群体，三大品牌的广告紧紧围绕三大品牌的目标市场需求特征而展开：海飞丝广告突出“头屑去无踪，秀发更出众”，飘柔广告突出“飘逸柔顺”，潘婷广告则强调“营养头发，更健康更亮泽”。三大品牌的广告个性鲜明，锁定目标市场消费者，突出产品的特色，最终强有力地占领了市场。

（2）产品定位策略。即最大限度地挖掘产品的特点，把最能代表该产品的特性、品质、内涵等作为广告宣传的重点。可以从以下方面进行产品定位，如产品的特色、文化、质量、价格、服务等，以突出自身优势，树立品牌独特鲜明的形象，促进企业发展。

案例链接

乐百氏纯净水的广告语——“乐百氏纯净水，二十七层净化”，明确告知了消费者产品质量过硬的特点，从而将自己成功定位在纯净水的高端位置。

（3）观念定位策略。即在广告策划过程中，通过分析消费者心理，赋予产品一种全新的理念。这种理念要既符合产品特性，又迎合消费者心理，这样才能突出产品优势，在更高层次上打败竞争者。这里所指的理念是思想、道德、情感层面的理念。

案例链接

山叶钢琴的广告语“学琴的孩子不会变坏”，抓住了父母的需求，采用攻心策略，不讲钢琴的优点，而是宣传学钢琴有利于孩子身心成长，以此来吸引孩子父母。

（4）企业形象定位策略。即通过将某种文化、某种感情、某种内涵注入企业形象之中，打造独特的差异化品牌形象。真正成功的企业形象，能恰到好处地把握住时代脉搏，击中消费者心灵。可以从企业文化角度、企业情感角度、企业信誉角度、企业特色角度来树立企业的形象。

案例链接

“山高人为峰，红塔集团”，该广告体现了企业以人为本的管理理念。“孔府家酒，叫人想家”，该广告中注入了浓浓的思乡情感。这些广告都成功树立了企业独特鲜明的形象。

（5）品牌定位策略。即把定位的着力点落在扩大和宣传品牌上。目前很多产品的市场竞争已同质化，很多同类产品使消费者无法通过简单识别辨别出产品优劣，企业之间竞争的根源在于品牌的竞争，谁抢先树立了自己的品牌，谁就抢先赢得市场。

企业可以通过求先定位、求新定位、空隙定位、竞争定位等手段在第一时间树立起自己的品牌形象，赢得自己的市场。

案例链接

理光复印机的广告语“We lead，others copy（我们领先，他人仿效）”充分突出了品牌在技术上的领导者地位。

成功的广告定位策略能帮助企业在激烈的竞争中立于不败之地，获得其竞争者所不具备的优势，赢得特定且稳定的消费者，树立与众不同的形象。因此，在制定广告策略时，应准确把握广告定位。

随堂思考：本节案例导入中，百事可乐采用了哪种广告定位策略？

2. 广告创意策略

广告创意是使广告达到宣传效果的创造性的理念，是能使广告发挥促销效果的独特手段，是决定广告设计水准的关键。广告创意要以广告定位为前提，要根据市场营销组合策略、产品情况、目标消费者特点、市场情况来设计。广告创意策略即根据整体广告策略，针对市场难题，立足产品属性，迎合消费心理，研究竞争策略，找寻一个能“说服”目标消费者的“理由”，并把这个“理由”用视觉化的语言表现出来，以通过视听手段影响消费者的情感与行为，达到信息传播的目的，从而促成消费者的购买行为。在进行广告创意时，应该遵循的原则是准确性、新颖性、简洁性和特色性原则。

案例链接

电视画面：一位男性股民在卫生间一边方便，一边看着《股市快讯》。看到“股票又涨了”，他立即要打电话。于是，他匆忙地跑出卫生间，奔向客厅的电话机。人真是越忙越乱，一不小心被绊了一下，他跌倒在地，眼镜也惨遭损坏。

转画面：还是这位男性股民坐在卫生间里，但此时他手里拿着无绳电话开心地讲话。

画外音：“步步高无绳电话，方便千万家。”

该广告用幽默的表达手法、戏剧性的故事，吸引了观众的注意力，这个情景似乎就是观众生活中曾经发生过的尴尬场面，真实且易引起共鸣。该广告在娱乐氛围中展示了产品的核心特点。广告播出之后，步步高无绳电话销量迅速攀升，市场占有率一路上升，占据同类产品的首席位置。

企业实践

背景资料

先欣赏以下公司或产品的广告语：

1. 丰田汽车：车到山前必有路，有路必有丰田车。
2. 金利来：男人的世界。
3. 斯沃琪（瑞士手表）：腕上的风景线。
4. UPS 快递：珍惜所托，一如亲递。
5. 飞利浦：让我们做得更好。
6. 李维斯牛仔裤：不同的酷，相同的裤。
7. 杜邦莱卡（高弹性纤维）：收放之间，风光无限。
8. 微软鼠标：按捺不住，就快滚。
9. 运通金卡：一诺千金。

任务：4 ~ 5 名同学为一小组，评价以上广告语的创意。

实践指导

◆ 1. 精彩的广告语巧妙地把中国的俗语与产品结合起来，体现出自信和一股霸气，朗朗上口。

◆ 2. 广告语画龙点睛地展示了金利来的定位和核心价值。

◆ 3. 以引领时尚和物美价廉的姿态出现，突出产品鲜艳的色彩和精美的造型，打破瑞士手表所固有的名贵形象。

◆ 4. 注重形象的感染力，体现人文关怀和情感传递。

◆ 5. 成绩有目共睹，谦虚使人进步。

◆ 6. 紧紧抓住在年轻一代中从不过时的"酷"文化，体现品牌的个性化。

◆ 7. 杜邦莱卡虽然不是有形的产品，但却是有形的品牌。"收放之间，风光无限"是对莱卡高弹性纤维最形象化和艺术化的形容，给人很大的想象空间。

◆ 8. 这句广告语与众不同，狡黠中有智慧，既生动地暗示了微软鼠标的灵活性，又利用俏皮的语言塑造出了鲜明个性的品牌形象。

◆ 9. 巧妙地运用成语"一诺千金"，表达出了该信用卡的特性。

第四节 公共关系

案例导入

为了在山东省宣传推广医疗卫生理念，"舒肤佳"通过山东省爱卫会和山东健康教育所组织了"健康卫生三部曲（常常洗手、天天洗澡、处处打扫）"的医疗卫生理念宣传活动，借助新闻发布会和群众推广宣传活动实现了预期的促销效果。

新闻发布会邀请了山东省 34 家主要媒体的 50 余名记者参加。在新闻发布会上，济南市少年宫的合唱团现场演唱了为活动特别创作的"健康卫生三部曲"歌曲，为新闻发布会增添了许多情趣，将会议的气氛推向了高潮。

群众推广活动于新闻发布会开始一个半小时后在济南市开展，在整个活动现场，不仅有医学专家提供医学咨询服务，还有济南市儿童合唱团和济南舞蹈队进行以"健康卫生三部曲"为主题的表演。该活动持续了两天，约有 2 000 人参加。10 000 个印有"健康卫生三部曲"标志的气球被派发给群众。

在活动中，两个由真人装扮的吉祥物出现在现场，在舞台上表演洗手、洗澡、打扫卫生等舞蹈动作，充分地向活动现场的观众传递了“健康卫生三部曲”活动的理念。这两个吉祥物的外形设计以舒肤佳香皂为原型，分别为粉红色和绿色，它们身上都有“健康卫生三部曲”的字样。

活动现场还设置了专家咨询台，有来自中华医学会和山东省公立医院的15名知名医生为现场的观众科普有关肝炎、细菌性肠道传染病等疾病的预防措施及早期治疗方法。

活动舞台前还有一个长12 m、宽1.5 m的“健康卫生三部曲——百万人签名”条幅，供现场观众签名。签名活动非常火爆，许多观众都争着以签名方式表示对活动的支持。

- 好的企业是有社会责任感的企业，他们会尽量做到对社会有所贡献。
- 企业不仅要设法提高知名度，而且要不断增加美誉度。
- 良好的企业形象是产品长期旺销的基本保证。

知识聚焦

一、公共关系和公关促销

1. 公共关系的概念

公共关系简称公关，是指企业用传播手段使自己与相关消费者之间进行双向交流，使双方相互了解和相互适应的管理活动。

应从以下四个方面完整地理解公共关系的含义：

（1）公共关系是企业与消费者之间的关系，这种关系是在企业与消费者相互作用和相互影响过程中形成的。

（2）公共关系是企业管理的独立职能。公共关系的主要任务是宣传企业；协调企业与消费者的关系，使企业适应消费者的要求；应对突发事件，维护企业形象，因此它是一项长期性的工作。

（3）公共关系是以真实为基础的双向沟通，信息沟通与传播是公共关系的基础。

（4）公共关系是一种创造美好形象的艺术，目的是使消费者全面了解企业，从而提高企业的声誉和知名度。在市场营销学中，公共关系是企业最常用的建立消费者信任的工具。

2. 公关促销的含义

公关促销是指利用公共关系，把企业的经营目标、经营理念、政策措施等信息传递给消费者，使消费者对企业有充分了解，同时，对内协调各部门的关系，对外加强企业与消费者的关系，扩大企业的知名度、信誉度、美誉度，为企业营造和谐、友好的营销环境，从而间接促进产品销售。

企业要想做好公关促销，要做好以下几点：一是要收集市场供求信息，价格信息，消费者消费心理及倾向信息，产品及企业形象信息，竞争者信息以及其他的经济、政治和社会环境信息，并通过这些信息分析消费者的心理、意向及其变化趋势，注意社会舆论的发展变化趋势；二是要提升产品的信誉度，真正为消费者着想，并将有关产品及企业的各种信息及时、准确、有效地传播出去，争取消费者对企业的了解和理解，提高企业的知名度和美誉度，为企业树立良好的形象，创造良好的社会舆论氛围；三是注意增进与消费者的感情，处理好突发事件及有损企业形象的事件。

二、公关促销的方式

1. 宣传性公关

宣传性公关是指利用报纸、杂志、广播、电视、宣传画册以及企业内部刊物等各种传播媒介，采用新闻稿、演讲稿、报道、倡议书、报告等形式，向社会各界传播企业有关信息，以形成对企业有利的社会舆论，创造良好的气氛。这种方式传播面广，有助于树立企业良好形象。

2. 征询性公关

征询性公关是指通过开办各种咨询业务、制作调查问卷、进行民意测验、设立热线电话、聘请兼职信息人员、举办信息交流会等活动，不断地努力，逐步形成效果良好的信息网络，再将获取的信息进行分析研究，为企业经营管理决策提供依据，为消费者服务。

3. 交际性公关

交际性公关是指通过语言、文字的沟通，为企业广结良缘，巩固传播效果，可采用庆典、宴会、座谈会、招待会、谈判、专访、慰问、电话、信函等形式。交际性公关具有直接、灵活、富有人情味等特点，能深化交往层次。

4. 服务性公关

服务性公关是指通过提供各种实惠的服务获取消费者的信任和好评，以达到促销产品，树立和维护企业形象与声誉的目的。企业可以以各种方式为消费者提供服务，如消费指导、消费培训、免费修理等。事实上，只有把服务提升到公关这一层面上来，才能真正做好服务工作。

5. 社会性公关

社会性公关是指通过赞助文化、教育、体育、卫生等事业，支持社区福利事业，参与国家、社区重大社会活动等形式来塑造企业的社会形象，提高企业的社会知名度和美誉度。这种公关方式公益性强，影响力大，但成本较高。

6. 事件性公关

事件性公关是指企业在真实、不损害公众利益的前提下，利用具有新闻价值的事件，或者有计划地策划组织各种形式的活动来制造“新闻热点”，以吸引媒体和公众的注意力，达到提高社会知名度、塑造企业良好形象并最终促进产品销售的目的。

案例链接

风和日丽，天高云淡，一群身着古装的青年男女在湖光竹影中举杯引觞，一片古风雅韵引得游人们纷纷拍照。来自北京大学历史系的同学们穿起长袍大袖的汉服，在古色古香的陶碗里盛满酒浆，分宾主就座，通过一系列仪式将古代酒礼一步步展示出来。

这是五粮液组织的一次很成功的新闻事件营销活动。当时正值汉服被热炒时期，策划者借助“北大学子”“汉服文化”“酒文化”“效古省今”等话题，让事件本身有了极强的传播力。

该活动信息在新浪博客上首发后被迅速推到了新浪博客首页以及新浪首页。之后，活动借由“网络推手”进一步推动，开展了正反两方观点PK活动，并拉入一些名博主参与。随着消息面迅速扩大，大量的平面媒体跟进报道了此事，凤凰卫视热点谈话节目“锵锵三人行”就此话题专门做了一期节目，在“秋雨时分”里，余秋雨也就此事发表了评论。

最终，随着整个新闻事件的传播，五粮液品牌不但获得了高曝光度和高关注度，而且树立了“中国白酒文化典范”的形象。

7. 危机性公关

由于企业管理不善、同行竞争甚至恶意破坏，或者外界特殊事件而给企业或品牌带来危机，企业针对危机所采取的以消除影响、恢复形象为目的的一系列自救行动，就是危机性公关。

随堂思考： 本节案例导入中，舒肤佳采用的是哪种公关促销方式？

三、公关促销方案的设计和实施步骤

1. 公关促销方案的设计

（1）确定公共关系的原则。贯彻以诚取信及消费者利益与企业利益相协调的原则。企业要在消费者心目中树立良好的形象，关键在于诚实，目的在于双赢。只有诚实才能获取消费者的信任，只有双赢才能让双方关系持久。

（2）明确公关促销目标。制定公关促销方案时，要先明确公关促销的目标。公关促销的目标应与企业的整体目标相一致，并要尽可能具体，同时要有主次轻重。

（3）确定公关促销对象。即确定本次公关促销的目标消费者。

（4）设计公关促销项目。即选择开展公关促销活动的方式，如举行记者招待会、组织企业纪念活动和庆祝活动、参加社会公益活动等。

（5）编制公关促销预算。在制定公关促销方案前，还要预估费用并编制预算，评估公关促销能够带来的最大收益。

2. 公关促销的实施步骤

公关促销的主要职能是信息采集、传播沟通、咨询建议、协调引导。作为一个完整的工作过程，开展公关促销应该包括以下四个相互衔接的步骤：

（1）市场调查研究。市场调查研究是做好公关促销的基础。企业通过调研，一方面能了解目标消费者的意见和反应，以在做决策时有的放矢；另一方面可将企业领导者意图及企业决策传递给消费者，加强消费者对企业的认识。

（2）确定公关促销目标。在调查分析的基础上明确了公关促销的重要性和紧迫性，进而根据企业总目标要求和各方面情况，确定具体的公关促销目标。公关促销是围绕着信息的提供和分享而展开的，因此具体的公关促销目标包括传播信息、转变态度和唤起需求。必须注意，不同企业或企业在不同发展时期，公关促销目标是不同的。

（3）信息沟通。企业必须学会运用大众传播媒介及其他交流信息的方法以实现良好的公关促销效果。

（4）评估效果。应从定性和定量两方面评价公关促销的效果。评估指标可以包括媒体曝光频率、消费者反响（主要包括知名度和美誉度变化情况）、品牌价值变动值、销售额和利润变动值等。评估效果的目的在于为今后公关促销工作提供资料和经验，也可为企业领导层做决策提供依据。

企业实践

背景资料

2010 年 4 月 5 日，肯德基公司（中国）发布优惠券秒杀活动通知：于 2010 年 4 月 6 日 10 时、12 时、15 时，分三次在淘宝上发放 100 张上校鸡块（10 时发放）、全家桶和香辣鸡腿堡（12 时发放）、劲脆鸡腿堡（15 时发放）的半价优惠券，优惠券打印、复印均有效。

2010 年 4 月 6 日上午，第一轮秒杀活动顺利开展，很快就有人持券前往餐厅购买上校鸡块。然而，中午时分，第二轮和第三轮活动尚未开始，就有数家餐厅报告称，已经有人拿到了全家桶半价优惠券和香辣鸡腿堡、劲脆鸡腿堡半价优惠券，一些员工因不了解情况，已以半价出售产品。

鉴于这一情况，肯德基公司立马临时取消了后两轮秒杀活动。不过，当天晚上在淘宝上依然可以看到，还有卖家在出售该优惠券，而在不少网站上，该优惠券及其引发的问题仍是热门话题。不少不知情的网友表示要打印优惠券并前去餐厅使用，还有些网友则将自己被拒的经历记录下来，呼吁其他人不要上当。对此，肯德基公司发布官方声明称，流传在网络上的全家桶半价优惠券、香辣鸡腿堡半价优惠券、劲脆鸡腿堡半价优惠券均为假券，餐厅一律拒收，后续活动开始时间尚未确定。

优惠券秒杀活动突然取消之后，控诉肯德基的各类帖子开始在网络中传播，网友对肯德基公司的这一行为纷纷表示不满。“谁动了我的全家桶？”“KFC 秒杀门，涉嫌欺诈消费者”成为网络热帖，而肯德基公司网站的优惠券领取网页长时间处于无法显示状态。

任务： 4 ~ 5 名同学为一小组，对肯德基此次公关促销的实施过程及效果做出评价，并提出危机处理建议。

实践指导

◆ 公关促销的目的不只是吸引眼球，更重要的是提升企业美誉度。公关促销具有两面性，如同高空行走，走过去海阔天空，失足跌落则美誉度丧尽。互联网是双向操控的媒体，是强大的社会化媒体，在利用公关促销传播企业品牌文化与获取利益的时候，一定要充分认识其风险性。

◆ 此次活动事前调查不充分，肯德基公司对实施过程中可能出现的问题评估不足。

◆ 肯德基公司在公关促销实施出现问题时与公众沟通不畅且不深入，违背以诚取信原则。

◆ 活动总体效果不佳，给公司形象带来负面影响。

◆ 应启动危机公关，向消费者真诚致歉，澄清问题真相，及时解决遗留问题。

第五节 营业推广

案例导入

三八妇女节期间，大部分服装店都是围绕“庆祝妇女节”做促销的，某时尚女装品牌W却反其道而行之，另辟蹊径地推出一项新颖的“年龄＝折扣，你的折扣你做主”主题促销活动。活动规定：凡是年满15周岁的顾客，只要结账时能出示证明生日的身份证件，就能按照其出生年份的后2位数字享受相应折扣优惠，如1986年出生的享受8.6折优惠，1951年出生的享受5.1折优惠。

事后证明，该促销活动吸引了众多的参与者，而且大部分衣服最终以6～7.5折销售，虽然也有几件衣服是以5折销售的，但没有出现以4折销售的情况，原因很简单，因为20世纪40年代左右出生的人已经很难出来凑这个时尚产品的热闹了。

案例点评

- 营业推广好比足球射门，提供的是消费者购买商品过程中的刺激。
- 营业推广是如今企业越来越频繁使用的一种促销手段。营业推广预算在企业，特别是在消费品行业企业的促销预算中所占的比例越来越高。

知识聚焦

一、营业推广的含义和作用

营业推广又称销售促进，是指企业运用各种短期诱因鼓励消费者和中间商购买或销售企业产品和服务的促销活动。

营业推广是对消费者购买行为的短期激励活动，是一种不以打造品牌形象为宗旨的战术性营销手段，消费者受利益驱动购买产品，它主要适用于消费者会因冲动而购买的产品。

营业推广的作用如下：

第一，加快产品入市的进程。营业推广可在一段时间内调动消费者或中间商的购买热情，培养消费者的兴趣和使用爱好，使消费者尽快了解产品。

第二，激励消费者初次购买。消费者一般不愿冒风险对新产品进行尝试。但是，营业推广可以让消费者降低风险意识，进而接受新产品。

第三，激励消费者再次购买，形成消费习惯。当消费者试用了产品，并感到基本满意时，会产生重复使用的意愿。如果营业推广一直持续，就可以使消费者群基本固定下来。

第四，提高销售业绩。营业推广可以改变一些消费者的使用习惯及增加消费者对品牌的忠诚度，中间商和消费者因受利益驱动，都可能大量进货与购买产品。

第五，参与竞争或抵抗竞争。市场进攻者可以运用营业推广强化市场渗透，加速市场占有。市场的防御者也可以运用营业推广针锋相对，来达到限制竞争者的目的。

第六，带动相关产品销售，扩大总销量。企业在开展某种产品的营业推广过程中，通常会附带传播企业其他相关产品的信息，以扩大产品整体销量。

营业推广也存在一些不足之处：影响面相对较小，是一种辅助广告和人员推销的促销方式；刺激强烈，但时效较短；过分渲染或长期频繁使用，容易使消费者对企业产生怀疑，从而对品牌形象造成一定伤害。

随堂思考：本节案例导入中，W 店开展促销活动的主要作用是什么？

二、营业推广的形式

企业间的竞争越激烈，企业的促销活动就越多。营业推广的形式非常多，常见的形式有折价促销、有奖促销、游戏促销、竞赛促销、会员制促销、试用促销、赠品促销、以旧换新促销、积点促销、展示促销、赞助促销、联合促销、团批促销、佣金促销、心理促销等。

1. 折价促销

折价促销为最常见的营业推广形式，其相关内容见表 8–5–1。

表 8–5–1　折价促销相关内容

手段	做法	特点	注意事项
直接降价	将某产品或服务直接打折售出，如六折优惠、特价销售、每日特价等	1. 促销效果明显，是对消费者冲击最大，也最有效的促销方法 2. 工作量小，促销活动易开展，成本和风险也容易控制 3. 最简单、最有效的竞争手段	1. 当价格是产品销售不畅的首要因素时可考虑采用 2. 促销开始时间设置要考虑消费者正常的购买周期，否则不利于恢复价格 3. 折价金额占原价金额的 20% 以上才具有吸引力

续表

手段	做法	特点	注意事项
数量折扣	按照消费者购买数量不同，分别给予不同的价格折扣，购买数量越多，折扣越大；购买数量可以按次计，也可以累计	4. 有利于培养和留住现有消费者 5. 深受消费者和促销员的欢迎 6. 一味折价不能解决产品销售的根本问题 7. 经常折价会对产品和品牌造成伤害 8. 不利于提高消费者对品牌的忠诚度 9. 容易引起价格战 10. 不利于维护产品的价格形象和保持合理的利润空间	4. 折价促销广告要简单、抢眼、准确，具有杀伤力，不要花哨 5. 折价促销要选择那些成熟度高、消耗量大、购买频率高、季节性强、即将过期、技术和包装弱势的产品 6. 经常使用折价促销会有损产品在消费者心目中的形象 7. 原价加量促销手段对消费者熟悉的品牌有效，但对不熟悉的品牌效果不理想 8. 折扣率一般要在30%以上，才能对消费者有足够的吸引力
限时折扣（秒杀）	在特定的营业时间内提供优惠产品，以达到吸引消费者的目的		
送代金券	在消费者购买一定数量或金额的产品后，按照一定比例或要求发放代金券等		
原价加量	产品售出之前，在原包装基础上增加产品分量，并且销售价格不变		

案例链接

某年夏天，北京天气异常炎热，居民到了晚上不愿闷在家里，纷纷来到室外消暑纳凉，A超市见状适时推出了“夜场购物”，将超市的闭店时间从原来的晚9点半调整至12点，同时在这一时段将一些食品、果蔬等生鲜类产品打折销售。此举既为附近居民提供了纳凉的好去处，又以低价销售了大量日配产品，受到了广大居民的欢迎，也吸引了不少附近商圈的居民来此购物。

2. 有奖促销

有奖促销是指企业通过有奖征答和有奖问卷、抽奖、大奖赛等吸引消费者购买产品，传递企业信息的营业推广形式，其相关内容见表8–5–2。

表 8-5-2　有奖促销相关内容

手段	做法	特点	注意事项
有奖征答和有奖问卷	发放问卷或现场提问，对参与者给予一定奖励	1. 能帮助企业建立或强化品牌形象 2. 往往要求参与者的专业性 3. 用来进行新品推广或新概念推广时，效果较好	1. 大奖赛与抽奖活动的奖品组合宜呈金字塔形 2. 在设定奖品价值时，应以小额度、大刺激为原则，不能违反《中华人民共和国反不正当竞争法》有关规定，即抽奖式的有奖销售，最高奖金额不得超过五万元 3. 奖品应靠新奇和独特性取胜 4. 奖品组合中一定要有一两个诱惑力很大的大奖，并配以数量稍多但价值与一等奖不差太多的二等奖，以调动消费者的积极性 5. 必须有严格、清晰、易懂、准确的奖励规则，并公之于众 6. 在设计奖品时，可考虑利用业务合作关系，从合作伙伴处以较低价格购买实物奖品 7. 可以通过编制经费预算，控制促销费用
抽奖	对购买产品的消费者，按企业制定的促销规则给予相应的抽奖机会，抽奖方法主要有回寄式、滚动式、即开即中式、递增式与组合式等	1. 有利于直接拉动终端销售 2. 与其他促销手段相比，抽奖促销费用支出少，产出大 3. 抽奖效果难以评估，效果好坏与很多因素有关，如市场环境、促销时间、人员经验等 4. 可能对品牌建设有一定的负面影响	
大奖赛	利用人们的好胜心、参与心举办活动，消费者通过展现自身的聪明才智或特殊专长来赢得企业提供的丰厚奖品	1. 能有效地推广新产品，有助于提升品牌形象 2. 活动规模较大，能产生较大的影响力 3. 费用较高，规模大，相对成本较高 4. 参与者不一定都是潜在消费者	

3. 游戏促销

大多数人都喜欢场面热闹的游戏，企业通过推出各种各样的游戏活动来带动消费，把促销的内容有机地融进游戏活动本身，不仅能使消费者获得极大乐趣与满足，还能起到促进当前销售、渗透品牌意识的作用。游戏促销活动内容广泛，形式多样，既可以是竞猜游戏、棋牌游戏，也可以是拼图、猜谜游戏；既可以让任何人都免费参与，也可以要求以购买产品为前提；既可以在终端集中推广，也可以在包装上推广；既可以嵌入在广告中，也可以单独制作成卡片。但无论采用哪种形式，都应以奖品来诱导消费者，以促销为目的。开展游戏促销要注意以下几个方面：

（1）游戏主题。要设计一个有创意、简单、极具吸引力的主题，其内容不但要具有趣味性，能够吸引消费者的注意力，而且要能传递产品或品牌信息。如果游戏主题能具有一定新闻性更是锦上添花。

（2）参与条件。参与门槛越低越好，零售终端游戏促销活动最好不要限制参与条件，以集聚人气、寻求商机为目的；生产企业以产品为载体的游戏促销活动可以配合优惠券一起开展。

（3）奖品设置。消费者参与活动的诱因归根结底是奖品，应以大型奖品吸引人，以中型奖品及多数小型奖品平衡其心。大型奖品可以是小汽车或出国旅游，中型奖品一般为产品，小型奖品一般为纪念品。一般不用现金作为奖品。同时，奖品设置应注重品牌传播。

（4）游戏促销活动一般和免费抽奖、即时开奖、竞赛等活动一起开展，以使促销活动更有趣、更有看点，消费者更喜欢参与。也可以把发放优惠券等促销活动融入游戏促销活动中。

4. 竞赛促销

竞赛促销是培养新客户、巩固老客户的一种营业推广形式，参与者必须凭借技巧、思维、判断力在竞赛中获胜才能得奖。竞赛促销同时也是品牌与消费者对话的有效方式，是树立品牌形象、加强品牌与消费者之间沟通的方式。

竞赛促销活动参与人数一般都很少，但竞赛促销活动的影响力很大，竞赛促销活动能吸引更多人注意，使他们对促销产品产生兴趣，也能增强他们对品牌的印象。

竞赛一般有如下几种：

（1）知识型竞赛。知识型竞赛有行业知识竞赛、产品知识竞赛、品牌知识竞赛和企业信息知识竞赛等。它旨在培养消费者对行业、品牌、产品以及企业的认知，具体方式有试卷型判断、填空或问答，市场调查分析，补充句子，找不同之处等。知识型竞赛的试题都比较客观，一般都有标准答案，参与者一般只需认真阅读企业相关信息就可以得出正确答案。在参与者回答问题的过程中，企业及其产品信息得到了有效宣传。知识型竞赛常常和抽奖活动配合开展。

（2）思维型竞赛。参与者参与此类竞赛，需要充分调动思维的灵活性、创意性，凭借自己的智力博得奖品或礼物，如征文比赛、广告语征集、消费感受征集、点子大赛、创意大比拼等。这种竞赛方式一般有两个目的：一是借用消费者的智慧。在行业或消费者群中隐藏着大量对品牌发展和产品销售大有帮助的人，利用重金向他们征集的办法一般对企业大有裨益。二是打造类似于新闻事件营销的轰动效果，广泛引起社会关注。

（3）技能型竞赛。这是具备某些专业技能的人参加的竞赛活动。这类活动一般场面较大，举办者通过场面吸引消费者、引导消费。如调料产品厂商举办口味品鉴竞赛，洗衣产品厂商举办洗衣比赛，啤酒厂商可以举办喝啤酒大赛，歌舞厅可以举办卡拉 OK 大赛等。

案例链接

佳宝公司曾举办“识‘佳宝’，赢新春大礼”竞赛促销活动，达到了提升品牌形象与增加产品销量的双重目的。活动推出了两个系列的竞猜题，均围绕“佳宝”的品牌标识。一种是要求消费者从A、B、C、D、E五个字体中选择出与产品包装上“佳宝”字体相同的字体，另一种是要求消费者判断“佳宝”的字体属于黑体、宋体、汉隶、篆体、行书这五种字体中的哪一种。参与者只要将准确的答案连同三个不同的“佳宝”产品包装袋一起寄往指定地点，就可参加抽奖活动。奖项包括价值1 000元的高级随身听3部，价值600元的变速山地车5辆，价值300元的时装真皮背包10个，另设纪念奖100名。

5. 会员制促销

会员制促销是企业常采用的一种营业推广形式，尤其适用于连锁店营业推广，其相关内容见表8–5–3。

表8–5–3　会员制促销相关内容

<table>
<tr><th>手段</th><th>做法</th><th>特点</th><th>注意事项</th></tr>
<tr><td>公司会员制</td><td>消费者不以个人名义而以公司名义入会，企业向入会公司收取一定数额的年费</td><td>1. 适宜入会公司内部雇员使用
2. 普遍采用支票结算，很少采用现金结算
3. 会员在购物时可享受10%~20%的购物优惠和一些免费服务</td><td rowspan="4">1. 能提高消费者忠诚度和提升品牌价值，主要目的是维护回头客
2. 会员制促销利用消费者在心理上的团体归属感，会员要达一定数量才能在消费者中产生较大的影响
3. 注意多寻找一些合作伙伴，共同分摊成本
4. 定期向会员发送信息，甚至发行会员俱乐部会刊
5. 多举办会员活动，发挥会员制社交功能，以提升会员的忠诚度
6. 经常启用“会员价”，将会员细分成不同的等级，级别越高，可享受折扣越高
7. 在会员生日时，邮寄一张精美的贺卡或送一份礼物</td></tr>
<tr><td>终身会员制</td><td>消费者一次性向企业缴纳一定数额的会费，成为该企业的终身会员</td><td>1. 会员可长期享受一定的购物优惠
2. 会员可常年收到企业提供的精美商品广告，还可以享受一些免费服务，如电话订货和免费送货等</td></tr>
<tr><td>普通会员制</td><td>消费者无须向企业缴纳会费或年费，只需一次性购买足额的企业产品便可成为会员</td><td>1. 会员可享受5% ~ 10%的购物优惠和一些免费服务
2. 会员可购买会员价商品</td></tr>
<tr><td>内部信用卡会员制</td><td>企业推出自己的消费信用卡，消费者申请某企业信用卡后即成为会员，购物时只需出示信用卡即可</td><td>1. 适合于大型高档商店等企业
2. 会员可享受分期付款或在一定时间内免息分期付款的优惠，甚至可享受一定折扣的购物优惠</td></tr>
</table>

续表

手段	做法	特点	注意事项
购物卡会员制	企业发行自己的购物卡，消费者购买卡后即成为会员，购物时只需出示有效的购物卡即可	1. 消费者需要先付款后消费 2. 购物卡必须具备某些有诱惑力的利益点才能吸引消费者购买	8. 除了为显示身份的顶级俱乐部或有法律规定的情况，在会员卡使用过程中不要强制本人使用。这样可更好地开拓市场 9. 在办会员卡时将会员手机号录入电脑系统，以方便那些忘带会员卡的会员 10. 可实施消费累积积分制度，并根据积分情况给予会员一定的奖励或优惠 11. 成为会员应是消费者自愿行为

6. 试用促销

对于那些消费者希望体验后再决定购买的产品，企业应通过提供试用机会来促销，试用促销相关内容见表 8–5–4。

表 8–5–4　试用促销相关内容

<table>
<tr><th>手段</th><th>做法</th><th>特点</th><th>注意事项</th></tr>
<tr><td>直接派送</td><td rowspan="2">企业把一定数量的产品样品免费赠送给目标消费者试用以促使其购买的一种营业推广形式，当然，此种营业推广形式也可以发展为特许使用，即消费者先使用产品，使用满意后在规定的时间内支付费用</td><td>1. 促销地点一般选在城市热闹的街头、商场入口、公交车站等
2. 凭券派发产品样品，给消费者以机会难得感</td><td rowspan="2">1. 应用于价值较低的快速消费品或新技术产品上市的过程中
2. 产品应具有独特的卖点，能给消费者带来其他品牌无法带来的利益
3. 样品必须准确送至目标消费者手中
4. 一般来说，最好在旺季到来之前开展
5. 派送之前最好有广告促销配合</td></tr>
<tr><td>间接派送</td><td>1. 经常通过报纸、专业杂志附带赠送样品，也可通过专业渠道派送
2. 免费样品派送管理难度大，较难保证样品完全送达消费者手中
3. 成本较高</td></tr>
</table>

7. 赠品促销

赠品促销是最古老、最有效、应用最广泛的营业推广形式之一，像化妆品、保健品等在卖场有销售专柜的产品适合用这种方法推广，赠品促销相关内容见表 8–5–5。

表 8-5-5 赠品促销相关内容

手段	做法	特点	注意事项
买 A 送 A 买企业 A 产品送企业 B 产品 买企业 A 产品送其他企业 B 产品	一定时期内为增加产品销量，迫于市场压力，企业向购买自己产品的消费者进行馈赠的一种营业推广形式，赠品的发放方式主要有店内附赠、积分赠送、当场赠送、随产品赠送等	1. 能吸引消费者的注意力，增加消费者对企业的好感，刺激消费者购买的欲望 2. 能刺激消费者转移消费品牌 3. 能刺激消费者转移消费档次，购买高档、昂贵的产品 4. 能刺激消费者购买新品 5. 能维持消费者对品牌的忠诚度，鼓励消费者重复消费或增加消费量 6. 增加了服务项目的附加价值，能与竞争者形成差异 7. 它是企业抵御竞争的有力手段 8. 容易形成合作双赢的结果（买我 A 送他 B） 9. 这是一种短期促销行为，过多的赠品促销活动会影响品牌建设	1. 先声夺人，在赠品促销之前，应准确发布广告信息 2. 赠品和产品有关联，这样很容易使消费者对产品有最直接的价值感受 3. 突出赠品的独特卖点，通常选择零售利润较高的产品作为赠品 4. 给赠品取一个好听的名字，以使消费者产生美好的联想 5. 情感助阵，适当炒作赠品价值 6. 强化概念，赠品是附加值的体现，要让消费者将感觉上的“买了才能送”变成“不但买得实惠，而且还有赠品送” 7. 注意赠品的依附性，它是附送的，不能喧宾夺主 8. 集中摆放，注重赠品陈列和展示效果 9. 采用限量赠送的方法设置悬念，使消费者有紧张感

8. 以旧换新促销

以旧换新是指消费者在购买新产品时，如果能把同类旧产品交给企业，就能获得一定的价款折扣；如果消费者不能提供旧产品，就只能以原价购买新产品。目前以旧换新促销十分流行，涉及的产品主要有汽车、自行车、手表、家用电器、家具、黄金、珠宝首饰、高压锅、热水器、煤气灶，甚至西服、羊毛衫、旅游鞋、炒菜锅等，其相关内容见表 8-5-6。

表 8-5-6 以旧换新促销相关内容

手段	做法	特点	注意事项
同品换新	企业按一定的金额回收处理旧产品，以使消费者购买新品，但消费者购买新产品时，只能用同一品牌或同一企业生产的旧产品抵价	1. 能消除消费者因为舍不得丢弃尚可使用的旧产品而不买新产品的障碍	1. 如新产品定价高、同类竞争产品也在搞促销活动、产品知名度不高等，旧产品的抵价额度则应高一些，以增强吸引力

续表

手段	做法	特点	注意事项
竞品换新	消费者购买新产品时，只能用竞争品牌的或竞争企业生产的旧产品抵价	2. 能鼓励消费者及时淘汰过时的产品，更换新潮的流行产品 3. 能提高一个非名牌产品在市场上的竞争力 4. 能避免直接降价带来的种种副作用，如引发同行竞相降价的价格战等 5. 促销成本较高 6. 促销范围比较狭窄 7. 操作起来较麻烦	2. 只要条件允许，应尽可能对不同的旧产品确定不同的抵价标准 3. 在必要的时候，应该向消费者公布回收来的旧产品的去向 4. 回收来的旧产品，应尽可能加以利用 5. 选择好开展以旧换新促销活动的时机和地点，应尽量方便消费者
任意品换新	消费者购买新产品时，可用任一品牌的或企业生产的同类旧产品抵价		

9. 积点促销

在快速消费品领域，积点促销是指企业制定短期内多次购买可通过积累积点、贴花、换物票等兑换赠品或礼品的促销政策，以提高消费者忠诚度的营业推广形式，其相关内容见表 8-5-7。

表 8-5-7　积点促销相关内容

手段	定义	特点	注意事项
积累积点，兑换赠品	积点促销，又称商业贴花优惠和积点连续赠送促销，它以持续培养消费者忠诚度为目的	1. 企业可以通过消费者持续购买的记录对自己产品的品牌、品类、市场占有率以及消费者消费态度等进行调研分析，从而有效地把握消费者消费行为和市场竞争动态 2. 积点促销是培养消费者忠诚消费行为的一种途径 3. 有助于消费者认识品牌价值和定位，从而创造品牌差异化优势 4. 成本低，资源可调控 5. 可吸引消费者连续消费并囤货 6. 有助于提高产品的被使用频率 7. 长时间积累积点会使部分消费者失去耐心 8. 对非经常性购买的产品促销效果较差	1. 分析企业竞争环境或竞争对手的促销方式，把握产品的生命周期、产品在某一时期的销售特性 2. 明确界定促销的时间和空间 3. 明确享受优惠条件的方式 4. 明确积点券或购物凭证的可取性和可保存性 5. 预估赠品的数量及成本 6. 严格制定赠品兑换的程序和方法，确保准确性和安全性 7. 预估活动过程中可能出现的问题及应对方法
积累积点，兑换成套赠品			
集齐成套产品，兑换超值礼品			

案例链接

南方航空公司对南航明珠俱乐部会员实行里程累积赠礼制度：每位会员拥有且仅可拥有一个里程账户，会员以个人名义乘坐南方航空公司的飞机，在里程的有效期（两个日历年）内所累积的飞行里程数达到某一标准，便可获得航空公司奖励的机票（有使用条件）和其他丰厚且花样繁多的礼物，如客舱升级、租车及旅馆优惠、优先订位及补位服务等。南方航空公司这样做除了能够吸引更多的新会员外，还能保持老会员的忠诚度。

10. 展示促销

展示促销能快速、高效传递信息并促成交易，并且不会对品牌有负面影响，因此，此种营业推广形式的运用越来越普遍，其相关内容见表 8-5-8。

表 8-5-8　展示促销相关内容

手段	定义	特点	注意事项
陈列展示产品 道具 路演 现场制作产品 游戏 演出 示范操作	企业由于新品上市、节假日促销等，在户外或店铺内利用陈列展示产品、道具、路演、现场制作产品、游戏、演出等向目标消费者传递产品利益点或促销信息的营业推广形式	1. 通过展示陈列产品，消费者能直接、充分地了解产品的特点、优点 2. 能快速、高效传播产品信息并促进销售，不会对品牌有负面影响 3. 能加强超级市场与消费者之间的信息沟通和感情交流，有助于企业了解消费者对新产品的反应和其消费需求的变化 4. 能充分展示产品的特点，有助于消费者接受产品 5. 成本较低，但促销效果好 6. 由于在户外或者人流量较大的地方开展，在活动安排上要充分考虑天气、政府政策、突发事件、场地布置、物料设计以及人员分工等	1. 必须明确产品展示促销重点，尤其是在 POP 中，应选择新产品的一点或几点特性作宣传点，以期发挥最大的促销效果 2. 设置合适的区域来进行产品陈列展示，所选区域应该显眼醒目，应在产品销售点附近进行展示，要考虑保持四周通道的顺畅等 3. 展示的产品一般应具有以下特征：有新的使用功效，新的使用功效可立即呈现，技术含量低，大众化 4. 应充分考虑展示人员对展示产品的性能、质量、使用方法等的了解程度，以及展示人员的展示技巧和把握现场气氛的能力

11. 赞助促销

企业赞助活动是进行一种软性广告宣传，虽然赞助活动增加了企业的某些费用支出，但从长远来看，企业可以实现经济效益与社会效益的统一。赞助促销相关内容见表 8–5–9。

表 8–5–9　赞助促销相关内容

手段	做法	特点	注意事项
出资赞助 以工代助 以物代资 技术赞助 协作赞助	企业以助物、出资、出力、出技术和进行协作等方式赞助体育赛事、文艺活动、学术活动、庆典活动、展览、基金会、基础建设及公益活动等，通过冠名、媒体宣传及信息免费发布等手段提升企业品牌知名度及促进产品销售	1. 既有益于企业形象的塑造，也有益于整个社会发展 2. 传播效果好，容易给社会留下良好的品牌印象 3. 成本较高	1. 赞助行为必须有益于公众，被赞助的活动，本身必须是正当合法的 2. 应赞助与企业自身性质或与企业文化所宣扬的内涵相符的活动 3. 应将赞助计划列入企业发展的中长期计划 4. 应选择被赞助对象最需要支援，目标受众最关心赞助的时机进行赞助活动 5. 在提供各项赞助时，应充分运用冠名等手段，赞助要与产品促销结合起来 6. 应举办赞助仪式、新闻发布会等具有新闻效应的活动，并运用标语、宣传册等造势 7. 活动结束后，对公众评价进行跟踪，对赞助活动进行评估

12. 联合促销

联合促销是近些年发展起来的新型营业推广形式，好的联合促销方案可以使联合促销的参与者实现共赢，其相关内容见表 8–5–10。

表 8–5–10　联合促销相关内容

手段	定义	特点	注意事项
同业联合	两个或两个以上的企业（如网店商盟），在双赢的基础上，以双方的产品或优势进行交换，合作开展促销活动，共同面对消费者的营业推广形式	1. 参与者可分摊费用，降低营销成本 2. 能实现品牌互动	1. 参加联合促销的各方只有具备相同或相近的目标市场才能以较小的成本获得较好的效果

续表

手段	定义	特点	注意事项
跨行联合 纵向联合		3. 有利于资源共享，提高规模效应 4. 有利于功能互补，提升促销效果 5. 有利于风险共担，抵御市场冲击 6. 参与者之间利益冲突较难摆平，相互关系较难处理 7. 在联合促销活动中，要突出本企业或产品的特色，有一定困难 8. 联合促销比较适合价位较低的产品	2. 参加联合促销的各方应能充分发挥各自优势 3. 各参与者形象要一致 4. 完善的联合促销协议书或合同书是联合促销成功的基础 5. 选准合作对象很重要：合作对象的产品要能被消费者接受，其企业形象或品牌形象要佳，要讲诚信 6. 联合促销中很难做到完全平等，各参与者应注意多沟通

案例链接

美泰公司（Mattel）自旗下著名的玩具品牌“芭比娃娃”在1959年上市以来，一直致力于与服装、珠宝、日用品、电子产品等各类品牌合作进行短时间联合促销。

美泰公司副总裁说：“在过去的四十多年里，芭比娃娃已经穿过超过80位著名设计师设计的服装，这也是芭比娃娃保持长久吸引力的重要原因。”

“芭比娃娃”的联合促销活动总是与时俱进，紧跟社会热点，如推出麦当劳芭比娃娃、urberry芭比娃娃、PS2芭比娃娃等。很多时尚品牌在进行新品推广时最先想到的都是与芭比娃娃联合推广，这也让美泰公司节约了大量宣传新产品的费用。

13. 团批促销

随着信息技术的快速发展，团批促销被越来越多的企业采用，团批促销相关内容见表8–5–11。

表8–5–11　团批促销相关内容

手段	做法	特点	注意事项
网络团批	团批是一种集体购买交易行为。买家通过联合起来并达到一定的规模，来提升与企业的谈判能力，去获得最优价格；反过来，企业主动以团批方式将产品投放到组织市场或专业团批网站，以增加产品销量	1. 具有扁平化优势，能刺激买家，使其迅速购买产品 2. 能将小买家聚集成大买家，使参与团批的每个买家享受到单独购买无法享受到的价格优惠	1. 团批产品一般应具有以下特点：具有较高的品牌知名度，占有较大的市场份额，一般都曾经多次获得各类奖项；生产企业属于行业龙头企业或业内领先者，服务体系完善，售后服务好；产品质量稳定，经得起时间检验

续表

手段	做法	特点	注意事项
组织团批		3. 销售中间环节少 4. 产品流通环节少，能降低企业营销成本和库存成本 5. 售后服务难以跟上，长久使用会影响品牌信誉	2. 团批供应信息发布后，在等待成团期间企业不能变更产品信息内容和团批交易信息，并有责任履行这次团批的所有承诺 3. 负责团批的业务员应有良好的社会关系和丰富的客户资源 4. 应引入有公信力的第三方进行公证或担保

14. 佣金促销

许多企业都会通过支付一定的佣金来调动一线促销人员的工作积极性，以增加产品的销量。佣金促销相关内容见表 8–5–12。

表 8–5–12　佣金促销相关内容

手段	做法	特点	注意事项
明佣	合同双方在合同价格条款中明确约定佣金率	1. 能充分调动代理人、经纪人、中介或一线促销人员的工作积极性 2. 促销效果较好，便于企业统计和评估产品销售情况 3. 可控性强，不同的产品可执行不同的佣金制度 4. 代理人、经纪人、中介或一线促销人员往往以结果为导向，不愿做不能带来直接收益的工作	1. 要传播已有人获得高额佣金收入的信息 2. 佣金率必须有吸引力，尽量不低于行业水平 3. 佣金必须汇入合同约定账户中，谨防有人假借佣金之名进行商业贿赂
暗佣	合同双方暗中约定佣金率		

15. 心理促销

消费者有着各种各样的购物、消费心理，企业可以利用消费者的这种心理进行促销。心理促销相关内容见表 8–5–13。

表 8-5-13　心理促销相关内容

手段	做法	特点	注意事项
心理启动效应	在促销时，把过季和当季的产品混在一起销售，并保持在销当季产品比例超过过季产品，以实现较好的促销效果	1. 能抓住消费者心理，消费者满意度较高 2. 消费者内驱力大，促销效果好 3. 这是一种隐性促销方式，不容易被竞争者和消费者发觉 4. 成本低 5. 有利于提高企业的竞争力 6. 对策划者的要求高，策划人才难寻	1. 要运用心理启动效应，应找到合适的刺激物 2. 运用价格框架效应时，要注意不能违法使用假名牌，一般可以考虑采用名牌的特许品牌策略 3. 运用价格框架效应时，不管是自创品牌还是采用特许品牌，产品本身的质量都要过硬 4. 运用现场综合效应时，企业现场管理难度较大，要注意维护好现场秩序，防止出现安全事故
价格框架效应	先给产品起一个洋气的名字或品牌并制定一个较高的价格，拉高产品在消费者心目中的定位，然后再进行打折销售，这比产品直接打折销售效果好		
现场综合效应	运用“羊群心理”，营造产品被抢购的假象，使消费者产生不理智跟风抢购行为，以达到良好的促销效果		

案例链接

某大型商场一楼有一辆促销花车，所售产品为各款女士皮鞋，花车周围围着众多女士。售货员一边忙着给交钱的顾客包装皮鞋，一边喊道：“时尚女鞋，七折促销。”来商场底层超市购物的王女士本来不准备买皮鞋，但是看到这种场景，也忍不住挤进去看看，她挤到台前，发现大家都抢着试穿皮鞋、结账。于是，她也赶快把注意力放在挑选皮鞋上，最终看中一款自己还算满意的皮鞋，材料还是真皮的，打 7 折后价格为 210 元。王女士觉得省了不少钱，就赶快结账，心里非常满足。

随堂思考：本节案例导入中，W 店促销活动采用了哪种营业推广形式？

三、营业推广的决策过程

营业推广的决策过程包括确定目标、选择方式、制定方案、方案实施与评价等步骤。

1. 确定目标

确定营业推广目标，就是要明确营业推广对象和营业推广的目的。

营业推广对象有 3 种类型：

（1）消费者。此时营业推广的目的是向消费者灌输某种观念，刺激其产生购买行为。

（2）中间商。此时营业推广的目的是吸引中间商购买或经销产品，使中间商对品牌或企业忠诚。

（3）推销人员。此时营业推广的目的是鼓励推销人员推销产品，以寻找更多的潜在消费者。

2. 选择方式

营业推广的方式有很多，企业要根据市场类型、销售目标、竞争环境以及各种营业推广方式的特点等进行选择。

3. 制定方案

企业在制定营业推广方案时，要做好以下几点：

（1）决定营业推广规模，确定营业推广规模的依据是推广费用与营业收入之间的关系。

（2）限定参与条件。要根据消费者或中间商的特点，选择能产生最佳推广效果的营业推广对象。

（3）选择推广途径。企业应选择既能节约推广费用，又能实现预期效果的营业推广方式。

（4）确定推广持续时间。推广持续时间要合适，过长，消费者会失去新鲜感；过短，一些消费者则来不及参与进来。

（5）选择推广时机。企业应综合考虑产品的生命周期、消费者收入状况及其购买心理、市场竞争情况等，以不失时机地制定营业推广方案。

（6）做好配套工作安排。营业推广要与广告、人员推销等相结合，相互配合，以在营业推广期间为产品造势，取得更好的营业推广效果。

（7）制定预算。营业推广可以增加产品销量，但同时也会增加企业成本。企业要权衡推广费用与营业收入之间的关系，从而确定营业推广的规模。

4. 实施与评价方案

在方案实施前、实施中和实施后，企业都要特别注重宣传工作，以使营业推广能被消费者知晓，从而建立与消费者的沟通渠道，增强消费者对企业的信心。

企业应为营业推广制定具体的实施方案。如果条件允许，在方案实施前应进行测试，以便评估所选方案的恰当性。在具体实施过程中应把握两个时间因素：一是方案实施之前所需的准备时间；二是营业推广持续时间。实践证明，营业推广最佳持续时间为从营业推广正式开始到大约 95% 的产品售出所用的时间。

企业实践

背景资料

2014 年 12 月，广州某美容院推出一项新的答谢老顾客的营业推广促销活动，活动规定如下：凡当年已在该美容院购买“年卡”和“半年卡”的顾客，若在次年继续购买“年卡”和“半年卡”，则在原折扣基础上，分别可再享受 10% 和 5% 的价格优惠。而且今后每年如此，当价格优惠达到 100% 时，顾客便可终生免费享受该美容院的服务。另外，新顾客也可在未来享受以上优惠。该促销活动推出一周内，就有 100 余位顾客购买了该美容院的“年卡”和“半年卡”，之后仍陆续有人咨询。

任务：4 ~ 5 名同学为一小组，讨论以下问题：

1. 分析该营业推广活动的效果。
2. 对该营业推广活动提出改进建议。

实践指导

◆（1）营业推广的目的是留住老顾客。价格优惠递增的方式能使顾客长期稳定地消费。（2）该美容院通过营业推广，在顾客面前展现了企业的实力和声誉，这对吸引新顾客有一定的帮助。（3）能鼓励顾客进行高价位消费和长时间消费。（4）活动持续时间过长，容易导致部分顾客持观望态度而不急于消费。（5）可终生免费享受服务能充分吸引顾客，创造顾客自身消费的广告效应。（6）除去在未来几年需要给予顾客的折扣优惠外，整个营业推广活动成本极低。

◆（1）限定促销时间。要求顾客在规定时间内购买，以促使更多的顾客购买。（2）如果能同时推出新产品，则可能吸引更多的新顾客。（3）配合“积点游戏”“幸运抽奖”等方式进行组合促销，可取得更好的效果。

思考练习

一、简答题

1. 促销方式有哪几种？
2. 促销策略有哪些？

3. 影响促销组合决策的因素有哪些？

4. 简述费比模式和爱达模式的实施步骤。

5. 简述人员推销的步骤。

6. 根据媒介不同，广告可分为哪些类型？

7. 广告的作用有哪些？广告策略包括哪些内容？

8. 营业推广的形式有哪些？

9. 营业推广的决策过程包括哪些步骤？

二、案例分析题

案例一：好莱坞电影《泰坦尼克号》的广告支出高达 4 000 万美元。虽然该电影场面华丽、音乐优美、演员阵容强大，但如果不把这些信息通过广告传递给目标观众，就无法塑造《泰坦尼克号》与众不同的产品形象。

在国产电影《英雄》公映前，各大媒体纷纷报道了该电影拍摄台前幕后的花絮。虽然看过该电影的观众对电影的评价褒贬不一，但该电影却创下了2 亿元的票房收入，令人不得不感叹《英雄》宣传促销工作的成功。

另一部国产电影《十面埋伏》，其制作方和发行方在该电影上映前后，通过报纸、杂志、网络、电视等媒体对该电影进行强势宣传，并在电影首映前举办了一场大型造势晚会，在晚会上，当红明星纷纷献艺，吸引了众多观众。

问题：案例中的三部电影分别采用了哪种促销方式？

案例二：2011 年 1 月 26 日，国家发展和改革委员会公开通报了多地家乐福、沃尔玛超市在促销中存在的价格欺诈行为，并责成相关地方主管部门依法对两家企业进行严肃处理。

家乐福自 1 月 26 日起先后发表三份声明，公开回应价格欺诈问题，承认各家店铺在管理中确实存在人为失误，并公布了解决措施。在国家发改委曝光家乐福、沃尔玛涉嫌价格欺诈的第二天，沃尔玛即发表声明就此事向受到影响的顾客道歉，但未出台相关赔偿措施。之后，沃尔玛再次发表声明称，如果再次发现价格误差，将严格执行“5倍差额”的赔偿政策，即按产品收银价格与标识价格差价的5倍给予顾客赔偿。在声明中，沃尔玛还再次向受到影响的顾客道歉。

问题：家乐福、沃尔玛分别开展了哪种方式的公关活动？你如何评价这两家企业的公关行为？

三、技能训练

技能训练一：情景模拟——人员推销。

【训练目标】

- 提升逻辑思维能力。

- 提高应变能力。
- 加深对人员推销相关内容的理解。

【训练内容】

2名同学为一组进行角色扮演，一人扮演珠宝店的销售人员，另一人扮演顾客，进行推销演练。顾客要为自己（或母亲）选购项链作为生日礼物，因此来到珠宝店。两人可交换角色进行演练。

【考核要点】

1. 考核学生的逻辑思维能力。

2. 考核学生对人员推销相关内容的掌握情况。

技能训练二：手绘POP进行广告设计。

【训练目标】

- 提升逻辑思维能力。
- 提高分析能力。
- 加深对广告相关内容的理解。

【训练内容】

请任选一款商品，为该商品手绘POP。

【考核要点】

考核广告的观赏性以及广告上的产品信息是否有吸引力。

技能训练三：熟悉营业推广的形式。

【训练目标】

- 提升逻辑思维能力。
- 提高语言表达能力。
- 加深对营业推广相关内容的理解。

【训练内容】

任选一款商品，通过查找资料和实地调研，了解该产品的营业推广形式并分享。

【考核要点】

1. 考核学生语言表达能力和表述内容的准确性。

2. 考核学生对营业推广相关内容的掌握情况。

第九章 市场营销发展新趋势

学习目标

知识目标：

- 认识并了解新媒体营销。
- 认识并了解数字营销。
- 了解新媒体营销的方法。
- 了解数字营销的方法。

能力目标：

- 能利用新媒体营销方法策划市场营销活动。
- 能利用数字营销方法策划市场营销活动。

案例导入

鸿星尔克的爆红

2021年7月21日，河南暴雨成灾，社会各界伸出援手，各大企业纷纷捐款捐物。作为国货品牌的鸿星尔克捐赠了5 000万元的物资驰援河南。随着舆论的快速发酵，网友们纷纷调侃鸿星尔克“都快要倒闭了还捐那么多”，并呼吁“大家多买点，多支持国货”，并将鸿星尔克推上了微博热搜，鸿星尔克就这样一夜之间爆红了。在这之前，鸿星尔克直播间的观看人数还不到1万人，此次捐款事件后，鸿星尔克直播间观看人数高达800万人。光是2021年7月23日这一天，鸿星尔克的日销售额就增长了52倍，3个直播间累计销售额超过1.3亿元。产品销量的突然暴涨，让鸿星尔克各类产品卖到脱销，甚至连鸿星尔克的总经理都呼吁大家理性消费。

案例点评

- 新媒体营销传播速度快、覆盖范围广，对企业而言，既是机会，也是挑战。

第一节 新媒体营销

案例导入

调味品行业的黑马——松鲜鲜的新媒体营销

松鲜鲜是松茸调味品的开创者，其全网累积粉丝量超100万，月销量超30万包，居抖音调味品品牌销售榜单第二位，仅次于海天。2020年松鲜鲜销售额破亿，位列天猫松茸调味类目销量排行第一。松鲜鲜的成功离不开新媒体的助力。

就产品卖点而言，松鲜鲜的产品卖点为“用松茸替代鸡精和盐”，这一卖点将产品定位为健康调味品。

就新媒体营销而言，松鲜鲜团队从微信公众号做起，其创始人早期做了一个专门针对素食人群的垂直账号“教素食”，该账号慢慢累积了20多万粉丝。因为这些粉丝知道创始人的研发故事、人品和生活经历，也见证了松鲜鲜品牌的发展历程，所以客户黏性非常高。松鲜鲜的年销售额每年都在增长，年增长率超过100%，年销售额超过3 000万，2020年复购率为300%，2021年复购率达到了450%。同时，松鲜鲜团队在各平台邀请超级KOL（关键意见领袖）进行直播带货，每个月会推1～2场直播。除此之外，松鲜鲜还通过抖音自播、淘宝直播、小红书达人种草等活动，不断扩大品牌知名度。与松鲜鲜合作的KOL，大部分是生活类、运动类博主，他们热爱生活，能给粉丝营造一种积极向上的氛围，这与松鲜鲜所传播的“天然、健康”的品牌理念相契合，由此可精准定位消费人群，在盈利的基础上不断加大广告投放力度。

松鲜鲜团队从消费者的痛点出发，开辟了健康调味品这一新赛道，并利用新媒体营销快速打响知名度，最终成为健康调味品中的佼佼者。

案例点评

- 品牌在找准产品卖点后，可以借助新媒体营销这一手段快速获得成功。

知识聚焦

一、认识新媒体营销

1. 新媒体营销的定义

随着科技的飞速发展，新媒体越来越受到人们的关注，它已成为人们生活中不可缺少的一部分。新媒体可以被看作是数字技术和网络技术支持下的，以互联网、局域网和无线网等为渠道，利用计算机、手机和数字电视等终端，向用户提供信息和服务的传播形态，具有媒体形态数字化的特点。新媒体按照传播媒介可以简单分为：网络新媒体、手机新媒体和新型电视媒体。网络新媒体主要有门户网站、搜索引擎、虚拟社区、电子邮件、即时通信、微博、网络文字、网络动画、网络游戏、网络杂志、网络电视等，手机新媒体主要包括手机报纸、手机电视、微信、微博等，新型电视媒体主要包括数字电视、移动电视等。

随着新媒体的普及，人们的精力和时间主要花费在各类线上新媒体上，越来越多的企业和品牌通过新媒体开展营销活动，人们对新媒体营销的接受度也逐渐提高。新媒体营销是指企业借助新媒体平台（如微信、微博、抖音等）表达观念和传播产品信息，使用户认同其理念、观点，从而达到宣传品牌、销售产品等目的的一种营销方式。

2. 新媒体营销的特点

相较于报纸、广播、电视等传统媒体，新媒体信息传播的特点有：具有双向性，互动性强；信息传播实时化，即时性强；信息传播去中心化，开放性强；传播渠道多样化，个性化强；传播形式多元化，原创性强。基于新媒体信息传播的这些特点，新媒体营销具有传播速度快、覆盖范围广、营销成本低、营销目标精准和互动性强五个特点。

（1）传播速度快。新媒体营销的传播速度主要体现在传播途径和自身特点两个方面。就传播途径来说，新媒体营销更注重信息的传播，符合用户需求的信息，用户会更愿意主动去传播，这加快了信息传播的速度；就自身特点来说，新媒体平台本身具有信息发布便捷、快速的优点，用户可以随时随地接收信息。

（2）覆盖范围广。新媒体营销需要互联网环境的支持，其传播方式和传播渠道均多样化。新媒体营销不受时间和空间的限制，能够覆盖全世界的目标消费人群，信息也能全方位地得以扩散。

（3）营销成本低。与传统的电视广告、报刊广告相比，新媒体营销固定资金投入较少，企业可以借助先进的多媒体技术全面、实时发布信息，从而更好地进行企业产品和品牌的宣传与推广。

（4）营销目标精准。新媒体营销基于大数据、云计算等技术，这些技术能够通过分析用户在网络上浏览行为的信息数据绘制产品的目标消费人群画像，从中寻找消费者的潜在需求，为企业制定市场营销策略提供依据，从而企业能更加精准地制定市场营销策略并获得更好的营销效果。

（5）互动性强。新媒体信息的传播是双向的，用户可以对营销信息进行讨论和反馈，甚至还能参与企业市场营销策略的制定与改进。因此，新媒体营销具有非常强的互动性，这也是新媒体营销如此火爆的原因之一。

二、新媒体营销的方法

1. 饥饿营销

饥饿营销是指企业或商家通过一系列营销活动（如限时销售、限量销售），营造产品“供不应求”的现象，使用户产生紧迫感，进而促进产品销售或宣传品牌形象的营销方法。

例如，在每个月的 18 号，用户在饿了么平台不仅可以在整点时刻（10 点、11 点、12 点、14 点、15 点、16 点、17 点、18 点、19 点、20 点）领取 18 元红包，还能赢取限量免单名额。饿了么平台的营销手段之一就是提供限量免单名额，该名额每天全国仅有 5 万个，饿了么平台通过限定数量，营造了一种“供不应求”的现象，从而刺激用户快速做出购买决定。

在实施饥饿营销策略时，企业要先激发用户的欲望，吸引更多用户的关注，宣传节点的选择、宣传平台的选择及宣传内容的策划等都要谨慎。

2.“病毒式”营销

“病毒式”营销是一种比较常见的新媒体营销方法，常用于网站推广和品牌推广。“病毒式”营销是一种利用公众的积极性和人际网络，让营销信息像病毒一样扩散、传播的营销方法。拼多多吸引新用户的营销方法就是典型的“病毒式”营销——邀请数量足够多的好友砍价就可以免费获得产品，它利用用户的人脉圈，一传十，十传百，达到产品信息“病毒式”传播的营销效果。

3. 事件营销

事件营销也是一种比较常用的新媒体营销方法。事件营销是指企业通过策划、组织和利用具有新闻价值、社会影响力以及名人效应的人物或事件，引起媒体、社会团体和目标用户的兴趣，从而提高企业产品和服务的知名度、美誉度，树立良好的品牌形象，并最终促进产品销售的营销方法。

4. 口碑营销

口碑营销是指企业运用各种有效的手段，引发企业的目标用户对其产品、服务以及整体形象进行讨论，并向其周围人群介绍和推荐企业产品的营销方法。说到口碑营销，就不得不提海底捞。在很多海底捞的门店，客人在排队等待时可以一边吃着水果、喝着饮料，一边享受免费上网、擦鞋、美甲等服务。在客人用餐时，服务员会为长发女士提供皮筋和发夹，以防止头发掉到食物里；会为戴眼镜的客人提供擦镜布；会为客人提供保护手机的小塑料袋；甚至还会帮助客人喂小孩吃饭或陪小孩做游戏。这些个性化服务让海底捞拥有了良好的口碑。

5. 情感营销

情感营销是指企业从用户的情感需求出发，通过唤起用户的情感需求，引发用户心灵上的共鸣，寓情感于营销之中，以有情的营销赢得无情的竞争的营销方法。

案例链接

2019 年 1 月 17 日，影片《啥是佩奇》作为贺岁片《小猪佩奇过大年》的先导片在各大网络平台发布，一经发布就在社交网络走红，累计播放量达 2.3 亿次、微博转发量达 16 亿次，成为一个现象级的爆款影片。

《啥是佩奇》为什么能火？这背后固然有该影片反映城乡差距，反映人们生活现状的原因所在。但更重要的是，它踩中了一个特殊的时间点——春节，该影片在此刻击中不少人对故乡、亲人、阖家团圆的渴望之心。远离家乡、外出工作的人有着山高水远的牵挂，影片中大山、乡村老人、孩童……这一系列符号化元素，拼凑着人们脑海中熟悉的记忆碎片，引发了观众强烈的情感共鸣，击中无数观众的感性神经。

6. IP 营销

IP（intellectual property）即知识产权。但是近年来随着 IP 内容的不断丰富以及其越来越可观的商业价值，IP 的含义已超越知识产权的范畴，正在成为一个现象级的营销概念。在当前新媒体环境下，我们可以将 IP 理解为一种能够仅凭自身的吸引力，挣脱单一平台的束缚，能在多个平台上获得流量的内容，它是一种“潜在资产”。只要是具有知名度、话题的品牌、产品以及个人，都可以看作是一个 IP。

三、新媒体营销的主要形式

1. 微信营销

微信平台上的应用账号有服务号、订阅号和企业号 3 种类型。服务号具有管理用户和提供业务服务的功能，服务效率比较高，其功能主要偏向于服务交互，如北京 114 等提供查询服务的服务号。企业进行服务号认证后，每个月可群发 4 条消息，还可开通微信支付功能。订阅号具有发布和传播信息的功能，可以展示个人或企业的个性、特色和理念，树立个人或企业形象、传播品牌文化等。订阅号主要偏向于为用户传递资讯（类似报纸杂志），企业认证后每天可以群发 1 条消息，具有较大的传播空间。企业号主要用于公司内部通信，具有实现企业内部沟通与内部协同管理的功能。每种类型的微信账号使用方式、功能、特点均不相同，企业需要根据自己的营销目标选择最合适自己的，才能达到预期的营销效果。

2. 微博营销

微博账号根据使用目的和作用不同，可以分为个人微博账号、企业微博账号、政务微博账号、组织机构微博账号和临时微博账号。企业微博账号是企业的官方账号，很多企业都申请自己的官方微博账号，根据自己的营销目标进行宣传推广。企业微博账号一般以盈利为目的，企业微博运营人员或团队通过微博来增加企业的知名度，为最终的产品销售奠定基础。企业通过微博不仅可以进行产品的宣传推广，还可以建立微博社群，与粉丝互动，从而达到宣传企业、提升品牌影响力的目的。临时微博账号指的是具有特殊用途和时效性的微博账号，比如为了重要活动、重要事件等申请的微博账号，这些微博账号不会持续运营，只发挥阶段性作用。例如，电视剧的官方微博账号，在电视剧开播之前放出预告片，在开播期间和粉丝进行互动，在电视剧播完之后就停止更新。

3. 短视频营销

短视频是指在各种新媒体平台上播放、适合在碎片时间观看、高频推送的视频内容，时长从几秒到几分钟不等。短视频的内容包括技能分享、幽默搞怪、时尚潮流、社会热点、街头采访、公益教育、广告创意、商业定制等主题，既可以单独成片，又可以开设系列专题栏目。短视频营销凭借创作门槛低、参与性强且易于传播等成为当下热门的营销方式。短视频平台主要有抖音、美拍、快手、微信视频号等，这些平台功能类似，都可以观看、剪辑和分享视频。短视频营销主要是通过在短视频平台发布产品短视频来吸引用户，树立品牌形象并达到营销推广目的的。

4. 直播营销

直播是指将正在发生的事件进行同步播放和双向互动的播出方式，直播营销是指个人、企业或者品牌方等主体以直播平台为载体开展直播活动，以推广品牌或提高销量等的一种新媒体营销形式。现在主流的直播平台有淘宝、抖音和快手。企业可以通过直播营销促进直播观众产生购买行为，提升销售额。相对于采用其他新媒体营销形式，企业采用直播营销可以在直播结束后看到本次直播的实际商品交易总额（GMV）。

企业实践

背景资料

A集团是一家从事智能机器人研发、生产和销售的集团型上市公司，生产产品以家庭服务机器人为主，同时集团在智能清洁、智能料理、智能洗护和智能健康等领域都有出色的产品，旗下品牌产品远销全球超过145个国家和地区，服务超过5 000万个家庭用户。

A集团旗下S牌扫地机器人是集团的明星产品。该款扫地机器人可以先扫后拖，有超强清洁力，能精准避障，支持智能语音，可自动回基站，是一款智能扫地机器人。它主要有八大功能：自动上下水、自动添加清洁液、自动清洗拖布、自动热风烘干、自动集尘、基站自清洁、安全童锁、银离子除菌。它的上下水功能使得扫地机器人可以自动装清水、倒污水，并且自动上下水功能可以与自动添加清洁液功能配合，存储一次清洁液可用3个月，无需手动添加清洁液。它是通过模拟滚筒洗衣机洗衣原理自动清洗拖布的，可以在90秒内让拖布焕然一新。它的自动热风烘干功能可以在2个小时内将拖布、清洁槽、基站底都烘干，能够抗菌抑味。同时，自动清洁和基站自清洁操作方便，只需轻轻一按，扫地机器人就可以自动变干净，真正解放双手。同时，该款扫地机器人还配有安全童锁，家有小朋友也可以安心使用。

A集团计划通过直播的方式售卖S牌扫地机器人，该款扫地机器人市场零售价为3 299元。

任务：5～6名同学为一小组，为S品牌扫地机器人设计一段直播话术。

实践指导

- 介绍产品优点。
- 从用户需求出发，介绍产品卖点，更有说服力。
- 强调产品性价比。

第二节 数字营销

案例导入

2021年感恩节期间，华为发布P50系列温情短片《多个角度，多份爱》。该短片从一位刚怀孕的准妈妈的视角切入，记录准妈妈在怀孕过程中常常因为身体变化而“忘了自己”，如忘了有食欲的感觉、忘了有些事、忘了属于自己的下午茶等场景，真实地呈现出准妈妈孕期的不易。视频结尾，准爸爸采用Harmony OS多机位模式将镜头对准准妈妈，短片在高潮处引出主题——“即便你忘了自己，我也不会忘了你”，该短片在温情地讲述家人互相关怀的美好的同时传播品牌“多个角度，多份爱”的理念。微博相关话题如“怀孕后会发生哪些变化”“Harmony OS体验计划”等阅读量超19亿，讨论量超55W条，先后有多家媒体与微博博主参与话题讨论，极大地提升了品牌的影响力。

案例点评

- 越来越多的企业开始重视数字营销，数字营销被视为引领企业持续成长的重要营销方式。

知识聚焦

一、认识数字营销

数字营销是指借助互联网、电脑通信技术和数字交互式媒体来实现营销目标的一种营销方式。传统的营销方式同质化程度高，难以实现精准营销，而数字营销基于明确的数据分析，通过数字化多媒体渠道，如网络广告、短视频等，实现营销精准化，营销效果可量化、数据化，是一种高层次的营销方式。

二、数字营销的方法

1. 推荐内容优化

推荐系统的本质是以一个巨大的内容池为基础为目标用户匹配其感兴趣的内容。信息匹配的主要依据有：用户画像、内容标签和兴趣匹配。用户登录账号并阅读浏览时，推荐引擎会解读用户兴趣，制作用户画像，然后根据用户画像来推荐用户可能感兴趣的内容。同时，内容池中的内容会被AI技术快速分类，形成内容标签。当用户画像与内容标签相匹配时，这些内容就会被推荐给可能对内容感兴趣的用户。

案例链接

今日头条作为新闻聚合类App，在用户进入App的时候就会引导用户选择自己感兴趣的模块，如明星资讯、娱乐资讯、政治资讯、经济资讯或本地新闻资讯等，用户选择之后，App还会结合用户的浏览习惯和内容，用大数据技术对用户的信息、需求进行分析，继而推送用户可能感兴趣的内容。久而久之，每个用户打开App，首页的内容都是大数据为用户量身定制的。

2. 推荐引擎广告营销

在进行推荐引擎广告营销时，首先，要了解推荐引擎广告排名的规则，同时进行目标用户定向调研；其次，要根据调研结果，结合企业的实际背景，完成目标用户定向分析；再次，要根据分析结果，制定目标用户定向策略，并根据目标用户出价的技巧，完成目标用户出价；最后，结合营销的目标和主题，选定创意的类型，制定创意定向策略，从创意标题撰写、创意内容制作、创意标签选择三部分入手，设置有吸引力的创意内容，吸引目标用户浏览，提升广告排名。

3. 搜索排名优化

搜索排名优化是指企业通过对网站改进和调整，提升企业网站及相关信息在搜索引擎中的排名，从而提高企业网站的流量、转化率及收益的一种方法。

企业实践

背景资料

星马商城是星马数码有限公司面向全国服务的官方网站，直营公司旗下所有产品，包括智能手机、智能电视、平板电脑、笔记本电脑、智能家居、耳机、移动电源、电脑外设等多种数码产品，同时也提供客户服务及售后支持。星马商城经营的各类产品详细信息如下：

（1）智能手机。该款智能手机除具备一般通讯功能外，还具备拍照、摄像、NFC、视频音频播放、导航定位等功能。该款手机的基本参数包括产品名称、外观尺寸、存储空间、CPU、屏幕尺寸、电池续航能力、前置后置相机像素、特色功能、操作系统、传感器、传输速度等。

（2）笔记本电脑。该款笔记本电脑的特点是机身小巧，它的基本参数包括产品名称、产品配置、处理器、显卡配置、显示屏尺寸、音频质量、电池电源外设接口类型、尺寸、重量、摄像头像素、输入设备、操作系统与预装软件、特色功能等。

（3）智能电视。该款智能电视具有全开放式平台，搭载了操作系统，用户可自行安装和卸载各类应用软件，以持续对电视功能进行扩充和升级。该款智能电视的基本参数包括分辨率、处理器、存储空间、无线配置、接口及数量、影音播放性能、扬声器配置、尺寸、重量、电源操作环境、操作系统、内置应用软件、智能互联功能等。

（4）平板电脑。该款平板电脑安装了触摸屏，允许用户通过触控笔或数字笔进行操作。它的基本参数包括具有手写识别功能、语音识别功能，屏幕上有软键盘，显示屏大小，芯片配置，摄像头、扬声器、麦克风配置，电池续航能力，操作系统，辅助功能等。

（5）耳机。有无线耳机和有线耳机两种产品，均能匹配手机、平板、电脑、收音机、可携式电玩和数位音讯播放器等数码产品。它们的基本参数包括产品名称、功能、使用方式、重量、规格等。

（该实践任务为2022—2023年广东省职业院校学生专业技能大赛市场营销赛项样题，需借助itmc数字营销软件完成）

任务：在给定的营销预算范围内，在相同的竞争环境下，帮助星马商城开展数字营销活动，同时，结合目标用户的搜索行为，开展搜索引擎广告营销和进行搜索排名优化。

实践指导

◆ 根据星马网站介绍与产品介绍，进行网站主页标题、关键词的优化和产品标题、关键词的优化，并通过搜索中心对每个关键词进行检索，查看网页的实时排名，以在目标用户检索关键词时网站及产品信息有更多的展示机会。

◆ 根据排名反馈继续优化，尽可能多地增加网站首页和产品详情页的展示机会。

思考练习

一、简答题

1. 新媒体营销的定义是什么？
2. 新媒体营销的特点有哪些？
3. 新媒体营销的方法有哪些？
4. 新媒体营销的主要形式有哪些？
5. 数字营销的定义是什么？

二、案例分析题

国货品牌花西子的直播营销分析

近年来，随着人们对国货、“国潮”的喜爱，各种“国潮”品牌如雨后春笋般陆续进入市场。2019年，李佳琦在直播间售卖花西子产品，花西子一战成名。为了抓住发展红利，花西子继续加大投入，推出定制礼盒。同时，花西子不断增强短视频营销、直播营销推广力度，更是将知名歌手鞠婧祎、知名模特杜鹃签为代言人，以提高品牌知名度。2020年双十一，花西子产品销量位列天猫国货美妆产品销售排行榜第一，2020年花西子产品销售额更是突破了30亿元，因此，它被众多网友誉为“国货之光”。花西子很好地利用了新媒体工具开展营销，它的成功对其他品牌开展新媒体营销有借鉴意义。

花西子的直播属于品牌自播，无论直播间搭建还是主播卖货，都传递出一种专业感和“品牌感”。进入花西子直播间，观众立马可以看到花西子的品牌Logo、福利活动预告、优惠券等重要提示信息，同时，直播间的装修、色调也和品牌的基调一致。花西子的摄影设备非常专业，直播画面清晰、色调柔和，显得主播妆容精致，皮肤白皙透亮。这样高品质的直播，让观众清晰感受到品牌的专业和产品的质感，极大地提高了品牌的辨识度，提升了品牌的形象。

产品介绍是直播营销的重头戏，花西子直播间的直播内容也以产品介绍为主。主播在介绍产品的同时，进行产品试用，将产品使用情况直接呈现给直播间的观众。这种直播方式可以让产品的介绍更加立体，让观众进一步了解产品的实际使用情况。

除了产品介绍，在花西子直播间，主播还会对观众的问题进行现场答疑。例如，针对观众对产品的疑问，主播一方面会根据具体问题安排与观众情况一致的员工来试用产品，另一方面会提出相应的建议。这种答疑方式更加直接，能让观众对产品有更为直观的感受。而针对优惠券的答疑，主播一方面会教观众领取和使用优惠券的方法，另一方面会将优惠的形式、优惠券使用时间和优惠力度告知观众，向观众传递具体的优惠信息。

除此之外，花西子在直播营销方面还与许多网红达人达成合作，邀请达人为自己带货。例如，2019年双十一期间，李佳琦力荐的花西子单品散粉创下单日卖出70万盒的记录，牢牢霸占天猫“蜜粉榜第一”，至今没有一个品牌单品单日销售量可以超越这个纪录。

问题：

1. 花西子的直播营销有哪些优点？

2. 你认为花西子的直播营销还可以如何改进？

三、技能训练

技能训练一：分享新媒体营销案例。

【训练目标】

- 提升逻辑思维能力。
- 提高语言表达能力。
- 加深对新媒体营销相关内容的理解。

【训练内容】

通过查找资料，分享一款产品新媒体营销的成功案例或失败案例，并总结成功或失败的原因。

【考核要点】

1. 考核学生分析能力、语言表达能力和表述内容的准确性。

2. 考核学生对新媒体营销相关内容的掌握程度。

技能训练二：情景模拟——虚拟直播训练。

【训练目标】

- 提升逻辑思维能力。
- 提高语言表达能力。
- 加深对直播营销相关内容的理解。

【训练内容】

4～5名同学为一小组，任选一款产品进行直播营销。小组要提前讨论并确定直播的开场白、直播形式、产品介绍方式及内容、预期销售目标。各小组讨论完成后，进行模拟直播训练，最后投票选出表现最佳的小组。

【考核要点】

1. 考核学生的语言表达能力。

2. 考核学生对直播营销相关内容的掌握程度。

技能训练三：谈谈数字营销人才应具备的能力。

【训练目标】

- 提升逻辑思维能力。

- 提高语言表达能力。
- 加深对数字营销相关内容的理解。

【训练内容】

通过查阅资料，谈谈数字营销人才应具备的能力。

【考核要点】

1. 考核学生语言表达能力和表述内容的准确性。
2. 考核学生对数字营销相关内容的掌握程度。